多層次模型

在學習成就之研究

張芳全 著

作者簡介

張芳全

- **現　　職**：國立台北教育大學教育政策與管理研究所副教授
- **學　　歷**：國立政治大學教育學系博士
- **經　　歷**：1996.06～2002.01　行政院經建會從事教育政策規劃、政策分析、審議與評估
  2002.02～2006.07　國立台北師範學院國民教育學系助理教授
  2005.08～2006.12　中國測驗學會秘書長
- **學術獎勵**：2003、2004、2005、2006、2007、2009、2010、2011、2012 年均獲得行政院國家科學委員會專案研究獎助
- **著　　作**：教育問題與教育改革——理論與實際（1996，商鼎，四版）
  教育政策（2000，師大書苑）
  教育政策立法（2000，五南）
  教育政策導論（2000，五南）
  教育政策分析（2004，心理）
  國家發展指標研究（2004，五南）
  教育議題的思考（2005，心理）
  教育政策指標研究（2006，五南）
  教育在國家發展的貢獻（2006，五南）
  教育政策規劃（2006，心理）
  教育知識管理（2007，心理）
  新移民子女的教育（2007，心理，二刷）（主編）

問卷就是要這樣編（2008，心理，四刷）

統計就是要這樣跑（2008，心理，三刷）

新移民的家庭、親職教育與教學（2009，心理）（主編）

教育與知識經濟（2009，麗文）

新移民新教育（2009，麗文）

論文就是要這樣寫（2010，心理，二版）

作者並於 TSSCI 發表十多篇論文，學術論文發表超過百篇

學位論文指導：2002 至 2010 年指導 93 篇已畢業的碩士論文

專　　長：教育政策分析、教育經濟學、量化研究方法、SEM、HLM、論文寫作

e-mail：fcchang@tea.ntue.edu.tw

序 •••••

　　社會科學的研究方法一日千里，傳統上以線性模式來分析社會現象與教育現象的方式，逐漸受到不少質疑。近年來，社會科學界為了解決傳統上對資料結構具有巢套的特性，常以階層線性模式（Hierarchical linear and non-linear models, HLM），也就是以多層次模型來分析；在企業管理、社會學、心理學運用多層次模型來分析的研究很多，重點在於它更能掌握社會現象的真實性，推論能更為準確。

　　本書的撰寫是以多層次模型分析台灣學生的學習成就因素，也就是將HLM 應用在教育研究上。國內在這方面的研究正值起步，學術期刊已陸續應用，其實它應用於教育實務與學術面應不少。就如學校教學以班級為主，各校班級所形成的班級氣氛與學校文化各不相同，如果需要以班級樣本來分析，不以所有班級學生的特性一同納入分析，此時就需要以HLM 來分析為宜，否則就會喪失掉班級或學校層次的脈絡效果，無法掌握跨層級因素的交互作用情形。本書的撰寫出發點也就是在此，期待用更新的方法來分析教育現象。

　　本書共分為五篇，即背景導論篇、學理基礎篇、實證設計篇、實證發現篇，以及結論應用篇，共有十二章，各篇各章都能串連。背景導論篇為第一章的緒論；學理基礎篇包括：第二章說明學習成就與 TIMSS 之相關概念、第三章說明影響學習成就因素的理論、第四章指出影響學習成就因素的相關研究、第五章說明學習成就因素的多層次研究；實證設計篇為第六章多層次模型分析的研究設計與實施；實證發現篇包括：第七章的資料先期分析與討論、第八章說明直接效果的檢定與討論、第九章為跨層級變項的交互作用與討論、第十章為間接效果的檢定與討論、第十一章為多層次模型比較與假設驗證結果；結論應用篇為第十二章主要發現、結論與建議。本書的分析實例

是以台灣國二學生參與 TIMSS 2007 資料庫中的 122 所學校、2,549 名學生之學習成就資料為分析依據；這份資料具有階層性、樣本具有巢套特性，很適合進行多層次模型的分析。相信本書的分析應用，有助於國內對於學習成就或相關研究的跨足邁進，並拋開傳統資料處理的分析方式，以便更能掌握教育現況的真貌。

本書完成過程要感謝的人很多，不過很想感謝自己的執著與努力。回想起這二年來，對這份研究開始構思、蒐集資料、精進統計方法、資料處理及撰寫研究結果，都在片段時間完成；真的很難想像，點滴時間，二年就這樣消逝了，還好自己的堅持與擁有不放棄的精神才得以完成，實在不由得佩服自己的耐力、恆心與毅力。

HLM 在近年來於社會科學界有長足進展，它突破了傳統線性迴歸分析僅以單一層面的思維；台灣在這方面的研究較少，但可預期 HLM 在未來會是主要研究的主流方法。我在多年前曾接觸 HLM，但因時間及工作因素，無法完整學習，因而能運用此次機會，投入大量時間學習與應用分析，其過程的體會是寸筆無法形容的。

在學習及寫作的過程中，有時想起一些 HLM 的統計觀念，但卻沒有人可以討論，所幸很快就能找到資料，不斷地嘗試錯誤分析，以找出真正的答案。在這過程中，有時廢寢忘食，就是為了能找到正確的方法及精確數值，找到正確模型來解答心中的各種疑惑；也許看來僅一滴點的發現，但這歷程中的體會卻是難以形容。

撰寫這份研究可以運用的時間很少，所以只能運用週末假日努力再三地來完成。平時下課之後，僅能在家人都入睡，夜深人靜的時間，對著電腦，不斷地將自己所習得的觀念及所得到的資料，一遍又一遍的再三分析。在不眠不休的學習及嘗試中，常看到資料處理的結果不令人滿意，得重新嘗試，心情總是跌入谷底；直到研究發現可以被接受，內心壓力才得以釋放，也才能繼續安心的進行下一步學習。這種起伏的心情，以及等待最好研究發現的

期盼，在這兩年來不間斷地上演著。

　　為了讓資料分析更精確，使所撰寫的這份研究報告更具學術與實務價值，因此得不斷地找尋國內外的書籍與專業期刊，來為自己解惑。雖然專業成長的速度很慢，但是在一點一滴完成中，表面上看起來僅有這份研究報告內容，但內心實質的專業成長卻不是寸筆所能形容，而是點滴在心頭的澎湃不已。尤其看到案上無數的英文期刊、統計報表與修正的文稿，堆積如山，正說明：凡走過的都已留下痕跡。很慶幸可以從這份研究報告的方法與內容走出來，真的很感謝上天以及曾經協助過我的人。

　　首先，要感謝我的雙親與家人在心靈與生活上的支持，雙親與內人及兩位可愛的女兒能體諒我專心的寫作研究。雙親給我最好的教育，而兩位女兒的貼心更讓我感動，看到兩位女兒偶爾無心的拿起一篇篇我印下的英文期刊，雖然她們不懂文章的內容，卻又能體會爸爸要閱讀外文研究報告的辛苦，每每看到這一幕，就令我感動，因為她們的天真，讓我在寫作與研究過程中，雖然感到辛苦，但是卻能夠更有動力來完成。

　　其次，要感謝兩位已經退休的恩師——林文達博士與馬信行博士，他們是我在政治大學求學期間研究的啟蒙，也是後來不斷鼓勵我的師長。林教授引領我朝向教育經濟學的研究，馬教授則指導我在教育實證科學的方向。雖然他們都已退休，但是他們仍是我的學習榜樣，在教育科學引領之路，讓我終身難忘與受用無窮。

　　第三，要感謝曾經教過我的老師。教過我的恩師很多，在此無法一一列舉，留待我當面感謝，會更有意義；同時也要感謝曾經協助過我寫作的專家學者，您們的寶貴意見是我向前行的動力，尤其在投稿與寫作過程中，給我中肯意見的專家們，有您們的相互切磋，讓我的學術成長更快。

　　第四，要感謝台北教育大學提供我學術發展的舞台。雖然台北教育大學的空間不大，但是學術研究與專業氣氛是倍受肯定的。有良好的環境才可以安心發表與成長，一點一滴彙集，是無比可貴。

　　第五，要感謝行政院國家科學委員會在 2006、2007、2009 年有關於 TIMSS 資料庫分析的獎勵研究案之補助，讓本研究在研究資源上得以獲得支持，並能蒐集各方面的資料。這也是讓我能有機會深入的掌握 TIMSS 資料庫，以及運用 HLM 來進行分析的後盾。這份補助在有效率的運用下，不僅資源都沒有一點浪費，而且更讓我的知識成長，乃國家很好的投資及研發。

　　第六，要感謝心理出版社的支持，洪有義董事長大力支持、林敬堯總編輯的協助提供完美編排，讓本書可讀性提高。他們的出版支持讓我很感動。

　　最後，要感謝上天給我時間及體力，當大家在週末假日及夜深人靜休息時，我仍獨自在汲汲營營地奮戰著。外人看來或許只是一丁點成果，背後卻是我付出與犧牲了很多休息與睡眠時間，一點一滴才得以將成果串連起來。本書如有疏漏之處，實為我的責任，尚請各方予以斧正，不勝感激。

張芳全 謹識

2010 年 8 月 15 日予台北內湖

目 次 •••••

表次 •••••

圖 次

第一篇

緒論——
背景導論篇

　　學生的學習成就是衡量學習表現的重要指標，也是學校經營效能的一部分，更是國家發展的重要基礎之一，因而對於一個國家的學生學習成就之關注是不可忽略的。然而，影響學生學習成就的因素相當多元與複雜，個人、家庭、學校與社會環境的因素密不可分。正因為要掌握影響學生學習成就的因素實在不容易，因此本研究以多層次模型，來分析影響台灣國二學生參與 2007 年「國際數學與科學成就趨勢調查」（Trends in International Mathematics and Science Study, TIMSS 2007）之學習成就的影響因素。本書主要是以多層次模型來分析台灣國二學生參與 TIMSS 2007 之學習成就的影響因素情形。基於影響學習成就因素的多元性及複雜性，本書以多層次模型為資料分析方法，並將影響因素區分為個體層次與總體層次，再搭配 TIMSS 2007 的資料進行分析；最後獲得具體結論，並提供相關建議，供未來實務與研究參考。

第一章　緒　論

　　台灣於 1999、2003 及 2007 年均參與「國際數學與科學成就趨勢調查」（TIM-SS），其表現在數學及科學成就上，都在所有參與國家中名列前幾名，究竟台灣國二學生的學習成就表現是受到哪些因素的影響，因而有如此優異的表現呢？本研究將以台灣參與 TIMSS 2007 的資料，來對上述的議題進行分析。本章共有五節，第一節說明研究背景與動機，第二節說明研究目的、問題與假設，第三節說明研究方法與步驟，第四節說明重要名詞釋義，第五節說明研究範圍與限制。

第一節　研究背景與動機 ⋯➤

壹、研究背景

一、台灣國二學生的學習成就在 TIMSS 的表現亮眼，其背後的原因值得關注

　　近年來，國際之間發展出幾項大型的學生成就測驗，主要是由「國際評鑑與教育評量協會」（The International Association for the Evaluation of Achievement, IEA）舉辦的「國際數學與科學成就趨勢調查」（TIMSS）（Martin, 2004）、「促進國際閱讀素養研究」（Progress in International Reading Literacy Study, PIR-LS），以及由「經濟合作暨發展組織」（Organization for Economic Co-operation and Development, OECD）委託的「國際學生評量方案」（The Programme for International Student Assessment, PISA）。許多國家紛紛投入大規模的教育成就測驗之推動與研究，相當重視教育品質與學生素質在國際之間的表現（Kuiper, Bos, & Plomp, 2000; Mullis, Martin, & Foy, 2008）；IEA 則透過定期且持續性的學生學習成就調查，提供各國檢視其教育成果的客觀依據。許多國家更以此來衡量該國與

他國在教學、課程、學生學習與學習成就之差異，與他國的教育政策做比較，以檢討該國學生學習成就之差異與學校教育之表現（Bos, Kuiper, & Plomp, 2001）。因為這些調查的實施，讓許多國家的課程與教學，甚至在學校經營上進行不少變革（Koller, 2001; Martin, Mullis, Gonzalez, & Chrostowski, 2004）。在國際上，學生學習成就表現之研究逐漸受到重視，台灣不能置身於度外，更應從參與這項調查所得到的資料，來掌握究竟是哪些因素影響學生的學習成就，找出重要因素，以提供改善學生學習成就、提升教師教學效能，與課程改進的參考。

2007 年，台灣參與 TIMSS 在數學及科學學習成就之表現，國二學生的名次在所有參與國家的前三名之內。關於台灣國二學生學習成就表現亮眼，其影響因素已有許多研究成果來說明（余民寧、趙珮晴、許嘉家，2009；吳琪玉，2004；張芳全，2006b；張翠萍，2006；羅珮華，2004）；羅珮華（2004）以 TIMSS 1999 調查的資料，分析影響七個國家學生學習成就的因素後發現，這些國家的學生特質在所有共同因素解釋的總變異量為 54%；亞洲四個國家的學生，其科學學習成就與特質的關聯性，日本和韓國的前五個高相關變數相同，大致上是與學生家庭文化設備及學生個人特質有關，而台灣也頗為接近此現象。余民寧等人（2009）以 TIMSS 2003 的資料分析發現，學校課程安排與教學是主要因素，然而它們在影響學習成就因素的解釋力偏低。House（2004）則以學生的數學信念來分析 TIMSS 1999 的資料後認為，學生的學習動機為影響學習成就的重要因素。鄭士鴻（2005）以及黃馨萱（2006）以班級觀點分析 TIMSS 的資料後發現，教師班級經營與教學對學習成就是重要的。喬麗文（2007）以九個國家的學生課後學習對國中生學習成就的影響發現，課後學習對於學習成就有正向助益。鄭心怡（2004）以跨國觀點，運用 TIMSS 2003 的數學與科學學習成就資料為依變項，再以教育指標、經濟指標與學習成就關聯的分析後發現，經濟發展與教育發展（如中等與高等教育在學率）指標為影響學習成就的關鍵因素。張芳全（2009）以 TIMSS 2003 的資料發現，子女雙親教育程度愈高、家庭文化資本愈豐富、文化資本愈多，就愈正向影響學生的學習興趣，因而影響其學習成就。

對於上述影響學習成就的研究加以分析，有些研究以家庭背景與個人因素為

主，有些研究是以國際觀點掌握學習成就與國家發展指標為主，也有些是以教師教學及班級經營為主，又有些是關注於學生的個人特質與回家作業，還有許多研究是以中介變項影響學習成就的觀點來分析學習成就，例如：黃毅志（2002）將文化資本、社會資本與財務資本視為中介變項，來解釋對教育成就的影響；張芳全（2009）研究證實，影響學生科學學習成就的中介變項之存在，即除了家長教育程度會透過文化資本、學習興趣等正向顯著影響其科學學習成就外，也透過學生的補習時間正向顯著影響其科學學習成就，更透過文化資本影響其科學學習成就。其實，以影響學習成就的中介機制有不少研究證實，只是他們所運用的學習成就，並不是 TIMSS 所得到的結果，但都支持有中介因素之存在（巫有鎰，1999；李文益、黃毅志，2004；黃毅志，2002；謝孟穎，2003）。

雖然，許多研究運用各種資料分析，例如：積差相關、多元迴歸分析與結構方程模式，來檢定影響學習成就的重要因素，也找出影響學習成就的中介機制；但是在這些研究中，很少考量 TIMSS 的樣本是否具有共同經驗與巢套特性（nested）或稱為鑲嵌特性而予以處理，在分析影響學習成就時，沒有對於資料結構層次進行區分，因而在解釋影響學生的學習成就時，很容易受到樣本多寡、樣本屬性與研究工具而有所不同。在國際上，已有許多研究運用線性階層模式（Hierarchical linear and nonlinear models, HLM），又稱為多層次模型（multilevel models），對於 TIMSS 的資料加以分析，例如：Broeck、Opdenakker、Hermans 和 Damme（2003）、O'Dwyer（2005），以及 Xin、Xu 和 Tatsuoka（2004）。而在台灣方面，洪川富（2007）雖然以 TIMSS 2003 中台灣的數學學習成就為資料，使用 HLM 探討小四及國二學生的數學家庭作業完成時間與教師指派數學家庭作業頻率，在回家作業與學習成就之間分析，但結果發現回家作業對於學習成就影響不明顯；換句話說，如果樣本抽樣以群組式抽取來進行施測，此時被抽中的樣本群很可能具有巢套性（Raudenbush & Bryk, 2002）。在同一所學校或班級學生，學生在共同學習時，如受到同一位教師風格與同一所學校文化之影響，因而群組樣本就會有共同經驗存在；就如同一個學校學生同樣都來自於高社會階層家庭，學生家庭擁有高度的文化資源與學習環境，又有同樣的高度學習競爭特性，此時

很可能會因為群組效應，因而對整體學校或學習成效而有提升。學生在同學校學習時，受到相同學習氣氛而影響學習，某些學校氣氛不佳，某些學校學習氣氛良好，兩種不同氣氛的學校均會影響學生學習。在這種樣本結構具有共同經驗或脈絡情境的存在時，更有不同層次因素在其中；這是社會科學研究應正視處理，也是分析大型資料庫時所要關切的，TIMSS 2007 的資料也不例外。

　　TIMSS 的資料以校為單位，再抽取整班學生進行施測，學校所在的城鄉、學校氣氛、教學資源、學校規模、學生就學情形，或是學校招收學生來源具有的同質性（例如：城市學校的學生，其家庭經濟比較好，家長社會地位較高，學生擁有較多的文化資本與學習資源，加上在城市的升學壓力比鄉間學校來得高，無形的也讓學生的學習獲得更多機會，而有較好的學習成就），均會對調查結果產生影響，而對於這些樣本結構自然形成的共同經驗，更是值得分析的重點。簡言之，台灣國二學生參與 TIMSS，其資料結構具有這樣的特性，在資料處理時更應審慎考量，這是本研究納入分析的重點。

二、台灣學生的學習成就有城鄉差異，學校所在的城鄉及其所形塑的學習環境影響的學習成就不可忽視

　　影響學習成就的因素相當多元與複雜，且很難以周延的研究來解釋。Coleman 等人（1966）在其《教育機會均等報告書》（*Equality of Educational Opportunity*）一書中指出，影響學生的學習成就較大者非學校因素，而學校資源對學生學習成就的影響也不多；家庭社經地位高的學生，其學習成就還是較為優異。後續有許多研究也提出相類似的研究結果（何美瑤，2001；何瑞珠，1999；林淑玲、馬信行，1983；Catsambis, 1995; Cheung & Andersen, 2003; Eitle & Eitle, 2002）。自從 Coleman 進行學校對學習成就影響之分析後，影響學習成就因素的研究就相當多（De Graff, 1986; DiMaggio & Mohr, 1985; Gardner, Ritblatt, & Beatty, 2000）；然而，這些研究受限於問卷調查、取樣對象無法大樣本與周延地完整取樣，或者在資料處理時，運用不適切資料的統計方法，因此研究結論也引起許多分歧的意見。

　　因為研究工具受到批評，近年來開始有研究以國際大型資料庫進行調查分析。

就台灣而言,雖然在國際上的學習成就表現優異,但是學校間的差異仍然不小。國立臺灣師範大學數學教育中心(2005)以 TIMSS 2003 的資料分析顯示,以學生居住在 50 萬名以上的數學學習成就,與居住在 3 千名以下的地區相比較,台灣學生的數學學習成就差距近 70 分,是各國差距最大的。很顯然的,台灣學生的學習成就具有城鄉差異,但是在檢討後,其原因是相當複雜與難以解釋的。就台灣的城鄉差異而言,城市學校學生人數較多,居住城市子女的家長在教育程度與經濟收入上,會比居住鄉村者高。同時城市學生的學習競爭相較於鄉村學校學生還大,都會地區的家長教育程度及社會地位較高,可以給予子女的教育機會及文化資源也較多,因而有益於子女學習成就的提升。張芳全(2008a)就以TIMSS 2003 的資料,對台灣學生的數學學習成就之城鄉差異分析,發現此種現象相當嚴重。陶韻婷(2006)以 TIMSS 2003 的資料分析也發現,城市地區與鄉村地區之學生科學學習成就表現明顯不同,城市明顯優於鄉村;就城市地區學生與科學成績相關度最高的變項是家中資源,對科學成績預測力最高的為學生對於學習科學的信心。

　　TIMSS 以學生的數學與科學學習成就為主,過去許多研究已對 TIMSS 探討影響學生的數學學習成就之關係,尤其是學生個人特質(陳立琇,2005;陳麗妃,2005;House, 2000a; Lee, 2004; Yayan & Berberoglu, 2004),如學生在數學或科學的學習動機、態度或學習方法,但少有研究是以多層次模型來進行分析。許多研究發現,影響學生學業成就因素在個體層次及總體層次有明顯不同(張嘉玳,2008;陳家如,2006;鄭心怡,2004;謝亞恆,2007;Caldas & Bankston, 1999; Keeves, Hungi, & Afrassa, 2005; Marjoribanks, 2004)。TIMSS 有一部分資料是調查學校問卷,調查內容在衡量學校所在的地區(城鄉)、學校規模、教學資源、學校氣氛、學生就學情形等。以總體層次來說,將上述總體層次因素納入影響台灣國二學生學習成就的研究很少。這些研究過去僅以個體層次或橫斷面資料分析(余民寧等,2009;吳琪玉,2004;張芳全,2006b;羅珮華,2004;Stigler, Lee, & Stevenson, 1987),較少考量個體層次與總體層次因素對學習成就的影響情形(Lee, Zuze, & Ross, 2005),以及個體層次與總體層次因素對學習成就的交互作

用影響（Driessen, 2002），因此，本研究將分析影響學習成就的個體層次與總體層次因素，同時也要分析跨層級因素的交互作用。

貳、研究動機

自 1990 年 IEA 開始推動 TIMSS 以來，1995、1999、2003、2007 年均已完成釋出資料，並獲得許多研究及國家重視（Broeck et al., 2003; Koller, 2001; Martin et al., 2004; Yayan & Berberoglu, 2004）。台灣根據 TIMSS 資料庫來探討影響台灣國二學生的學習成就之研究，已有不少，但是本研究為何還要以此議題進行分析呢？實有以下幾項動機。

一、影響台灣學生的數學學習成就因素複雜，總體層次與個體層次的因素值得分析

自 1995 年 IEA 執行 TIMSS 之後，後續的評量相關報告書陸續出版（Mullis et al., 2008; Mullis, Martin, Gonzalez, & Chrostowski, 2004），引起各界對於數學與科學教育的重視；同時證明了，學習成就的資料蒐集對於相關研究所帶來的重要性及影響力，極具研究價值。IEA 每四年舉辦一次 TIMSS，提供各國長期追蹤學生數學和科學趨勢成就，做為學生數學和科學學習成就的改善參考。資料庫發展至今，不論國際或國內自行發展的全國性測驗，皆累積大量的研究資料，國內外的許多研究也常引用該資料庫資源進行分析，尤其是針對學生教育成就的研究議題（余民寧 等，2009；張芳全，2006a，2006b；羅珮華，2004；Martin et al., 2004）；以 TIMSS 調查的資料作為研究題材者，多聚焦於數學或科學相關內容，例如：課程、教學、學生學習態度、跨國比較等（洪川富，2007；洪瑞鎂，2001；張 芳 全，2006a，2006b；張殷榮，2001；許惠卿，2007；陳麗妃，2005）。在 TIMSS 中，台灣學生的成績名列前茅，但是影響台灣國二學生的數學學習成就因素，卻沒有納入組織環境與脈絡因素，然而台灣的學生學習在城鄉有明顯差異，已是事實；過去的研究對於影響學生的數學學習成就，僅以學生、家

庭與學校因素來考量，卻沒有考量到學校的所在城鄉與組織環境所形成的脈絡變項，這是相當可惜的。由於學生的個人特質並非完全獨立於團體特性，例如：學校及地區特性，因此如果將研究發現僅以個人因素差異，就來推論至母群體，很可能會有錯誤產生。

因此，台灣在 2007 年 TIMSS 的數學及科學測驗之表現，是否與學生的學習興趣、自我期望、文化資本、撰寫回家作業，乃致於學校氣氛、學校規模、學校學生的家庭富裕情形、學校所在的城鄉因素，甚至學校學生在校所產生的共同經驗相關，都可能影響其學習成就。這種跳脫過去以學生個人特質與家庭背景影響，或中介因素影響的觀點，而考量影響學生學習成就的跨層級因素，是本研究所要掌握的重點。本研究認為，影響台灣學生學習成就的因素應包括學校環境與學校所在地區，或是個體層次（例如：個人背景與個人特質），或者兩者跨層級之間的變項互有調節效果，此均為本研究的分析重點。

其實，台灣在 TIMSS 表現優異的背後，學生的學習成就差異卻是相當嚴重。就某種程度來說，城鄉學生在學習成就的影響因素明顯不同。台灣在 TIMSS 2003 的數學學習成就排名前五名，比 1999 年好，而 TIMSS 2007 又更好。在 TIMSS 2003 中，台灣小四學生居住在 50 萬名人口以上地區者，數學學習成就為 569.9 分，居住在 3 千人以下人口地區者僅有 500.5 分，居住在兩地的學生數學成績相差約 70 分（國立臺灣師範大學數學教育中心，2005），其差距是參與調查的 50 個國家和地區中最大者。很顯然的，台灣學生的學習成就有城鄉差異，因而影響其學習成就因素，故不得不將學校所在的城鄉納入考量。所以，本研究將會納入學生背景、個人特質與中介因素，以及學校組織與城鄉因素，將總體層次與個體層次的因素共同考量，並了解跨層級因素的交互作用情形。

二、台灣學生學習成就的城鄉差異，學校與學生共有的脈絡變項未納入研究

影響台灣學生的學習成就究竟有哪些原因呢？是學生個人因素——學生個人特質、興趣、自信、智商、學習表現或學習態度呢？還是居住在不同地區的學生，因為家庭社經背景因素——家長的教育程度、家庭教育資源不足所造成？還是學

校組織因素呢？或者是學校共同環境形成的脈絡情境使然？本研究會以學校所在的城鄉、學校規模、教學資源、學校氣氛等總體層次因素納入考量，來探討影響學生學習成就的重要因素。台灣學生的學習成就差異由來已久，但是將總體層次與個體層次因素共同納入分析的研究並不多。過去的研究多以學生的社經地位來考量其學業成就差異（孫清山、黃毅志，1996；馬信行，1985；羅珮華，2004；蘇船利、黃毅志，2009；Kalmijn & Kraaykamp, 1996; King, Nguyen, & Minh, 2008）；有些研究則以學生的認知水準高低來比較其差異（吳繡金，2005；蔡文標，2003；Greene, Miller, Crowson, Duke, & Akey, 2004; House, 1993, 2004）；又有些研究是以學生所擁有的學習與教育資源為分析重點（張芳全，2009；陳怡靖、鄭燿男，2000；黃文俊，2004；Cheung & Andersen, 2003; DiMaggio & Mohr, 1985; Katsillis & Rubinsion, 1990）；還有些研究是以學習者早年的學習經驗，來分析這些經驗對於後來成就的影響（Ma, 2005）。

　　本研究與上述研究的不同之處，是將學校所在的城鄉與學校層次的因素納入分析，同時考量學生家長的社經地位、學生家庭文化資本、學習興趣、自我期望等中介因素，並將學校的因素，例如：學校規模、學校學生的家庭富裕程度、教師教學資源、學生就學情形等因素做完整分析。更重要的是，本研究會將蒐集到的解釋變項進行聚合（aggregated），計算出各校（班）的平均值，而這個各校階層一解釋變項的平均數，視為階層二的解釋變項，此時就是脈絡變項。納入脈絡變項的主因是在於 TIMSS 的資料具有巢套特性，學校或班級所共同形成的經驗，對於學生的學習成效之影響是不可以忽視的（邱皓政譯，2006：2-11；溫福興，2006：2-52; Centra & Potter, 1980; Harker & Tymms, 2004; Lee, 2000; Raudenbush & Bryk, 2002）。

　　本研究運用多層次模型來分析影響台灣國二學生的學習成就因素，除了檢定個體層次及總體層次的影響因素之外，更將總體層次的脈絡因素納入考量，這樣的研究設計為過去研究所未進行的。

三、以大型資料庫來研究影響學業成就的個體與總體因素交互影響的研究很少

　　個人研究者要大規模調查影響台灣學生的學業成就表現有其難度，其困難點在於學生的學習成就表現很難進行跨校比較。一方面，如果研究者要將不同學校的學生納入分析，很難將學業成就統一計算，除非研究者設計一份標準化成就測驗，接著進行全面施測，再來搭配其他學校效能的變項進行分析，此時才可能有機會完成，但是能這樣研究者，少之又少。這也是吳清山（1989）在進行學校效能分析之後，將學習成就納入分析後發現，這是學習成就評量在資料取得及其可信度的限制，建議未來的研究宜有大型資料庫來支持才容易執行。這也就是為什麼筆者自 2010 年 5 月起，從台灣的「全國博碩士論文資訊網」檢索時，無法掌握到這樣的論文，同時也找遍了國內各大期刊，也沒有這樣的論述。

　　另一方面，台灣在 TIMSS 2007 的資料已公開，其抽樣已是將台灣國二學生的母群體完全的納入考量，其抽樣及施測結果具有代表性，未能將這樣的資料來掌握城鄉學生的學業成就差距之因素，相當可惜。TIMSS 的問卷設計焦點包括：數學學習與數學課程、學校機構與老師資料、學生態度與學習成就評量，以及學校家長投入情形等，都有調查。這些資料特性不僅具有巢套特性，而且也有跨層級因素可以考量，因此可以用多層次模型來進行跨層級因素的交互作用。也就是說，除了掌握影響台灣國二學生學習表現因素的個體層次與總體層次之因素外，更可以分析跨層級的交互作用（cross-level interactions）（Kreft & de Leeuw, 1998; Raudenbush & Willms, 1991）。易言之，以多層次模型分析 TIMSS 2007，不僅可以進行總體層次變項對於個體層次因素的中介變項（影響學習成就因素）之分析外，更能估計跨層級的交互作用，這種分析方式是過去對於TIMSS的研究所沒有納入考量的部分。

四、以階層線性模式來對各校學生的學習成就差異進行資料處理，更能完整解釋

　　基於影響學生學習成就的因素，涉及到個人、外在因素及學校環境等，因此

本研究是以城鄉差距觀點來了解，並以 HLM 來專門處理單一資料進行多層次相關分析，同時也是在處理具有巢套性或階層性資料結構的統計技術（邱皓政譯，2006；Hox, 1995; Pedhazur, 1997）。本研究在資料處理與傳統方式有別，主因在於 TIMSS 2007 的資料具有巢套特性，也就是它處於無法完全簡單隨機抽樣，而是處於多階段隨機集群抽樣（multi-stage random cluster sampling），如第一階段是隨機抽取學校，第二階段再抽取班級中的全班學生，因而在全班樣本具有巢套特性的前提下，每一個觀察值或學生，彼此之間存在著許多相似性，因此不可以再將觀察值視為獨立的特性。因為同一個學校或班級中的學生彼此之間的關聯性會被融入到殘差項之中，導致殘差項不再具有獨立性，因而會讓不具獨立性的殘差變異數增加，而無法充分解釋依變項的結果（Raudenbush & Bryk, 2002）。

TIMSS 1995、1999、2003、2007 的資料包含國家和學生二個階層的資料，為了分析不同階層的變項關係，如果使用傳統迴歸分析，沒有考慮兩階層之間的結構關係，將會造成型 I 誤差（type I error）過於膨脹，容易發生分析結果解釋的偏誤（林原宏，1997；邱皓政譯，2006；陳正昌、程炳林、陳新豐、劉子鍵，2003；溫福星，2006；劉子鍵、林原宏，1997；Raudenbush & Bryk, 2002），而 HLM 能夠依據階層特性，分別建立不同層次的模式，以顯示各個層次所具有的結構特色，再計算其個別效果，以進一步估計各個層次的變異程度（高新建，1997；高新建、吳幼吾，1997）。

以台灣參與的 TIMSS 2007 來說，參與的學校是從台灣地區所有國中抽出 150 所，再由學校中抽取出班級的樣本進行調查，每一所學校樣本可能其學校內的同質性較高，但是地區性、校際或學校所在的城鄉之學生屬性可能差異很大，因而在學習成就表現上就有明顯不同。這也就是多層次模型所強調，同一群組的個體，如同一個學校或班級學生具有共同經驗或脈絡特性，因而容易形成相同脈絡情境個體之間的相依性。為避免個體層次的因素提供資訊之不足，而有錯誤的結論與推論，此時即可以運用多層次模型加以分析；相對的，如果運用傳統的迴歸分析來進行具有巢套性質的樣本，在研究發現的解說與推論上，會有所偏頗。近年來，為了解決巢套式的資料，社會科學研究常採用 HLM 來處理此種資料的結構。本

研究係以 HLM 來檢定影響台灣國二學生學習成就的因素，研究中將資料區分為個體層次及總體層次，以掌握影響台灣參與 TIMSS 的學習成就之個體與總體因素的情形。

總之，台灣在 TIMSS 的學生學習表現之實證研究尚欠完整，尤其是以 HLM 檢定大型資料庫，來分析影響台灣國二學生的學習成就因素更是缺乏。台灣在分析影響學生學業成就因素的研究已有不少，但是以跨國資料掌握影響台灣國二學生學習成就因素的跨層級分析，到目前為止並沒有。本研究試圖以影響台灣國二學生的學習成就因素之多層次模型進行探討，以掌握台灣地區國二學生學習成就的個體、總體因素及跨層級之交互作用因素。以多層次模型探究影響台灣國二學生的學習成就因素，做為未來形成理論、檢視理論與日後研究及實務應用的參考。

第二節　研究目的、問題與假設

壹、研究目的

本研究是以多層次模型來分析影響台灣國二學生學習成就的因素，在學理與實務應用方面的價值說明如下。

首先，應掌握影響台灣國二學生學習成就的個體層次與總體層次的因素。TIMSS 已經釋出 1995、1999、2003、2007 年的資料，然而過去對這方面的研究，未能以影響台灣國二學生學習成就的個體及總體層次因素進行交互作用來分析。雖然洪川富（2007）以 TIMSS 2003 的資料，使用 HLM 分析回家作業與學習成就之關聯，但是沒有以 TIMSS 的資料來分析學生學習成就的跨層級因素交互作用進行探討。本研究係以 TIMSS 2007 的資料，並以 HLM 分析影響台灣國二學生學習成就的個體層次與總體層次之因素。研究中更將個體層次的變項，也納入中介變項分析，這可以補足過去探討影響 TIMSS 的學習成就因素研究之不足。簡言之，以 HLM 來處理 TIMSS 2007 的資料，其具有巢套式的資料結構者很少，因此，本

研究擬以 HLM 來分析。

第二，了解影響台灣國二學生學習成就因素的跨層級交互作用。在探討影響台灣國二學生學習成就因素的多層次模型時，可以分析個體及總體層次的交互作用，尤其考量了個體層次的變項，也能將學校或地區的脈絡變項及組織原有的變項，例如：學校所在的城鄉、學校規模、教學資源、學生就學情形，以及學校學生家庭富裕比率等，更能完整的了解影響台灣國二學生的學習成就因素，透過分析台灣學生的學習成就差異因素做為實務參考。

最後，有系統分析台灣學生在 TIMSS 的學習成就表現。台灣學生的學習成就影響因素已有不少研究，然而能以多層次模型分析者尚無。近年來，筆者的研究興趣與重心均以國際大型資料庫來分析，亦獲得行政院國家科學委員會的補助研究；在 2007 年時，是針對 TIMSS 2003 的國二學生數學信念與學習成就進行研究，2009 年則是以 HLM 來檢定影響台灣學生學習成就的城鄉差異因素。本研究再以影響台灣國二學生學習成就因素的多層次模型分析，其所研究的內容不僅包含學生的個人背景與個人特質，也不僅僅將學校所在的城鄉因素納入考量，而是將影響學生學習成就的個體層次與總體層次之因素（包括脈絡變項與組織變項）都納入考量，並對跨層級因素進行交互作用的分析，期待對於掌握影響台灣學生的成就因素有其貢獻，並提供後續 TIMSS 學習成就研究的參考。

基於上述的研究背景與動機，本研究有以下的研究目的：

第一，分析台灣國二學生參與 TIMSS 2007，其個體層次因素影響學習成就的情形。

第二，了解台灣國二學生參與 TIMSS 2007，其總體層次因素（即脈絡變項與組織變項）影響學習成就的情形。

第三，探討台灣國二學生參加 TIMSS 2007，其總體層次與個體層次影響學習成就因素之跨層級交互作用情形。

第四，歸納本研究所建立的影響台灣國二學生參加 TIMSS 2007 學習成就的因素之多層次模型的適配情形，並找出可以解釋影響學生學習成就最適配之多層次模型。

最後，本研究再根據實證結果提出建議。

貳、研究問題

從上述的研究動機來看，本研究的研究問題如下：

第一，台灣國二學生參與TIMSS 2007，其個體層次因素（即學生的性別、家長教育程度、文化資本、自我期望、學習興趣、數學自信、回家作業）影響學習成就的情形為何？

第二，台灣國二學生參與TIMSS 2007，其總體層次因素（即脈絡變項——平均文化資本、平均自我期望、平均學習興趣、平均數學自信、平均回家作業、平均雙親教育程度，以及組織變項——學校所在的城鄉、學校規模、學校學生家庭富裕比率、教學資源、學校氣氛、學生就學情形）影響學習成就的情形為何？

第三，台灣國二學生參加TIMSS 2007，其總體層次與個體層次影響學習成就因素，在跨層級變項的交互作用情形為何？

第四，本研究所建立的影響台灣國二學生參加 TIMSS 2007 學習成就因素之多層次模型，哪一種模型最適配於解釋影響台灣國二學生的學習成就？

參、研究假設

依據研究目的及問題，本研究提出以下的研究假設。

一、研究假設一

H_1：台灣國二學生的背景變項（即性別、父親教育程度、母親教育程度）對其學習成就有顯著影響。

H_{1a}：台灣國二學生的性別對其學習成就有顯著影響。

H_{1b}：台灣國二學生的父親教育程度對其學習成就有顯著影響。

H_{1c}：台灣國二學生的母親教育程度對其學習成就有顯著影響。

二、研究假設二

H_2：台灣國二學生的背景變項，透過中介變項（即文化資本、自我期望、學習興趣、數學自信、回家作業）之個體層次變項影響學習成就。

H_{2a}：台灣國二學生背景變項，透過個體層次的文化資本影響學習成就。

H_{2b}：台灣國二學生背景變項，透過個體層次的自我期望影響學習成就。

H_{2c}：台灣國二學生背景變項，透過個體層次的學習興趣影響學習成就。

H_{2d}：台灣國二學生背景變項，透過個體層次的數學自信影響學習成就。

H_{2e}：台灣國二學生背景變項，透過個體層次的回家作業影響學習成就。

三、研究假設三

H_3：台灣國二學生之個體層次的中介變項（即文化資本、自我期望、學習興趣、數學自信、回家作業）顯著影響學生的學習成就。

H_{3a}：台灣國二學生之個體層次的文化資本顯著影響學習成就。

H_{3b}：台灣國二學生之個體層次的自我期望顯著影響學習成就。

H_{3c}：台灣國二學生之個體層次的學習興趣顯著影響學習成就。

H_{3d}：台灣國二學生之個體層次的數學自信顯著影響學習成就。

H_{3e}：台灣國二學生之個體層次的回家作業顯著影響學習成就。

四、研究假設四

H_4：台灣的學校總體層次因素（即脈絡變項、組織變項）顯著影響學習成就。

H_{4a}：台灣國二學生的聚合脈絡變項（即平均文化資本、平均自我期望、平均學習興趣、平均數學自信、平均回家作業、平均雙親教育程度）顯著影響學習成就。

H_{4b}：台灣的學校組織變項（即學校所在的城鄉、學校規模、學校學生家庭富裕比率、教學資源、學校氣氛、學生就學情形）顯著影響學習成就。

五、研究假設五

H_5：台灣的學校總體層次變項，透過學生中介變項（即文化資本、自我期望、學習興趣、數學自信、回家作業）之個體層次變項顯著影響學習成就。

H_{5a}：台灣的學校總體層次變項，透過學生文化資本顯著影響學習成就。

H_{5b}：台灣的學校總體層次變項，透過學生自我期望顯著影響學習成就。

H_{5c}：台灣的學校總體層次變項，透過學生學習興趣顯著影響學習成就。

H_{5d}：台灣的學校總體層次變項，透過學生數學自信顯著影響學習成就。

H_{5e}：台灣的學校總體層次變項，透過學生回家作業顯著影響學習成就。

六、研究假設六

H_6：台灣的學校總體層次變項，對學生個體層次之背景變項（即性別、家長教育程度），以及中介變項（即文化資本、自我期望、學習興趣、數學自信、回家作業）對學習成就有明顯影響。

H_{6a}：台灣的學校所在的城鄉，對學生個體層次之背景變項以及中介變項，對學習成就有顯著的影響。

H_{6b}：台灣的學校規模，對學生個體層次之背景變項以及中介變項，對學習成就有顯著的影響。

H_{6c}：台灣的學校學生家庭富裕比率，對學生個體層次之背景變項以及中介變項，對學習成就有顯著的影響。

H_{6d}：台灣的學校氣氛，對學生個體層次之背景變項以及中介變項，對學習成就有顯著的影響。

H_{6e}：台灣的教學資源，對學生個體層次之背景變項以及中介變項，對學習成就有顯著的影響。

H_{6f}：台灣的學生就學情形，對學生個體層次之背景變項以及中介變項，對學習成就有顯著的影響。

第三節　研究方法與步驟 ⋯⋯▶

壹、研究方法

　　本研究以多層次模型來分析影響台灣國二學生的學習成就因素。為了配合研究目的，本研究蒐集了影響台灣國二學生學習成就因素的相關理論及文獻進行評閱，提出研究問題，建立研究假設，接著運用 TIMSS 2007 的資料進行分析。在研究性質上，本研究屬於次級資料分析法（secondary data analysis method）。在社會科學研究中，運用次級資料分析法來對現有資料進行分析，具有不少優勢：第一，研究資料可以重複操作，不會受到時空環境的限制，就如TIMSS、PISA、PIRLS 等資料庫，可以在各個國家取得，也可以在網路中取得，資料獲得相當便捷；第二，研究資料具有便利性，研究者可以透過次級資料庫，選擇與研究有關的變項進行分析，研究資料不需要再進行問卷調查（如設計問卷、抽樣及進行施測）或實驗設計，在研究資料蒐集時間上有其便利性；第三，研究資料具有比較性，研究者可以將資料庫中所擁有的國家或個人背景資料納入分析，研究結果可以進行有意義的比較；第四，大型資料庫具有樣本大、施測一致性的特性，同時可以用叢集方式抽取同一學校、班級的學生進行調查；最後，透過次級資料分析法可以驗證學理，研究者透過龐大的資料庫，可以擁有較大的樣本數來驗證學理，其準確度比較高；這有別於研究者透過自行編製問卷，所進行的問卷調查或以實驗方法來蒐集資料的方式，其在學理驗證的偏誤較高有所不同。

　　然而，次級資料分析法的限制有：在資料可信度方面，研究者僅能從現有的資料中，挑選出適合資料進行分析，無法完全依據研究者所要的研究設計蒐集到資料；倘若研究者所要的資料並沒有在次級資料庫中，很可能僅能運用替代性的變項做為估計的變數，其準確度可能會受到限制。

　　本研究係運用 IEA 發布的 TIMSS 2007 資料庫的統計資料。IEA 在 1990 年起

推動進行第三次 TIMSS（NCES, 2004a, 2004b），這份調查包括蒐集學生、教師及學校資料。在學校資料中，詢問校長的學校發展情形，包括：學校規模、學生人數多寡、教師教學情形、教學資源、學校氣氛、學生行為、行政執行情形，以及學生上課情形等；而在學生問卷中，則詢問學生的家庭藏書、學習資源、學習興趣、對學習科目的價值、校外活動、電腦使用、回家作業，以及有關個人的變項等。本研究依據文獻探討，接著對所要分析的變項進行篩選，即對學生背景變項（如性別與家長教育程度），以文化資本、學習興趣、自我期望、數學自信、回家作業等作為個體層次的中介變項，而以學習成就為依變項。在組織層次的變項中，包含：學校所在的城鄉、學校規模、學校學生家庭富裕比率、學校氣氛、就學情形、教學資源等變項。此外，更將上述影響學習成就的中介變項，以聚合方式轉為脈絡變項，接續再依據理論所設定的 HLM 理論模型，納入資料來檢定資料結構與模型的適配情形，以獲得相關的研究結果，並與文獻結合深入討論，再提出研究建議。

本研究的資料處理是以 HLM 進行分析。因為 TIMSS 2007 的資料結構具有階層結構與巢套結構（nested structure）性質，亦即個人背景變項、自變項、中介變項、依變項屬於學生階層（student-level），學生學習成就為依變項，而總體層次的變項包含學校階層（school-level），即各校所在地、學校規模、教學資源、學校氣氛等變項。TIMSS 2007 的資料具有巢套結構特性，下層單位隸屬於上一層單位（Raudenbush & Bryk, 2002），此時，若用傳統的迴歸分析法，將導致資料分析在推論上易有資訊不足的問題。以個人做為分析的單位（disaggregation），將使估計標準誤（estimated standard errors）變得過小，使得型 I 誤差（type I error）過於膨脹，無法符合迴歸殘差之同質性假設；如果以組織或學校作為分析的單位，並將各組織中個人變項平均數作為依變項，將導致其他以個人為單位的自變項難以納入；組織內在（within-group）的訊息若均被捨棄，容易因為組織特性，而造成分析結果在解釋上的偏誤（劉子鍵、林原宏，1997；Raudenbush & Bryk, 2002）。

貳、研究步驟

　　本研究的研究流程說明如下：首先，針對影響台灣國二學生學習成就因素的多層次模型之主題進行探討，撰擬研究計畫。其次，廣泛蒐集影響台灣國二學生學習成就因素的多層次模型研究之相關文獻與參考資料，並進行深入的評閱。在文獻評閱中，深入探討影響台灣國二學生參加 TIMSS 2007 學習成就因素的理論（例如：社會階層理論、文化資本理論、學習動機理論、城鄉教育差異理論、學校管理理論等）及相關研究，並探討與歸納各變項的內涵，也針對影響台灣國二學生學習成就的理論及相關研究進行評閱，找出合理的變項。第三，依據文獻探討的結果，來選擇影響台灣國二學生的學習成就在多層次模型所需要考量的個體及總體層次因素。第四，針對影響台灣國二學生參加 TIMSS 2007 的學習成就因素，建立多層次模型的各個方程式；接著運用資料來檢定，以了解變項之間的關係程度，與跨層級因素之間的交互作用情形。最後，針對影響台灣國二學生學習成就因素的多層次模型之發現，對相關研究結果進行討論，獲得結論，最後再提出相關建議。

第四節　重要名詞釋義 ➡

壹、階層一變項

　　階層一變項在本研究中又稱為個體層次（micro level）變項。本研究在階層一的變項包括影響學習成就因素的個人背景變項及中介變項，其中值得說明的是中介變項，包含：文化資本、自我期望、學習興趣、數學自信、回家作業，它們將作為檢定影響學習成就的個體層次因素之中介變項。定義說明如下。

一、文化資本

　　文化資本包括形體化、客觀化及制度化的資本，不僅包括學生家庭中的藏書及教育設備，也包括了文化資源、家庭氣氛及科技產品。

　　本研究所謂的家庭文化資本是指家庭中的圖書數、家中有無計算機、電腦、個人專用書桌。家庭中的圖書數是以 1 代表 10 本以下、2 代表 11～25 本、3 代表 26～100 本、4 代表 101～200 本、5 代表 200 本以上；家庭中的計算機、電腦、個人專用書桌、字典、百科全書等，1 代表有，2 代表沒有。這些是有益於學生學習的文化資本，因此將它列為文化資本一項中。本研究將上述資料進行加總，分數愈多，代表所擁有的文化資本愈多。

二、自我期望

　　學生的自我期望是指，學生期待未來能完成任務的一種目標，為了完成任務目標，學生的動機需要強烈，投入時間應該持續；同時所要完成的目標，可能是對於學習任務的達成，或達成進階的學業，以及更高階的教育學位等級。

　　本研究所謂的自我期望是指，運用 TIMSS 2007 的學生問卷中，詢問學生未來可能要接受的最高教育程度，也就是詢問受訪者：「您期望的最高教育程度為何？」選項包括高中職畢業、五專畢業、二技畢業、大學畢業、碩士以上學位，它們分別以 1 至 5 分來計分，本研究將它轉換為台灣學制的就學年數，因此如果學生在這個項目的數值愈高，代表自我期望愈高。

三、學習興趣

　　學習興趣是指，個人對於一項任務或學習課業，其想要及願意投入的態度與傾向。如果個人對於一項任務願意積極投入，並持續的投入時間，代表他們對於該項任務有興趣。

　　本研究所謂的學習興趣是指，以 TIMSS 2007 的問卷詢問學生的學習興趣，包含：學生喜歡學數學的程度、數學是無聊的程度（反向題，本研究已轉換為正

向題）、喜歡數學的程度。上述題目均以非常同意、有點同意、有點不同意及不同意為選項，以 1 至 4 分作為計分標準。TIMSS 2007 將上述項目，運用結構方程模式（Structural Equation Modeling, SEM）的驗證性模型建立構念效度（Olson, Martin, & Mullis, 2008: 300），並將學習興趣分別區分為低度學習興趣、中度學習興趣、高度學習興趣，並以 1、2、3 來計分，分數愈高，代表學生的學習興趣愈高，反之則愈低。

四、數學自信

學習自信是指個體內在自我肯定的特質。學習者投入學習時間，融入興趣於所要學習的任務之中，因而任務完成，產生自我肯定；接著因肯定而更願意投入更多的時間學習，這種自我學習肯定就是自信的展現，也是學習者從學習過程中獲得自我肯定的一種內在特質。

本研究所謂的數學自信是指，以 TIMSS 2007 的學生問卷中，包含：我在數學的表現總是很好、我覺得數學比較難，其他同學卻覺得比較容易（反向題，本研究已轉換為正向題）、數學不是我擅長的科目之一、與數學有關的事我學得很快。其題目均有四個選項，即非常同意、有點同意、有點不同意及不同意，均以 1 至 4 分作為計分標準。TIMSS 2007 將上述項目，運用 SEM 的驗證性模型建立構念效度（Olson et al., 2008: 300），並將數學自信分別區分為低度數學自信、中度數學自信、高度數學自信，並以 1、2、3 來計分，分數愈高，代表數學自信愈高。

五、回家作業

回家作業是指，學生於放學之後或不是在學校的授課時間，學校及老師所提供給學生額外學習的一種任務，此種任務包括了紙本文字、實驗活動、參觀展覽，以及閱讀相關書籍等，它的主要目的在讓學生額外學習，以彌補學校學習的不足，提高學生的學習表現。

本研究所謂的回家作業是指，以 TIMSS 2007 的學生問卷中，學生每天花多

少時間完成數學作業，其選項包括少於 15 分鐘、15～30 分鐘、31～60 分鐘、61～90 分鐘，以及超過 90 分鐘；而數學老師多久給一次家庭作業，其選項有每天、一週 3～4 次、一週 1～2 次、一週最多 1 次，以及從來沒有數學作業，上述由 1、2、3、4、5 來計分。TIMSS 2007 將上述項目轉換，區分為低度回家作業、中度回家作業、高度回家作業，並以 1、2、3 來計分，分數愈高，回家作業量愈多。

貳、階層二變項

階層二變項在本研究又稱為總體層次（macro level）變項。本研究在階層二的變項包括組織變項與脈絡變項，前者是指學校所在的城鄉、學校規模、教學資源、學校氣氛、學生就學情形，以及學校學生家庭富裕比率；後者則是指個體層次變項中所聚合的變項。說明如下。

一、學校所在的城鄉

學校所在的城鄉是指該所學校設立的地點或位置。本研究是以 TIMSS 2007 的校長問卷中，詢問校長該校所在的城鄉人口數。TIMSS 2007 調查學校所在的鄉、鎮、市有多少居民，它將居住的人口數區分為 50 萬人以上、10 萬至 50 萬人、5 萬至 10 萬人、1 萬 5 千至 5 萬人、3 千至 1 萬 5 千人，以及 3 千人以下等六個等級，分別以 1、2、3、4、5、6 來計分；後兩者在台灣樣本中很少，故予以整併。最後再將分數轉換為正向題，即代表分數愈高，學校所在地為城市，反之則為鄉村學校。

二、學校規模

學校規模是指一所學校整體的空間、設備及人數的多寡。廣義來說，學校規模包括了學校空間、教學設備、師生人數的多寡；狹義的是指學校學生人數的多寡，但不包括教師及行政人員人數。本研究是以 TIMSS 2007 的校長問卷中，詢

問校長該校當年度註冊的學生總人數,單位是以人為主,人數愈多,代表該所學校的規模愈大,反之則愈小。

三、教學資源

教學資源是指,學校提供教師教學所需要的一切教學設備,以及達到教學目標的相關設備,包括軟硬體設備,例如:電腦、教室、圖書、教材教具、教學媒體、場地、教學經費,以及相關人力等。

本研究是以 TIMSS 2007 的校長問卷中,詢問校長該校的教學資源,包括:教材(如教科書)、庶務預算(如紙、筆)、學校建築及場地、空調及照明系統、教學空間(如教室)、殘障學生所需要的特殊設備、數學教學用的電腦、數學教學用的電腦軟體、數學教學用的計算機、與數學教學有關的圖書,以及數學教學用的視聽設備等。它的選項是以沒有、很少、一些、很大,分別以 1、2、3、4 來計分。TIMSS 2007 將上述項目,運用 SEM 的驗證性模型建立構念效度(Olson et al., 2008: 333),將它區分為低度教學資源、中度教學資源與高度教學資源,並以1、2、3 來計分,分數愈高,表示該校的教學資源愈多,反之則愈少。

四、學校氣氛

學校氣氛是指,一所學校的組織文化,讓個體感受到該所學校的氣氛,它可以分為持久性及短暫性,能影響組織及其成員。

本研究所謂的學校氣氛是指,由 TIMSS 2007 的學校問卷中所測量,它由多個題目組成,例如:教師工作滿意度、教師對學校課程目標的了解、教師達成學校課程進度的程度、教師對學生學習成就的期望、家長對學生學習成就的支持、家長對學校活動的參與度、學生愛惜學校資源的程度,以及學生力求在學校有好表現的意願。這些題目選項均以很高、高、普通、低、很低,分別以 5、4、3、2、1 來計分。TIMSS 2007 將上述項目,運用 SEM 的驗證性模型建立構念效度(Olson et al., 2008: 337),將它分為低度學習氣氛、中度學習氣氛、高度學習氣氛,並以 1、2、3 來計分,分數愈高,學校氣氛愈好,反之愈差。

五、學生就學情形

學生就學情形是指，學校在正式上課的學期之間，在正規授課時間下，學生在學校學習的出缺席狀況，或有多少學生於學期中轉進與轉出學校的情形。

本研究所謂的學生就學情形是指，由 TIMSS 2007 的學校問卷之三個題項所組成，即在正常上課的日子中，上學遲到的次數有多少？這個學期每天缺席（無正當理由而缺席）的次數？這個學期在學校蹺課的次數？TIMSS 2007 將三個項目運用 SEM 的驗證性模型建立構念效度（Olson et al., 2008: 329），並將它區分為低度就學情形、中度就學情形與高度就學情形，並以 1、2、3 來計分，分數愈高，代表該校學生就學情形愈好，反之則否。

六、學校學生家庭富裕比率

學校學生家庭富裕比率反應出一所學校學生背景的來源，它是指進入學校之後的學生，其家長的社經地位高低，而衡量家長社經地位的指標，包括：教育程度、經濟收入、職業狀況，以及職業聲望等。

本研究是以 TIMSS 2007 的學校問卷中，調查在該校學生中，家庭富裕學生比率高低情形，即學生的家庭富裕比率，以 0～10%、11～25%、26～50%、多於50%為選項，分別以 1、2、3、4 來計分，分數愈高，代表學校學生家庭富裕比率愈高，也代表學生家庭經濟環境愈好；反之，則學校學生家庭富裕比率較低。

參、脈絡變項

多層次模型可以檢定階層一變項與階層二變項之關係，尤其可以分析將階層一變項所聚合（aggregated）的變項，通常是運用各變項，計算每一個變項的平均，再轉匯入階層二作為總體層次的變項，故聚合變項也稱為脈絡變項。在 HLM 之中，它不僅可以做為檢定影響階層一變項的依據，更可以在階層二中，以它做為檢定依變項之間的關係。

本研究的脈絡變項是指，從 TIMSS 2007 取得台灣國二學生的父親教育程度、母親教育程度、文化資本、自我期望、學習興趣、數學自信、回家作業等變項，它們是本研究設定階層一個體變項中的中介變項，本研究以平均數對於各變項的聚合程度，即對於父親教育程度、母親教育程度、文化資本、自我期望、學習興趣、數學自信、回家作業等進行平均數計算，列為本研究的脈絡變項。

肆、學習成就

廣義的學習成就，是學習者透過學校教學或自我學習之後，經由主客觀的評量方式，所獲得的一種成果；此種成果是較為永久性的行為結果，但它也會隨著時間調整與累積。狹義的學習成就是指在學校各科的學習紀錄，或是在學校的各科平均學習成績。

本研究所謂的學習成就是指，台灣國二學生參與 TIMSS 2007 的學習成就，包括算術、代數、幾何、資料與機率等領域，而每個領域的認知層次分為理解事實及程序、概念運用、解決例行性問題，以及推理。TIMSS 2007 學習成就的總分與每項分數都有五個近似值（plausible values）做為每一位學生成績表現。為了讓學習成就具有一致性與可以比較，本研究以 TIMSS 2007 所估算的第一個近似值做為學習成就的依據。

第五節　研究範圍與限制

壹、研究範圍

一、研究對象方面

本研究的研究對象是以台灣國二學生參與 TIMSS 2007 的資料為主，參加的年齡平均為 14.2 歲，都是學校正規學制的學生，並沒有國中補校生。TIMSS 2007

是以兩階段取樣，先抽取學校，再抽取施測的班級。台灣在 TIMSS 2007 的國二樣本，是依據北區、中區、南區、東區與離島各抽出 66 所、38 所、40 所、4 所、2 所學校，最後從台灣國二學生，扣除特教學生及外籍學校學生的母群體，抽出 4,046 名學生參與受測（Olson et al., 2008: 369）。

二、研究變項方面

　　本研究是以社會階層理論、文化資本理論、學習動機理論、城鄉教育差異理論、學校管理理論，以及影響學習成就的因素之有關研究為依據，對於具有階層結構之 TIMSS 2007 的資料進行分析。學理上，HLM 可以有無限多層次，但受限於 HLM 模式實用及分析結果的容易解釋，本研究以二階層資料為主要分析對象。在個體層次變項上，包括個人背景（如性別、父親教育程度、母親教育程度），中介變項包括文化資本、自我期望、學習興趣、數學自信、回家作業，依變項為學習成就。在總體層次變項上，納入了組織（學校）變項（包括：學校所在的城鄉、學校規模、教學資源、學校氣氛、學生就學情形、學校學生家庭富裕比率），以及脈絡變項（從個人層級中的中介變項所聚合的變項），即自我期望、文化資本、學習興趣、數學自信、回家作業。至於本研究為何要選擇上述的變項呢？這是因為本研究在變項選擇的考量時，一方面是這些變項具有理論基礎、過去文獻支持或有研究的價值意義，例如：學生對自己愈有信心、認為數學不困難、認為數學可以學習得很快，或家長的教育程度愈高、家庭的文化資源愈多，學生在數學的學習成就表現愈好，故本研究選定上述研究變項；另一方面，TIMSS 2007 僅納入上述這些變項，但有些變項卻是缺乏的，例如：要衡量學生的家庭社經地位，但 TIMSS 2007 就沒有家長的職業、家庭經濟收入或職業聲望等，故以家長教育程度來看，並不等於其社經地位，這就是本研究的限制。因此，本研究在配合理論及實際現況之後，僅將上述具有的變項納入模式來分析。

貳、研究限制

一、研究對象的限制

　　本研究對象限定台灣參與 TIMSS 2007 的國中學生，對於未參與該調查的國中學生即沒有納入研究範圍。本研究無法推論到其他國民小學或高級中學的學生；同時，在 TIMSS 2007 中，台灣參與的學校有 150 所，學生為 4,046 名，但是因為有些學校並無法填寫相關的資料，因而最後僅有 122 所學校可以運用，而在參與的學校中又有些學生並未完整的填答，因而形成資料缺漏，無法納入分析，所以在可以分析的樣本中，僅有 2,549 名學生。雖然 TIMSS 為跨國性的調查資料，但是本研究僅分析影響台灣國二學生學習成就因素的多層次模型，因此研究發現無法與其他國家相比，更無法推論到其他國家。

二、研究變項的限制

　　本研究係使用 TIMSS 2007 的資料庫來分析，資料庫的建立雖然有其合理性及相關研究的依據，尤其 TIMSS 2007 為跨國性的整合調查，不論是在資料蒐集及資料整理，乃致於樣本的選取及樣本回收，都有一定的水準。然而，本研究的 TIMSS 資料受限於學校與學生問卷，係以事先就設計好再進行調查的資料，因此，本研究較為困難的是在資料庫之中欠缺所要的資料，也就是影響台灣國二學生學習成就因素的多層次模型之總體因素的選取，同時有許多因素會影響個體因素，而資料庫卻不一定有這些變項，這是本研究在變項選擇上的限制，而這也是受到 TIMSS 資料的限制，無法有更多的變項納入分析。

三、資料處理的限制

　　本研究運用 HLM 進行影響台灣國二學生學習成就因素的多層次模型分析，就學理上而言，HLM 可以有無限多層次，例如：國家、地區、學校、班級、教師、學生個人或家庭等層級，可依其理論與實際資料結構來選取層數，但受限於 HLM 若選取更多層數，在進行分析之後，該資料可以解釋的程度以及模式實用

性，所以沒有運用三個層次分析，因而本研究係以總體層次與個體層次的資料為主，並沒有涉及第三層，或更多層次的研究資料。

四、本書的寫作架構

本書雖然有十二個章節，但是它分別歸納於五篇之中，如圖 1-1 所示。組成本書的這五篇是實證研究中，章節安排的基本格式，具有系統性與關聯性。第一篇為背景導論篇，其實就是緒論；第二篇為學理基礎篇，實為文獻探討；第三篇為實證設計篇，實為研究設計與實施；第四篇為實證發現篇，實為研究結果與討論；第五篇為結論應用篇，實為結論與建議。這五篇因為文字篇幅不一，擔心讀者對於各章的閱讀會有不平衡之感，因此本書將它區分為十二章，讓各章的字數及說明可以平衡論述，而不致於有頭重腳輕的情形。

重要的是，這十二章具有系統性，前五章說明本書在分析台灣國二學生學習成就因素的背景、動機、目的、步驟及學理依據；第六章說明如何進行分析，也就是研究設計；第七至十一章則將影響學生學習成就的背景因素、中介因素、脈絡因素、學校的組織因素等進行說明，並估算間接效果與進行討論，最後則提出結論與建議。就本書的內容體系來說，是具有前後呼應的特性。

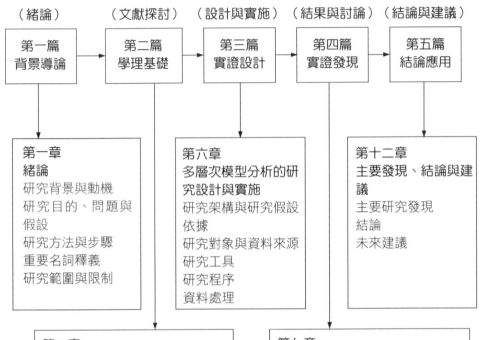

（緒論）　　（文獻探討）　（設計與實施）（結果與討論）（結論與建議）

第一篇
背景導論

第二篇
學理基礎

第三篇
實證設計

第四篇
實證發現

第五篇
結論應用

第一章
緒論
研究背景與動機
研究目的、問題與
假設
研究方法與步驟
重要名詞釋義
研究範圍與限制

第六章
多層次模型分析的研
究設計與實施
研究架構與研究假設
依據
研究對象與資料來源
研究工具
研究程序
資料處理

第十二章
主要發現、結論與建
議
主要研究發現
結論
未來建議

第二章
學習成就與 TIMSS 之相關概念
第三章
影響學習成就因素的理論
第四章
影響學習成就因素的相關研究
第五章
學習成就因素的多層次研究

第七章
資料先期分析與討論
第八章
直接效果的檢定與討論
第九章
跨層級變項的交互作用與討論
第十章
間接效果的檢定與討論
第十一章
多層次模型比較與假設驗證結果

圖 1-1　本書的寫作架構

第二篇

文獻探討 ——
學理基礎篇

　　本篇廣泛蒐集國內外有關影響台灣國二學生學習成就因素的多層次模型研究之相關文獻與參考資料，並進行深入的評閱。在文獻評閱中，探討影響台灣國二學生參加 TIMSS 2007 的學習成就因素之理論（例如：社會階層理論、文化資本理論、學習動機理論、城鄉教育差異理論、學校管理理論）及相關研究。本研究深入探討與歸納各個變項的內涵，並從影響台灣國二學生學習成就因素的理論及相關研究評閱中，找出合理的變項以做為建立研究架構及理論模型的依據。本篇分為四章：第二章說明學習成就與 TIMSS 之相關概念；第三章說明影響學習成就因素的理論；第四章說明影響學習成就因素的相關研究；第五章說明近年來影響學習成就因素的跨層次相關研究。

第二章 學習成就與 TIMSS 之相關概念

　　本書主要是以 HLM 探究影響台灣國二學生參與 TIMSS 2007 的學習成就因素之情形，因此對於學習成就的意涵及相關概念的掌握非常重要，同時對於台灣在 TIMSS 的學習成就表現也應該有所了解。因此，本章第一節說明學習成就的意涵，第二節則指出台灣在 TIMSS 的學習成就之表現。

第一節　學習成就的意涵 ⋯⋯➤

壹、學習成就的意義

一、學習成就的意義

　　關於學習成就的意涵，有不少研究者提出看法。張春興（1989）認為，成就是個人或團體行動之後，能夠成功地達到所欲追求的目標，在這種過程中，個體在某個領域（如某一門學科）達到某種成功的水準或程度；如就學業成就或職業成就測驗來說，它是經由測驗評量所得到的分數，這種分數可以做為價值判斷的參考。簡茂發（1978）認為，學習成就是透過學生學習歷程所獲得較為持久性的行為結果，這種結果會持續在個體的生活及學習之中，並不斷地累積、修正與調整。李美瑩（1993）指出，學業成就是經由學校教學之後，學生在各類學科所獲得的知識和技能，它可以運用測驗方式或老師的觀察而評定，來衡量學生的學習結果；也就是說，學業成就是經由學校之教學所獲得的知識或技能。張文斌（2006）指出，學業成就是指在學校經由既定的課程、教材，透過學習而得到的知識和技能，它以學校的考試成績或由學業測驗所獲得的分數為代表。余民寧（2006a）指出，狹義的學習成就是指各學科的成績，或各學科綜合後的平均學期

成績；廣義的學習成就是在校期間的學生學習紀錄資料（如作業、平時測驗、期中考試、期末考試等），亦可用概括性的語言解釋其意義，即凡是所有在校學習的成果及表現都稱之為學習成就。Brown、Campione 和 Day（1981）認為，學習成就是指經由正式課程、教學設計之特殊教育經驗而獲致的知識、理解能力和技能，是個體經由特定的教學獲致某些訊息和精熟某些技能的過程。

　　由上述可以看出，廣義的學習成就是學習者透過學校教學或自我學習之後，經由主客觀的評量方式，所獲得的一種成果，此種成果是較為永久性的行為結果，但它也會隨著時間調整與累積。狹義的學習成就是指在學校各科的學習紀錄，或是在學校的各科平均學習成績。

二、學習成就的評量類型

　　如何評量學習成就呢？在學校中是以學生學習的科目或領域來評量。學科成就測驗分為兩類：一為標準化的學科成就測驗；另一為教師自編的學科成就測驗。非標準化測驗是教師依據教學內容及評量項目，設計題目來檢驗教師欲達成教育目標的方式，它主要是用來評量任教班級學生的學科領域之成就，此種評量方式可分為考試、作業及報告：考試分為數次期中考、一次期末考及平常不定時的課堂小考；作業方面則包括作習題、交報告並上台講解內容等方式（楊曉雯，1996）。標準化測驗是指，測驗的實施情境不會因人而異，計分方法也是標準化的程序。

　　近年來，國際上經由標準化成就測驗進行國家之間的學生學習成就測驗評比者不少，例如：「國際數學與科學成就趨勢調查」（TIMSS）、「國際學生評量方案」（PISA）、「促進國際閱讀素養研究」（PIRLS）等，這些大型資料庫的評量學習成就，包括數學、科學與閱讀等，其研究工具設計都有一定的標準化程序。以 TIMSS 2007 來說，它對小四及國二學生進行數學及科學評量時，都需先設計「TIMSS 2007 的評量架構」（*TIMSS 2007 Assessment Frameworks*）（Mullis et al., 2005），就小四學生的評量內容而言，包含了算術、幾何圖形與測量，以及資料呈現，其中大約有一半的題目是在測量算術領域；就國二學生的評量內容來

說，它包括算術、代數、幾何，以及資料與機率等四個領域，每一個領域都有幾個題目涵蓋在該領域之中，同時每個主題也都有其所要評量的目標（Mullis et al., 2008: 24）。在評量的內容上有不同的比重，以 TIMSS 2007 的國二數學來說，算術與代數各占 30%，幾何、資料與機率各占 20%，在知識、應用與推理項目各占 35%、40% 及 25%（Olson et al., 2008: 19）。為了讓評量題目標準化與客觀性，IEA 要執行 TIMSS 2007 年的調查時，其實從 2005 年 1 月開始，就已召開 TIMSS 各國代表的協調會，來討論評量架構的問題；2005 年 5 月於倫敦召開第一次科學與數學題目的審查會議，並改善 TIMSS 2007 的評量架構；一直到 2005 年 12 月才完成題目的設計。2006 年 1 月開始執行一個試探性的建構反應測驗，2006 年 3 月召開第四次各國研究中心的協調會，2006 年 7 月進行了第三次的試題審查，後續也有修正相關流程，才進行正式施測（Olson et al., 2008: 14-15）。國際性評量方案跳脫學校評量學生的方式，不僅施測題目需要經過嚴謹審查，而且在評量內容方面，也有其參考架構；它們也是標準化測驗的類型之一，因此可以提供跨國的比較。

　　從上述的說明可以了解，學業成就是學校在各學科知識領域，經由教學者傳達課程內容給學生學習的歷程之後，再透過評量的方式，來了解學生獲得知識和技能的程度，而將評量分數轉化為可以了解學生學習收穫的程度，在測量方式上，可以區分為標準化及非標準化測驗。近年來，國際評量方案陸續的執行各項評比，其測量方式及題目內容也有一定的標準程序，故亦為標準化測驗的一種。

貳、數學學習成就

一、數學學習成就的意義

　　數學學習成就是學習成就的一種。數學學習成就是學生投入數學領域學習的歷程之後，所獲得的學習成效；在此種學習歷程之後，有幾項重要成效在其中，即學生在數學科目的認知、情感與其他學習成分。廣義的數學學習成就包括學習

態度與學習成就；狹義的數學學習成就則是指學生所學習到的數學認知成分。以教學目標來說，數學認知成分是學生了解數學的概念與學生所獲得的知識與能力，它是一種能力導向；如以學習成就來說，它是一種學生透過時間的學習所獲得的學習成就，這種方式可以運用評量工具來衡量學生表現的好壞。

　　教師評量學生的數學學習成就內容，容易受到學生個別差異的影響，在評量學習成就時會有不同。教師對於學生的學習，通常會以適性教學來達到教學目標，因而在評量學生數學能力的層次就有不同。美國教育學者 Bloom 提到的教育目標，將認知領域分為六個層次：知識、理解、應用、分析、綜合，以及評鑑，就是一種區分方式（余民寧，2002）。也就是說，數學學習成就是從學生在各學習目標的成績，或綜合上述的學習層次目標之後，所得到的平均學期成績；此種學習成就是學生在校期間的數學學習紀錄資料（如作業、平時測驗、期中考試、期末考試等）。

二、TIMSS 的數學學習成就評量內容

　　TIMSS 的數學學習成就評量內容與上述不同。TIMSS 2003 的數學學習成就評量包括算術、幾何、測量、代數，以及資料呈現；2007 年在領域上略有調整，增加了機率，同時在每個領域中又以認知層次細分，將數學的認知學習部分包括理解事實及程序、概念運用、推理與生活應用等，也就是說，TIMSS 2007 在數學及科學學習成就上，除了對上述領域之評量外，更將數學與科學學習成就區分為知識、理解及應用領域（張芳全，2009）。TIMSS 2007 對於各國要求的評量比率，分別各占測量學習成就題目的 35%、40%及 25%。不管是以學習內容或以認知學習方式來區分，這些學習成就都與學習能力有關聯。

　　為了描述學生在 TIMSS 的數學與科學學習成就量尺不同點的表現，TIMSS 使用量尺定錨（scale anchoring）來描述數學與科學學習成就的四個基準點成就，亦即優級的國際基準點（Advanced International Benchmark，625 分）、高級的國際基準點（High International Benchmark，550 分）、中級的國際基準點（Intermediate International Benchmark，475 分），以及初級的國際基準點（Low International

Benchmark，400 分）。每一個等級都有其相關內涵，例如：優級學生可以解決各式各樣的比率、比例和百分比問題，會應用其知識與從多個來源獲得資訊，以解決複雜問題。簡言之，量尺定錨包括了選擇 TIMSS 成就量尺上的基準點（scale points），以描述學生表現的條件，確認在定錨點得分的學生，可以正確回答基準點所描述的細目；而這些細目是由數學與科學專家所檢閱基準點內的內容領域所組成（Olson et al., 2008）。換言之，TIMSS 的數學及科學學習成就之估算有一定程序。

　　TIMSS 的資料庫相當龐大，以致於無法將全部的試題實施於每位學生，所以便發展了一個矩陣抽樣測驗設計，如此一來，只給予學生一部分的單一試題題本，即可進行施測。所有評量試題的結果，使用 IRT 理論來估算，以提供整體評量的結果。每位學生只回答評量試題的次子集，所以多重插補（似真值的產生）是用來取得學生在整體評量表現的可信賴評估程度。每位學生的能力估算顯示某些不確定性，因此 TIMSS 採用每位學生衍生的五個估算值之慣例過程，並且使用五個數值之間的變異性做為這個插補不確定性或誤差的測量（Olson et al., 2008）。總之，本研究納入的學習成就是以 TIMSS 2007 的數學學習成就為主，其評量分數的取得有其嚴謹的科學程序，本研究則以其數學學習成就做為影響台灣國二學生數學學習成就因素的依據。

第二節　台灣在 TIMSS 的學習成就表現

壹、台灣在 TIMSS 1999 的學習成就表現

　　1995 年台灣沒有參加 TIMSS，故沒有資料呈現。到了 1999 年，TIMSS 有 38 個國家和地區參與，評量八年級學生，並從學生、教師和校長蒐集有關數學和科學的課程、教學、家庭背景與學校特質等資料。參與 TIMSS 1999 的 38 個國家和地區，在 1995 年有 26 個國家和地區參與過 TIMSS，這些國家和地區可以利用兩

個資料庫，進行在學校和家庭背景下研究學生的學習狀況，並衡量學生數學和科學學習成就的趨勢（Martin, Gregory, & Stemler, 2000）。

1999 年台灣第一次參與，學生的表現就相當亮眼。在 TIMSS 1999 的國二學生數學學習成就居前三名的是新加坡（604 分）、南韓（587 分）及台灣（585 分），而最後三名的是菲律賓（345 分）、摩洛哥（337 分）及南非（275 分）；另外在 61 題算術題中，台灣排第三名（576 分）、測驗分數為第四名（566 分）、資料呈現、分析與機率亦為第三名（559 分）、幾何為第四名（557 分）、代數為第一名（586 分）（Mullis, Martin, Smith, Garden, & Gregory, 2003），由此看來，台灣的數學學習成就頗為優異。

貳、台灣在 TIMSS 2003 的學習成就表現

2003 年舉辦的 TIMSS，大約有 50 個國家和地區參與，評量四年級與八年級學生數學與科學的學習成就（Mullis et al., 2004）。2003 年各國在數學成績上有幾個現象：第一，台灣在數學學習成就的五個面向（幾何、代數、資料呈現、算術、測量）都名列前茅，算術領域就獲得第四名，僅低於香港、新加坡及南韓；第二，台灣在五個數學領域中以幾何分數最高，其次為算術及代數，第三是測量，第四是資料呈現，這五個數學領域都高於國際平均值，可見台灣的國二學生數學學習成就頗高；第三，亞洲國家的數學各領域成績都高於歐美先進國家，即高於美國、英國、澳洲或紐西蘭等；它表示亞洲國家學生的數學學習成就較高；第四，先進國家學生的數學學習成就，如美國、日本、新加坡、紐西蘭、比利時等，均高於開發中國家或低度發展國家，即高於巴林、亞美尼亞、馬其頓、馬來西亞、智利等。

參、台灣在 TIMSS 2007 的學習成就表現

2007 年參與 TIMSS 的國家和地區超過 60 個，同樣是評量四年級與八年級學

生（Mullis et al., 2005）。此次評量之後，台灣學生的表現有以下幾個情形（Mullis et al., 2008）：第一，小四學生的數學成績為 576 分，居第三名，僅次於香港（607 分）與新加坡（599 分），還高於日本的 568 分，有 8 分之差距；第二，國二學生的數學成績 598 分，是所有國家和地區中最好的，其次為南韓（597 分），第三為新加坡（593 分），日本僅有 570 分，台灣高於日本有 27 分之多；第三，如與 2003 年國二學生的數學成績相比，也高出 12 分；第四，台灣的小四女生數學成績為 575 分，男生為 577 分；國二男生為 598 分，女生為 599 分，兩性的分數差異並不大；第五，如果以 TIMSS 2007 所列的國際標準分數（International Benchmarks）區分為五等級來看，即 625 分以上、550～625 分、475～550 分、400～475 分、400 分以下，小四學生在 625 分以上的人數比率為 24%（2003 年僅有 16%），國際的平均中位數僅有 5%；而國二學生在 625 分以上的人數比率為 45%（2003 年僅有 38%），國際的平均中位數僅有 2%，可見台灣學生的數學學習成就表現優異，居高分者較多，也高於國際平均表現甚多，同時比 2003 年的表現更為突出；第六，在所有參與的國家和地區中，女生的數學成就都比男生高，阿曼、卡達、巴林及巴勒斯坦的差距更高達 30 多分，台灣男、女學生僅差 1 分，算是參與國家最小的。

　　TIMSS 2007 與 2003、1999 及 1995 的評量類型較為不同的是，它將評量題目區分為三項數學認知領域，即知識、應用與推理。台灣在 2007 年的三面向表現如下（Mullis et al., 2008）：小四女生在知識、應用與推理上，各為 583 分、568 分、564 分，而男生則為 585 分、570 分、568 分，男生都較女生略高，尤其是推理的成績；而國際的女生平均依序各為 480 分、480 分、501 分，男生則為 480 分、481 分、502 分，台灣的表現高於國際平均值甚多。國二女生在知識、應用與推理上，各為 596 分、592 分、591 分，而男生則為 592 分、593 分、592 分，男生在知識的部分較女生低，應用與推理部分則與女生接近；而國際的女生平均依序各為 454 分、452 分、471 分，男生則為 447 分、450 分、465 分，台灣的表現也高於國際平均值甚多。

肆、學生的學習興趣與學習成就表現

　　學習興趣與學習成就關係密切。台灣雖然有較高的學習成就表現，然而是否表示台灣學生的學習興趣也是較高的呢？如果與其他國家相比，情形如表 2-1 所示，從表中可以看出幾個有趣的現象：第一，有一些國家的學生學習興趣很高，可是學習成就很低，例如：阿爾及利亞、馬來西亞、約旦、印尼、土耳其等國的調查中，高興趣組的學生比率高於 70%，可是他們的學習成就都沒有很高；第二，台灣、南韓、日本、捷克、義大利、澳大利亞、瑞典等國的高興趣比率組的學生僅占 40%以下，但是這些國家的學生學習成就都表現不錯；第三，值得說明的是，台灣如果與 1999 年的高興趣組人數比率相比，則少了 8%；中興趣組的學生人數也少了 4%；低興趣組的學生比率比起 1999 年則多出 12%，可見台灣學生的學習興趣有下降的趨勢，很值得留意。

表 2-1　各國國二學生的學習興趣與學習成就表現　　　　　（單位：分、%）

國家／項目	2007 高興趣比率	2007 分數	與1999 相比	與1995 相比	2007 中興趣比率	2007 分數	與1999 相比	與1995 相比	2007 低興趣比率	2007 分數	與1999 相比	與1995 相比
阿爾及利亞	83	394			10	364			7	357		
埃及	78	404			14	362			8	376		
馬來西亞	73	485	-16		18	445	9		10	445	7	
約旦	72	448	3		15	396	-3		13	385	0	
印尼	72	400	-10		21	390	7		7	402	3	
土耳其	71	450			17	399			11	386		
新加坡	60	615	-7	-7	20	575	1	0	20	545	6	6
泰國	57	457	-2		31	420	-1		12	427	3	
科威特	57	367			20	349			24	338		
俄羅斯聯邦	53	533	0	5	27	494	-5	-7	20	488	5	2
以色列	49	475	-12		22	470	2		28	451	10	
羅馬尼亞	47	486	-6	-8	21	451	-5	-7	31	443	11	15

| 表 2-1 | 各國國二學生的學習興趣與學習成就表現（續） | | | | | | | | | （單位：分、%） | | |

國家／項目	2007 高興趣比率	2007 分數	與 1999 相比	與 1995 相比	2007 中興趣比率	2007 分數	與 1999 相比	與 1995 相比	2007 低興趣比率	2007 分數	與 1999 相比	與 1995 相比
香港	47	603	-9	-2	22	566	-2	-4	31	532	11	6
美國	41	524	-11	-9	24	511	2	-2	35	490	9	11
英國	40	532	-25	-27	25	515	6	7	35	495	19	20
瑞典	39	517		-9	24	488		-3	37	470		12
義大利	38	506	-16		23	482	1		39	455	15	
台灣	37	657	-8		18	605	-4		45	547	12	
挪威	37	488		-12	24	474		-2	39	451		14
澳大利亞	34	521		-10	27	498		-1	39	476		11
蘇格蘭	33	502			29	490			38	476		
韓國	33	650	3	-2	23	600	-12	-13	44	558	8	15
捷克	31	530	-1	-1	22	501	-10	-8	47	489	11	9
日本	30	609	-1	-7	30	567	-4	-6	40	543	5	13
國際平均	54	471			21	441			26	428		

註：表中是以國家呈現，未包括地區。

資料來源：*TIMSS 2007 international mathematics report findings from IEA's Trends in International Mathematics and Science Study at the fourth and eight grades* (p. 176-177). Mullis, I. V. S., Martin, M. O., & Foy, P. (2008). Chestnut Hill, MA: TIMSS & PIRLS International Study Center, Lynch School of Education, Boston College.

伍、學生的數學自信與學習成就表現

　　數學自信與學習成就關係密切。台灣雖然有較高的學習成就表現，然而是否台灣學生的數學自信也是較高的呢？如果與其他國家相比，情形如表 2-2 所示，從表中可以看出幾個有趣的現象：第一，以色列、約旦與埃及的學生數學自信很高，可是學習成就很低，他們的高數學自信組學生比率高於 55%，可是他們的學習成就都沒有很高；第二，台灣、南韓、日本、香港等國的高數學自信組比率學生在 30%以下，但是這些國家學生的學習成就都表現不錯；第三，國際平均的高數學自信組比率為 43%，比台灣高出許多，可見台灣學生在這方面更應留意。

表 2-2   各國國二學生的數學自信與學習成就表現   （單位：分、%）

國家／項目	2007 高自信組 比率	2007 分數	與 2003 相比	2007 中自信組 比率	2007 分數	與 2003 相比	2007 低自信組 比率	2007 分數	與 2003 相比
以色列	59	495	0	29	432	-1	12	417	1
約旦	58	468	9	34	388	-5	9	361	-4
埃及	55	422	-3	38	368	3	7	356	0
蘇格蘭	53	515	1	33	465	1	14	442	-1
美國	53	537	2	28	487	-1	19	462	-1
英國	53	543	6	32	494	-2	15	457	-4
挪威	50	505	4	31	450	-1	19	415	-2
瑞典	49	528	1	35	468	-5	16	438	0
義大利	48	514	2	28	462	-1	24	434	-2
澳洲	45	539	-5	35	472	5	19	445	0
匈牙利	42	566	-3	32	499	1	26	464	2
新加坡	41	638	2	34	572	0	25	547	-2
俄羅斯聯邦	41	560	-2	31	496	1	28	466	1
土耳其	39	494		36	403		24	384	
保加利亞	37	516	4	38	452	-1	25	430	-3
羅馬尼亞	33	517	3	41	449	-4	27	426	2
香港	30	622	1	40	562	2	30	539	-2
韓國	29	668	-2	34	606	-2	38	536	4
馬來西亞	27	521	-11	50	458	5	23	453	6
台灣	27	674	1	27	610	-3	46	547	2
泰國	22	489		60	428		18	430	
日本	17	638	0	35	586	-3	48	535	2
國際平均	43	492		37	433		20	412	

註：表中是以國家呈現，未包括地區。

資料來源：*TIMSS 2007 international mathematics report findings from IEA's Trends in International Mathematics and Science Study at the fourth and eight grades* (p. 183). Mullis, I. V. S., Martin, M. O., & Foy, P. (2008). Chestnut Hill, MA: TIMSS & PIRLS International Study Center, Lynch School of Education, Boston College.

　　總之，台灣從 1999 年參加 TIMSS 之後，每一次的調查成果，小四與國二學生的學習成就均在參與的國家和地區中名列前茅，顯示台灣學生的學習成就受到肯定。然而，究竟是哪些因素影響台灣學生的學習成就有這樣的優異表現呢？是學生的個人特質因素？或是學生的家庭因素？還是學校的組織因素？是否學生層級因素與學校層級因素對於學習成就具有交互作用的影響，這些都是本研究所要關心的重點。

第三章　影響學習成就因素的理論

影響學習成就因素的理論不少，與本研究較為相關者，為社會階層理論、文化資本理論、城鄉教育差異理論、學校管理理論、學習動機理論，以及影響學習成就的統整觀點等；其中社會階層理論與文化資本理論傾向於教育社會學，城鄉教育差異理論傾向於教育經濟學，學校管理理論傾向於教育行政學，學習動機理論傾向於教育心理學，而影響學習成就的統整觀點則將上述論點加以整合。這些論點是本研究的學理依據，茲說明如下。

第一節　社會階層理論與文化資本理論

壹、社會階層理論

社會階層是依據個人或家庭成員的財富、收入、教育水準、職業類別、權力多寡等，來區分一個人在社會中所在的階層。因為社會成員有不同的社會層級，各層級成員的經濟所得、職業及教育水準不同，其生活方式、品味或能否參與特定次文化及社交圈也就不同，因而能否參與不同社交圈及特定文化品味者，也可以納入衡量社會階層的標準，以區分個人在社會中所在的地位階層。但無論社會階層是否加入特定文化品味的標準，個人如何被區分為社會中的地位階層，社會階層常以家庭的社會經濟地位（socio-economic, SES），簡稱為社經地位，做為替代名詞，但社經地位只是社會階層衡量的標準之一而已。

社會地位是依照個人或團體在社會中的位置來衡量相對的地位（賴清標，2009）。每個社會都會根據一些不同特質、標準或屬性，將個人加以分群或分層，而這些特質可能是先天賦予（如性別、種族、族群），也有可能是後天取得（如

教育水準高低、收入多寡、參與政黨或職業類別），在分群或分層之後的社會團體具有不同的機會，可以接觸到不同的社會資源，因而獲得不同的社會報酬（如賺取的收入、地位、影響力、職位、聲望或尊重），展現不同的生活風格和生活機會（謝雨生、黃毅志，2003）。鄭世仁（2000：207-211）指出，在解釋社會階層時，可以從功能主義與衝突主義觀點來看，前者強調社會階層是社會價值共識的體現，因為社會分工，使社會形成高低不同的階層，同時因為社會階層化之後，可以提供社會合作的基礎，這也是讓社會得以正常運作的依據；就後者而言，社會階層化會造成社會的敵意、懷疑、互不信任，造成社會分裂，並造成阻礙人才的培育。雖然兩個觀點對於社會階層的詮釋不同，但是可以確定的是，家庭社會階層會影響子女的學習成就。

Donna（2007）以美國的 1999 年大型資料庫分析性別的所得差距發現，男性之白種人、單身、從事農業、製造業、財務保險業、電腦系統專業、中階經理人員，皆明顯高於女性。Willms（1985）以美國的資料研究指出，學生的社經地位對於閱讀、字彙、普通數學、進階數學、寫作、科學等，都有正向顯著的影響，而早期的普通數學能力，更可以顯著正向影響閱讀、字彙、進階數學、寫作、科學的能力表現，而如果為殘障學生，他們對於上述的學習成就都有不利的影響。社經地位是社會科學或教育研究中，較廣泛使用的背景變項，而有愈來愈多的研究探討教育取得或歷程的各種效標變項，如學業成就、地位取得或收入等，這些都與社經背景的關係密切（Sirin, 2005）。

此外，男、女生身心的特徵明顯不同，其體力、社會角色與地位就有明顯差異，因而社會階層會有不同。這從孩童或求學階段來看，就可以看到他們在未來社會地位的不同，例如：Kahle 和 Lakes（1983）指出，男生在課外的科學經驗較豐富，且較喜歡科學與數學，而女生則否；同時男生比較喜歡電池、電動玩具、保險絲、顯微鏡及滑輪，女生則有較豐富的家庭科學經驗，例如：烤麵包、編織、縫紉及種植；較多男生指出，他們對於原子彈、原子、汽車、電腦、X 光與科技有興趣，而女生則指出，她們對於動物溝通、彩虹、健康飲食、氣象及天文較有興趣。因為男、女生在學習偏好與生活習性的差異，所以在學習科目及學習成就

上會有明顯不同。Mullis 等人（2008）從 TIMSS 2007 的資料指出，哥倫比亞、賽普勒斯、約旦、科威特、泰國與突尼西亞等國，在國二男、女生的學習成就各相差（女高於男）了 32 分、20 分、20 分、22 分、23 分、21 分；而香港與澳洲也各相差 11 分與 15 分，但國際平均的差異是女生高於男生 5 分。這說明了，性別在學習成就上是有差異的；因為男、女生在學習成就的差異，會讓他們從學校畢業之後，其社會階層會有所不同。

　　也有學者從整合的觀點，來說明兩性在學習成就上的差異，尤其是數學學習成就的不同。Geary（1996）提出了交互作用者模式（interactionist model），此模式整合了生物、認知及社會心理學的觀點，來解說性別在數學學習成就的差異。Geary 指出，兩性的差異是透過「關聯近似的機制」（associated proximate mechanisms），例如：性荷爾蒙，間接的提供生物影響力，影響兩性在認知及情意系統的發展功能之差異，同時也影響性別在社會偏好與認知型態的不同。因為上述的差異，進而影響到學習數學特定領域的不同，這就是 Geary 所指出的「生物性－次級數學的能力」（biologically-secondary mathematics ability），而相對於次級性數學能力為「生物性－初級數學的能力」（biologically-primary mathematics ability）。男、女生天生下來，就擁有天生的生物性初級數學能力，這些能力在跨文化中是相近的，它包括至少有四項數學能力，如數字、排列、計算及簡單的算術；然而從觀察經驗獲知，這些能力對年輕男女生而言，並沒有明顯差異。就生物性次級數學能力來說，它主要是經由特定社會文化實際現象交互產生的，例如：接受長期的正規教育，因而提供需要的經驗；因為在正規教育中，會提供更複雜及抽象的數學學習內容，如代數、幾何與微積分。Geary 綜合評述後發現，兩性在數學學習成就差異，有三項共同現象：第一，男生數學學習成就分數約超過女生有半個標準差；第二，如果不考量學生的國籍因素，兩性在數學學習成就差異相當高；第三，男生在某一些特定領域表現特別好，如空間能力中的幾何與測量。

　　總之，社會階層理論強調個體在社會中，家庭成員的財富、收入、教育水準、職業類別、權力多寡而對成員進行區分層級。成員被區分為不同等級，因而有不同的社會地位。社會階層較高的成員，其社會地位較高；相對的，社會階層較低

者，其社會地位較低。性別也是個人背景變項之一，本研究將這個理論做為依據之一，將學生的家長教育程度與性別納入研究，以了解這些變項與子女的家庭文化資本、自我期望、學習興趣、數學自信、回家作業等是否有關，同時背景變項是否會透過文化資本、自我期望、學習興趣、數學自信、回家作業等，而影響學習成就。

貳、文化資本理論

家庭文化資本與社會階層有密切的關係，學生的家庭文化資本高低是影響學生學習成就或地位取得的重要因素。關於這部分的研究很多，例如：吳清山、林天祐（2005）指出，過去我們比較重視性別、種族等人口特質，以及家長的職業、家庭收入等社經地位對於個人接受教育的影響；但從文化資本的角度來看，個人在高社會階層所擁有的知識、觀念與行為模式等，都與家庭文化資本有關聯，對於學習成就或地位的取得影響也不小。

文化資本理論的重要代表人物是 Bourdieu，他強調文化資本對於子女學習的影響力。Bourdieu（1977, 1984）所謂的文化資本（cultural capital）是指，人們在高社會階層的精緻文化中所能掌握的程度，它包括非物質與物質層面，前者如談吐、儀態舉止、藝術品味與知識；後者如藝術品、餐飲、服飾與家具所展現的品味。Bourdieu（1986）進一步指出，文化資本有三個類型：第一種為形體化（embodied）的文化資本，如行為談吐、儀態舉止，這種資本是透過身體活動表現出來，無法透過餽贈、購買或交換來傳遞，是藉由家長投資時間、其他家庭成員或聘請專業人士使孩子具有文化素養；第二種為客觀化（objectified）的文化資本，如個體擁有的藝術品、服飾，或需以經濟資源取得，可以累積的物品；第三種為制度化的文化資本，如文憑、學歷、資格或證照，是由合法性的制度所確認的教育資格。Bourdieu（1977）認為，來自於高社會階層的學童不僅有較多的經濟資源，同時也擁有較豐富的文化資本。然而，也有一些研究對於 Bourdieu 的文化資本概念提出批評，例如：Reay（2004）認為，此概念暗示忽略了教育社會學中文

化主義的物質與結構，以及 Bourdieu 對文化資本概念的運作論述，只適用於法國的社會脈絡中，並不一定適合其他國家的環境。

　　近年來，不少研究運用資本理論（包括文化資本、社會資本、財務資本），來解釋社經地位（包括父母教育程度、父親職業以及家庭收入）對於學習成就、學習表現、教育地位、教育成就取得的關聯性。這些研究大抵證實，家庭子女的雙親教育程度愈高、父親職業地位愈高、賺取所得愈多，家庭文化資本愈豐富；家庭文化資本多，其子女的學業成就或教育成就取得愈好（巫有鎰，1999；李文益、黃毅志，2004；李敦仁、余民寧，2005；孫清山、黃毅志，1996；陳怡靖、鄭燿男，2000；黃毅志，1996；黃毅志、陳怡靖，2005；Dumais, 2002; Katsillis & Rubinsion, 1990; Khattab, 2002; Lareau, 2002; Roscigno & Ainsworth-Darnell, 1999; van de Werfhorst & Kraaykamp, 2001）。

　　文化資本理論強調的內涵從此受到挑戰。De Graf（1986）就試著擴大 Bourdieu 的文化資本概念，以文化資源（cultural resource）為名，所謂的文化資源包括 Bourdieu 的文化資本、家庭的讀書風氣，以及子女所擁有的一般性技能習慣及風格。Bourdieu（1977）主張，習性是一組感知、思維及行動的基模，也是一種習慣性的傾向，這組基模從家庭的社會化過程中習得，是家庭生活中所養成的秉性與處事方式，讓個體能適應不同場域中的外在結構。家庭文化透過內化為個人習性的過程，刻劃於行動者的身體及心理之中，成為實踐時的行動趨力；習性也可以展現為多樣化的言行實踐，不斷地對生存的客觀條件進行調適（邱天助，1998：114）。廖榮啟（2002）將家庭資源界定為：家中子女的學習環境與硬體工具，包含：家中有無課後學習的樂器、有無替子女訂閱報紙或雜誌、有幾種字典與書籍等。蕭佳純、董旭英、饒夢霞（2009）在實證研究中，探討家庭教育資源、學習態度、班級互動等在學習成效的作用，將家庭教育資源定義為文化資本（如相關藝文活動、才藝班）、社會資本（如家長教育期望），以及財務資本（如教育花費）的總和。此外，文化資本提供學術或認知成就的資源，研究指出，家長閱讀嗜好或素養偏好會影響子女的學習態度及教育成就（De Graf, 1986），這就是最好的說明。

Turmo（2004）運用 PISA 2000 的資料，對科學素養及社經背景進行多元迴歸分析，他選擇北歐五國（挪威、瑞典、丹麥、芬蘭及冰島）為樣本發現，北歐五國的家庭經濟資本普遍對於學生科學素養的影響力弱，然而在某些國家中，家庭財務資本與學生科學素養的相關程度卻意外的高；根據 Turmo 的研究，可推論家庭財務資本對於學生科學素養的發展至關重要。

總之，廣義的文化資本不僅包括形體化、客觀化及制度化的資本，它還包括文化資源及家庭氣氛。同時，家庭文化資本不僅能讓家庭成員在物質資本上獲得較多之外，更可以透過文化資本融入子女的學習態度。當然不可忽略的是，文化資本與子女的學業成就與教育地位之取得，有正向的關聯。換言之，家庭文化資本不僅讓子女擁有較多的文化資源與家庭資源，同時也可能將文化資本或家庭資源轉移或融入子女的學習態度或傾向，因而影響到學生的學習成就。本研究即將家庭文化資本定義為學生家中擁有的教育設備、文化資源及科技產品，藉以分析家庭文化資本對於學習成就的影響情形。

第二節　城鄉教育差異理論

城與鄉的空間位置不對等，因而衍生出城與鄉在經濟、社會、文化政治，乃致於教育發展的不對等，例如：都會地區的人口密集、國民所得較高、國民政治參與程度較高、人民意識較高漲、教育機會較多、社會福利網絡的建置較完整，以及教育品質也較好等。因為城鄉在經濟、社會、政治等方面，與本研究探討的學習成就關聯性不大，因此本研究僅就城鄉教育差異進行說明。無可否認的，城鄉教育資源及學習環境的差異，是影響學生學業成就表現的重要因素，其相關理論說明如下。

壹、以社會正義分析城鄉教育的差異

　　城鄉發展的差異受到許多人為及先天的因素所影響。就先天環境來說，地理空間的位置，是受到自然安排，往往難以改變；然而，自然地理空間的安排故然不易改變，但是仍可受到後天人為的安排，使其地理空間的有形及無形資源可以調整與改變。地域空間受到人為更多的資源投入，可以改善先天自然的不足，就如投入經費改善道路、設立醫院、建設大量建築或設立學校以提供各項服務，使其原本從少人居住的地區，仍可能發展成為大都會城市。這種人為投入資源改善環境的狀況，受到資源稀有性的影響，需要對一定空間的資源投入，其資源分配便需要考量公平性及合理性，因此資源分配的公平及正義，是衡量地理空間（城鄉）均衡發展的重要原則。

　　Rawls（1971）認為，社會正義強調的正義就是公平，意指「公平的對待公平，不公平的對待不公平」，其正義原則包括每個人都有同等的權力去擁有充分的平等基本權（equal basic liberties），其所享有的自由與其他人所擁有同體系下的各項自由權相容。他也指出，社會及經濟的不平等須合乎使社會中處境最不利的成員獲得最大的利益（差異原則），以及各項職位及地位必須在公平的機會平等下，對所有人開放條件（平等原則）。差異原則重視每個公民擁有平等的自由權利，不因性別、種族、信仰不同而有差異，此原則強調對人同等的尊重；平等原則為機會平等，重視每個公民享有同等的機會能開展其自我能力。而差異原則明顯地表達「以差等對待差等」的涵義。

　　林文達（1984：286）曾以台灣地區為研究範圍，依地區開發的過程區分為台北市與高雄市、省縣轄市、鄉鎮，以及山地、沿海、離島與偏遠地區的教育財分配進行分析。研究發現，地區性的教育不公平相當的嚴重，例如：台北市及高雄市最富有、公私立教育機會最多，同時戶長多來自於上及中上階層，他們不僅占有多數的教育機會，更能在私立教育機會上取得絕大多數的機會利益。相對的，山地、沿海、離島與偏遠地區的教育機會較少，多數戶長是來自於下及中下階層

者。

馬信行（1992）分析台灣地區近 40 年來的教育資源分配情況發現，台灣愈都會區的縣市，其每校學生數愈多，所以學校經費也愈多；同時他以每生所得稅、每校教育經費，以及各縣市人口加權之後的高等教育學校數為變項，進行集群分析，分出高資源區及低資源區各有 9 及 14 縣市，而低資源區的縣市，都是中小學學校數少、大學校院數少、每生教育經費較低者。如果以各縣市平均每校教育經費的排名來看，40 年來雖有變動，但是高雄市、台北市、基隆市及台南市一直都是屬於排在前面的縣市，而花蓮縣一直都排在後面。由上述可知，台灣的教育資源分配，確實有城鄉的差異。

Iatarola 和 Stiefel（2003）研究美國學區的教育資源分配及學生的學習成就發現，較鄉村地區的學校教師薪資較低、合格教師比率較少、生師比較高（教育品質較低），同時非白人的人口數也比較多；他們又進一步分析指出，外來移民人口較多、英語能力較差的人口，以及學生較多、人口流動率高的地區，其學生通過語言測驗能力的比率較低。從他們的研究也發現，美國學區的教育資源分配也不是很公平，鄉村地區因為人口組成為非白人、外來的移民及英語能力不佳者，因而地方學區沒有較多的稅收，所以州政府可以提供給學區的教育資源就受到限制。

總之，Rawls 的正義論強調，須有效處理人與人之間的不平等現象，尤其是社會、自然及歷史因素對每個人所造成的差異，而差異原則重視社會及經濟的不平等，應使最不利的人獲得最大利益。所以教育資源分配的合理性、教育機會的公正性、補償教育及特殊教育的實施，是實現社會正義的理想。城與鄉之間的教育資源分配易受到空間及人為影響，最終難免在城鄉的學校出現教育資源差異的情形，進而影響學生的學業表現。

貳、從教育機會均等的概念，探討城鄉差異

如上所述，城與鄉的地域空間不同，受到人為的影響，常有資源分配不一的

情況，因而城與鄉的學校與學生，在教育資源的獲得上有很大的差異，因此城鄉差異會影響學生的教育機會均等情形。在台灣常見的情況是，城市學生接受教育資源較多，教學資源的接受機會也較高，反之則否。教育機會均等是基於社會正義與個人期望達成的教育理念，但是各研究對於教育機會均等的說法不一，以下說明教育機會均等的定義，以做為探討城鄉教育差異理論的依據。

黃昆輝（1972）認為，教育機會均等包括幾項意義：(1)相同能力的青年不論性別、種族、地區、社會層級，均有相同機會接受非強迫性的教育；(2)社會各階層成員，對非強迫性的教育皆具有相同的參與比率；(3)社會各階層成員具有相等機會，以獲取學術能力。由上所述，社會各層級成員皆有均等參與教育的機會，從接受教育及參與教育後獲得學術能力的過程，均稱為教育機會均等。簡言之，教育機會均等應包含每位個體應享受相同年限的義務教育，以及每位個體應享受符合其能力發展的教育。

Coleman（1966）認為，教育機會均等應具備四項條件：(1)應提供所有兒童免費教育到某一年齡水準；(2)無論學童的社會背景為何，應提供兒童共同的課程；(3)無論兒童出身為何，皆宜進入同類型學校；(4)同學區的教育機會絕對要平等。郭為藩、林清江、蓋浙生、陳伯璋（1986）認為，教育機會均等應注重四個要素：(1)所有國民皆接受相當年限的、免費且課程相同之義務教育，不因兒童的社會背景、性別和身體特徵而有差異；(2)基本教育階段儘可能使不同區域的學校在教育素質上有一致的水準，基本教育階段以上的學校，所有人民皆應有公平競爭的入學機會，不因社會身分地位或經濟條件而有差異；(3)教育實施應顧及個別學生的學習能力、性向與志趣，對於資賦優異、智能不足、身體或感官障礙學生，應給予因材施教而發展潛能之機會；(4)教育機會均等強調教育機會公平，追求真公平，而非形式上的假平等。

王家通（1993）對台灣地區國民小學學生的學業成就調查發現，都會地區的國民小學高年級學生的學業成就及學術性向，大致都比鄉鎮地區來得好，從教育起點的均等觀點來看，都會地區就讀學前教育的比率比鄉鎮地區來得高；而且都市化較高的台灣西部地區學前教育入學率也比東部地區來得高；輟學率也是都會

地區低於鄉村地區。從教育過程的均等而言,從教育經費、教育建築與設備,以及教師編制數、特殊教育資源分布來看,都會地區仍比鄉鎮地區占有較好的優勢;而就教育結果的均等而言,都會地區人員的表現仍舊高於鄉鎮地區,這顯示了城鄉差異是影響學業成就與教育機會均等實現的重要因素。蔡祈賢(1994)歸納影響教育機會均等的相關因素,包括:家庭、教育、經濟、地域、社會等,其中教育因素牽涉教育資源分配,經濟因素牽涉教育經費分配,地域更是影響教育機會均等的主要因素之一;城鄉差異結合了教育資源與經費分配,還有地域因素,更需要從教育機會均等來考量,以做為分析學生學業成就城鄉差異的理論依據。Alfinio(2007)的研究發現,文化不利地區欠缺較多的教育資源,因此學生表現出來的學業成就,也比都會地區的學生差距較大。

陳麗珠(1993)研究發現,造成教育機會不均等的原因,可以從幾個方面來探討:(1)學校因素,如學校的經費、設備、師資、課程設計、教學實施,以及班級大小等;(2)地理因素,如學校所在地的環境、地區條件,以及社區特點等;(3)學生的家庭背景因素,如經濟、社會地位、家長教育程度、家長對教育的認識,以及家長對學生的支持等;(4)學生因素,如天賦、輔助性教育機會、種族,以及宗教、性別等。

駱明慶(2002)使用1954~2000年台大學生的學籍資料,探討大學聯考的篩選效果發現,就城鄉差異而言,都會型地區如台北市(縣)、台中市及台南市等,在18歲青年人口中成為台大學生的機率,遠高於偏遠離島地區如台東縣、金門縣及連江縣,因此考上台大的機率和都市化程度呈高度相關;駱明慶(2004)進一步運用1978~2001年的人力資源調查,同樣發現都會地區的學生具有上大學的優勢。

綜合上述,城與鄉的教育資源有別,學生的教育機會也有不同。城與鄉的教育差異影響教育機會,而教育機會也影響學習成就。就上述來看,教育機會均等應包含幾個概念:(1)強調入學機會均等;(2)不因個人社經背景與其他條件而影響其獲得教育的機會;(3)受教育的過程機會均等;(4)教育結果產出應配合個體能力適性發展,達到積極性的實質均等;但這在城鄉之間似乎是很難達成這樣的目的。

理想上，城鄉學生的學習成就應該有相近的表現，但是有些實際情形卻是城鄉學生的學習成就差異很大。這就說明了，城鄉差異與教育機會均等概念的關係密切，若能縮減城鄉教育差異，不讓城與鄉的學生因為其社經背景或其他環境限制，影響獲得教育的機會與學習成就，十分為人所關切。因而本研究將城鄉教育的差異納入研究考量，主要在探究城鄉教育差異對於學習成就的影響情形，因此，本研究將城鄉教育差異理論列為理論依據之一。

參、從教育資源分配與文化不利的因素，說明城鄉教育差距

教育資源的分配多寡與教育是否能夠健全的均衡發展，有著密切的關係；合理分配教育資源，除了可以均衡教育發展，更是減少城鄉差異的促進因素。我國的《教育基本法》（2000）第 5 條規定：「各級政府應寬列教育經費，保障專款專用，並合理分配及運用教育資源。對偏遠及特殊地區之教育，應優先予以補助。教育經費之編列應予以保障；其編列與保障之方式，另以法律定之。」該規定說明了國家對於城鄉差異所可能造成的教育落差，應秉持合理積極差別性的待遇，平衡教育發展。然而，城鄉常因資源不公平的分配，造成城市學校具有都會發展的優勢，例如：師資較好、利益團體較多、合格公民較多、政治資源較多，所以可以獲得的教育資源也較多；因而造成城鄉的資源差異擴大，而學生的學習表現也有相同的現象。

Berne 和 Stiefel（1984）認為，教育資源分配與教育機會的公平，應符合水平公平、垂直公平與機會公平原則。水平公平是指，對同等性質者應給予同等對待；垂直公平是指，對有差別特性者給予差別對待；機會公平是指，某些可疑因素（suspect factors）或不合法特性，不得成為個人享受教育資源的差異，常見的可疑因素，如性別、區域特性、地區財政情況與種族等。機會公平則強調個人在教育資源的收益，不能因為上述因素的差異，而受到差別對待，也就是每位學生應受到公平對待。

吳清山、林天祐（2002）認為，文化不利是指兒童所處的家庭或社會文化環

境刺激相對較少，與一般社會環境生長下的兒童做比較，常處於較不利地位。這些兒童在社會處於不利地位，所處環境也稱為社會不利；這些文化或社會不利環境的文化刺激較貧乏，又稱為文化貧乏。城鄉差異牽涉教育資源的分配，因為資源短缺造成鄉鎮地區學生的教育資源不利，使得文化刺激沒有都會地區容易獲得，資訊和資源缺乏造成了文化貧乏的兒童。在教育資源不足的前提下，文化刺激沒有獲得應有的水準，因而影響到學生的學業成就表現。

陳奕奇、劉子銘（2008）以地理區域圖形，描繪台灣地區學測成績的城鄉差距及其分布的聚集型態，其資料是以 2007 年大學學科能力測驗的成績為主，並運用學生戶籍地的郵遞區號資料，輔以台灣地理資訊系統的應用，以了解台灣地區 358 個鄉鎮之間，在學測成績上的空間分布。研究中以空間聚集統計值呈現出城鄉教育發展失衡的程度，結果發現部分鄉鎮的學測表現不亞於大都會地區，然而部分都會地區之教育成就，並不如預期中的表現優異；從空間例外區之分布特性，它隱含著改善教育資源分配的問題。尤其，近年來教育部擬定「教育優先區計畫」，提供充裕的經費補助，期望提升原住民鄉整體之教育水準。然而研究顯示，若以每位學生的單位成本來看，原住民所處的山區偏遠學校是教育資源最高者（黃木蘭，1998），也就是說，每位學生的教育單位成本投入後，卻無法得到相對應的成果，於是形成教育經費投資愈高，教育成本浪費愈嚴重，因此增加教育資源並無法保證原住民鄉之教育可以得到明顯改善；要改善原住民鄉之教育成就，提高教育資源的使用效率，必須更深入了解原住民鄉之教育問題。

雖然，上述研究顯示，許多偏鄉的學生學習成就不必然受到教育資源投入的影響，同時有些鄉村學校學生的學習成就也不比都會地區的學生來得差，但是城鄉之間的人口組成與教育程度還是有其不同之處。鄉村地區的人口以勞務為主，勞工與半技術人員較多，社會階層較低，因而造成經濟能力略低於都會地區，接受教育機會較少，同時，鄉村地區的人口平均教育程度也較都會地區來得低，這種教育程度較低，也與城鄉人口的社會階層有關聯。通常高社經地位家庭的父母能夠給予子女較多的關注與支持，這也影響了子女的學習成就，反之則否（Ho & Willms, 1996）。Theule（2007）指出，低社經地位的學生在學習數學時較為抗

拒，然而，高社經地位的學生較有學習信心，他們對數學可以解釋「為何要如此進行問題的解決方式」；相對的，低社會階層的學生僅會簡單的回答問題。

　　綜合上述，城鄉教育差異是影響學業成就與教育機會均等的重要因素，在社會正義下，來探討城鄉教育差異，可以了解文化不利、城鄉差異對學業成就可能造成的影響。本研究分析總體層次的因素影響學生學習成就的情形，將學校所在的城鄉因素納入考量，是因為學校所在的城鄉，其實也反應了城鄉特性，如學生家長的社經地位、學校教學資源的多寡、學校規模、學校學生家庭的經濟情形，乃致於學校氣氛等。這些總體層次的因素，是否會因為學校所在城鄉的相關因素，而影響台灣地區國二學生的學習成就，則是本研究所要分析的重點。

第三節　學校管理理論

壹、多元的學校管理內涵

　　學校管理的良窳會影響學生的學習成就。學校管理層面及影響因素範圍頗為廣泛，包括：校長的學校領導風格、行政計畫、行政溝通、資源使用效率、績效考核、學校教學資源多寡、學校預算管控、教師教學品質管理、教學方式的有效性，以及學校教學時數管理等，都是學校管理的內容（吳清山，1996，2004），而這些也都可能對於學生的學習成就有所影響。在這些學校管理內涵中，離不開學校規模與學校組織氣氛，也就是說，學校規模及學校組織氣氛與上述內容密不可分。

　　因為學校管理涉及了學校規模大小，而需要對行政管理方式有所調整，學校規模大，師生人數多，管理者要監督與控制人員的幅度會大增，需要投入學校管理的心思與時間需要較長（謝文全，2007）。學校組織在成立之後，因為來自不同家庭背景的師生及行政人員，以及學校所在位置的社區，影響了學校組織文化及學校氣氛的建立。開放、民主、以學生為主、家長樂於參與學校活動、學校信

任家長、教師及行政人員所形成的學校氣氛等條件，較容易提升學校的效能。

　　學校管理的良窳，宜運用學校效能變項來分析與衡量學校表現，而學校效能的內涵及面向相當多元，Murphy、Hallinger 和 Mesa（1985）就指出，學校效能宜包括學校技術層面（如課程與教學組織的方式或方法、課程與教學的支持程度）、學校環境（如家長對學校的支持、參與機會多寡），以及學生的學習結果；其中學校環境包括學校規範、組織過程及結構，技術層面包括課程及教學支持等，如圖 3-1 所示。然而，學校管理層面不僅如 Murphy 等人所言，學校管理甚至還要考量學校規模、教學資源的運用、學生就學情形，以及整體學校氣氛。以下分別說明這些面向的論點。

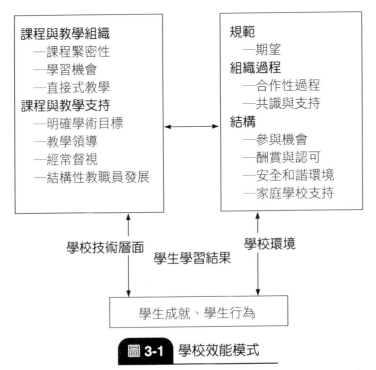

圖 3-1 學校效能模式

資料來源：School effectiveness: Checking progress and assumptions and developing a role for state and federal government. Murphy, J., Hallinger, P., & Mesa, R. R. (1985). *Teachers College Record, 86* (4), 620.

貳、學校規模與學校管理的績效密不可分

　　學校的經營成效可以從學生的學習表現反應出來。經營較佳的學校會讓學生的學業成就有好的表現；相對的，學校經營不善，很可能會讓學生的學習表現變得更差。在學校經營上，與學校規模大小有關，學校規模大的優點在於教師可以專業分工，教育資源的規模使用情形相對於小型學校來得好，但是其限制在於師生的人際關係較疏離，學生的學業成就表現不一定比較好；相對的，小規模學校的優點在於師生關係較好、教師教學負擔較輕，但是教師的專業分工較差，教師需要兼任較多的行政工作，但這對於學生的學業成就表現不一定比較好。

　　台灣的國民中小學的學校規模，在城鄉有明顯不同。都會地區的學校受到人口較多與密集的因素，因而學校規模比起鄉間學校來得大。照常理來看，都會地區的學校規模較大，可以投入的資源應比起鄉間學校多，同時，因為資源使用具有規模經濟效益的經濟法則下，都會地區學校的師生所感受到的學習資源及教學資源，應相對比起鄉間學校還要多。同時，在大規模的學校中，資源較能彈性使用，師資人力調配較為彈性；反觀，鄉間學校的規模則較小。學校的資源投入與規模較大者有相同增大的比例（如依學生數、教師數及學校空間等），而較小規模的學校在資源使用的效率、教師人力調配的彈性就比較僵化，所以往往小型學校的教職人員要一員多職多用，就是這個道理。

　　林文達（1984）的研究指出，在學校經營過程中，應找出最適規模的學生人數，如此可以讓學校的經營成本最低，而學生的學習成就表現最好；他也指出，學校規模與學業成就之間呈現「U」型關係，即學校的規模過小或過大，對於學生的學業表現不一定好，相對的，學校規模適中才是學生學習成就表現最好的學校類型。Donna、Dennis 和 Shirley（2003）的研究認為，降低學校區域規模與推動教育改革是同等重要。Paul（2000）認為，要提升高度貧窮學生的學業成就，方法無它，應從降低學校規模，採用小班小校做起。

　　學校規模影響學生學習成就的情形有不同的發現（Chopin, 2003），有些研究

認為,學校規模小、學生人數少,教師可以與學生互動的機會雖然較多,但是學生在學習過程中無法產生規模經濟的效果,因此學生的學習成就表現不一定比較好。同時,學校規模過大,會產生學校老師與學生互動疏離,在學生人數過多時,學生可以使用的資源相對的減少,因而學生的學習表現會受到不利影響。

　　總之,學校規模與學校經營成效密不可分,而此種成效也包括學生的學習成就,因此本研究在總體層次中納入學校規模,以了解它與學習成就之間的關係,或與其他個人變項的交互作用關係。

參、學校氣氛對學習成就有正面助益

　　行政人員在學校管理所形成的學校氣氛也影響學校效能,這種效能包括:學生的學習成就、教師的教學效能、家長對學校的信任、行政人員的行政效率,以及所形成的良好學校氣氛。吳清山(1989)認為,學校效能是學校在各方面的績效,包括:學生成就、校長領導、學校氣氛、學校文化和價值、教學技巧和策略、教師專業成長,以及社區家長支持等,以達成學校所預定的目標。Gerry 和 Bert(2005)認為,學校改善之後,要提升學校效能,其評估方面可從學校品質提升、教師品質提升,以及學生學習成就(包括學生的知識、技能及學習態度)來進行,更重要的是要形成良好的學校氣氛。從這些論點的說法可以掌握,學校管理應建立良好的學校氣氛,在好的學校氣氛中,才可以提升教學效果、學生學習表現與學校行政運作的績效。

　　學校氣氛是指一所學校的組織文化,讓學生感受到該所學校的氣氛,不論持久性或短暫性,均會影響組織及其成員。如果學校讓人感受到的是積極、民主、奮發、樂觀、溫馨及和諧的氣氛,則有益於學校成員奉獻心力,學生也較能安心於學習。在學校氣氛概念的建構上,近年來有以學校的學術樂觀(academic optimism of schools)思維來建構;Hoy、Tarter 和 Hoy(2006)發展出學校學術樂觀概念,包含學業強調、整體效能,以及校方對家長與學生的信任感(faculty trust in parents and students)等構念,內涵有認知、情意和行為面向。學業強調是學校

場域中強調成就取向的行為；整體效能是對學校整體期待的信任，屬於認知層面；校方對家長與學生的信任反應互動模式，屬於情意層面。學術樂觀包含三個基本特徵：效能、信任和學業強調（academic emphasis）的變項。學業強調是指，學校追求學業卓越的努力程度，也就是對學業成就的重視程度（Hoy & Tarter, 1997）。Hoy、Tarter 和 Hoy（2005）指出，整體效能反映群體的想法和信念；人員信任增加了情意層面；而學業強調則是將效能與信任具象化的行為層面。換言之，學校氣氛或學術樂觀是學校對家長信任、對學生信任、對教師信任，以及對社區信任等，在彼此之間產生信任感，因而對於學校的經營成效有正向助益。這也就是 Hoy（2002）強調的，除了社經地位外，學業強調、學校整體效能和信任是對學業成就有顯著預測力的學校特徵。

　　學術樂觀從認知、情意和行為層面提供了一個豐富的整體行為解釋。學術樂觀的三個元素是動態且互惠的，也就是說，學業強調有助於提升效能，而學校經營效能也強化了學業強調。更進一步來說，效能創造校方對學生與家長的信任，產生更多的信任感；最後，信任感滋養學業強調，而學業強調提高了信任感。簡言之，學術樂觀的三個元素彼此互惠。

　　總之，本研究以學校氣氛為概念，考量個體及總體因素下，來分析它對於學習成就的影響情形。本研究的學校氣氛內涵，包括家長對於學校活動及學生學習成就的支持，以及教師對於學習成就的期望與對學校目標的了解，因此有學術樂觀所指的家長、教師與學生的信任在其中，TIMSS 2007 在此方面就對校長調查了教師工作滿意度、教師對學校課程目標的了解、教師達成學校課程進度的程度、教師對學生學習成就的期望、家長對學生學習成就的支持、家長對學校活動的參與度、學生愛惜學校資源的程度，以及學生力求在學校有好表現的意願；這方面可見第四章的相關研究說明。所以，本研究從學校管理觀點，將學校氣氛納入進行分析，在總體層次中納入學校氣氛，以分析學校氣氛對於學習成就的影響情形，以及學校氣氛是否與個體層次的因素有交互作用的效果。

肆、良好學生的就學為學校管理績效的重要指標

學校管理的目的在讓學生樂於學習與教師樂於教學，同時學生可以有效率的完成目標；學生在學校的表現也受到學生就學情形的影響。狹義的就學情形是指，學生在學校正式學習期間能否準時上課、不常常遲到、不缺課，以及不會沒有理由的缺課；廣義的還包括在學期間如果非無法抗拒的因素而轉學（如遷移或重大意外事件），也就是他校學生願意轉入該校就學的情形。就學情形如果比較好，某種程度代表學生可以完整的學習，對於課業的重視，因而對於學習成就的提升是有助益的。

Tinto（1993）提出影響學生持續就學的交互影響理論（interactionalist theory），他認為，學生與學術或人際關係系統有良好的互動，會促使學生與這些系統整合；所謂「整合」，係指學生在學校與教師、同儕共享規範與態度，完成系統（可能是學校、可能是班級或學生個人）要求，而成為團體良好的成員，當整合能量增強，學生較能完成個人與學校的目標，而選擇繼續就學；相對的，學生如果有負面互動，會提高學生選擇輟學的機率。學生愈滿意學校的人際關係，在有關學習方面能與教師及同學接觸愈多，學習也就愈多，學習態度也會較為積極，同儕互動也較好，同學之間的情感發展以及學生個人的學習成就也會較好（Miller, Bender, & Schub, 2005; Pascarella & Terenzini, 2005）。

劉春榮（1993）也認為，學校效能是學校為達到教育目標、促進教學效果、強化行政效率、滿足師生需求、促進教育成長，以及學生良好成就表現的預期結果。換言之，學校如果能滿足學生的需求，如提供的學習方案及學校環境是學生喜歡的，學生就不易蹺課，也不會不願意來校學習；反之，如果學校環境不良、教師教學無法滿足學生的需求，無法引起學生的動機，學生便會很不願意到校學習，所以常會有缺席及蹺課情形，因而影響其學習表現。

總之，學校教育若能滿足學生的學習需求，學生就會樂意接受學校的教學，主動願意到學校學習，不遲到、不刻意蹺課、不會無故缺席，就某種程度來說，

它代表學生能對學校的教學完整學習及傾向接受學校學習。如果學生能在就學情形上無缺席，完整學習，將影響其學習成就；相對的，學生常缺席與遲到，在學習完整上較為欠缺，對學習成就也會有負面影響。

伍、充足的教學資源與有效運用教學資源

學校管理的重要目標之一，是在獲取充足的教學資源，並有效運用教學資源，改善教師的教學效能與提升學生的學習成就。充足的教學資源可以讓教師教學更具有彈性、多元與豐富，它可以刺激學生學習，加深學習者記憶，提升學習成就。相對的，如果沒有充足的教學資源，教師教學難以施展，學生學習刺激較少，學習內容較為單調，學習過程較為簡單，因而學生的學習成就也較無法明顯提升。也就是說，即使有充足的教學資源，但如果沒有有效使用於教學過程，幫助學生學習，那就是浪費教學資源，並無法增加學生的學習表現。因此，學校教學資源的充足與有效運用，與學生的學習成就應有正向的關聯。

Barton、Coley 和 Goertz（1991）運用美國「國家教育評量方案」（National Assessment of Educational Progress）的資料發現，美國跨州之間的教學資源有明顯的差異，不過可以確定的是，教學資源與學習成就有顯著關係。Yayan 和 Berberoglu（2004）也指出，學校人力資源與實質資源的分配及使用，是傳達教育目標的重要途徑，也深深影響其學校表現。Bandura（1993）將學校的整體效能（包括學校教學資源的使用效率）和學生的學業成就之關聯加以比較後發現，學校人員感受到強大效能感的學校，其學習成就表現較佳；而學校人員質疑其學校效能的學校，其學習成就較難提升，甚至呈現低落的狀況。Bandura 在控制社經地位和其他人口變項下，學校的整體效能與學生的學業表現仍有顯著相關。

Cervini（2009）於 2000 年，以阿根廷教育部對小學六年級學生的調查資料（6th-Grade Primary School Census from the Minister of Education），運用 HLM 來分析影響學生數學學習成就的因素發現，學校層次的教學資源（如教師使用的教學手冊、教學專業期刊、相關書籍、實驗器材、錄音帶、錄放影機、照相機、攝

影機等）對於學生的學習成就有正向顯著影響，市區層次的教學資源對於學生的學習成就，則沒有顯著影響。

就某些國家來說，學校的財務預算依賴地區稅收，例如：在美國各州，州民的社會階層結構就影響州政府的稅收多寡，進而影響提供給學校的預算，更影響到學校可以購置的教學資源，因而影響學生的學習成就表現；尤其是，某些國家的教師薪資是由地方政府支應，地方政府在支應教師薪資之後，常常難以再有更多的經費投入學校教學資源的建置，例如：台灣的國民教育是由地方政府所統籌辦理，教師薪資是由地方政府支應，各地方政府支應教師的薪資約占 80%以上，因此常常很難再提供經費，讓學校購置教學設備及改善教學環境（蓋浙生，1993）。換言之，學校教學資源的多寡與是否有效使用，將影響學生的學習成效。

總之，本研究在總體層次中納入學校的教學資源，以分析學校的教學資源對於學習成就的影響情形。同時並以總體層次的變項，即學校所在的城鄉、學校規模、學校學生家庭富裕比率、學校氣氛、學生就學情形等，是否與個體層次因素對學習成就有交互作用效果，均為本研究分析的重點。

第四節　學習成就的理論與模式 ⋯⋯▶

壹、教師與學生的互動模式

學生學習成就的好壞，有一部分原因會受到教師的教學影響。教師應具有良好的特質，例如：教學態度認真、用心準備教材、能運用多元教學方法與技巧來吸引學生學習、能依據教學目標評量學生的學習效果，以及能以評量結果做為後續改進教學的參考等，上述這些特質都是在教室中常見的互動模式。為了不讓教師的教學效果不佳，對於學生特質的掌握尤其重要，例如：教師應掌握學生的先備知識、學生的自我概念，以及學生的家庭背景等，教師透過對學生特質及個別差異的掌握，能更容易達到有效的教學。Koehler 和 Grouws（1992）提出了數學

教學模式，強調學生態度影響學生的自我概念、學習數學與學生行為，進而影響學習成就；他們也指出，學生特質（如智商及人格）會影響教師與學生的行為，進而影響其學習成就。此外，他們建立的數學教學模式，更強調教師的知識、教師信念與教師態度影響教師的行為，而教師行為又與學生行為互相影響，如圖 3-2 所示。

　　就教師教學來說，教學與學生的學習成就關係密切，學生可以從教師面對面的直接傳達，或教師運用教學技巧，如合作學習與創意教學，讓學生有效率地獲

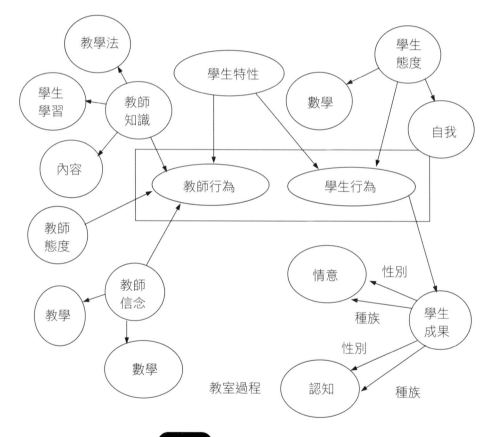

圖 **3-2** **數學教學**的研究模式

資料來源：Mathematics teaching practices and their effects. Koehler, M. S., & Grouws, D. A. (1992). In D. A. Grouws (Ed.), *Handbook of research on mathematics teaching and learning* (pp. 115-125). New York: Macmillan.

得知識。有關這方面的研究，張芳全（2006a，2006b，2007）以及 Singh 和 Ozturk（2000）認為，校內數學學習單元數對學生的學習成就有顯著影響；謝君琳（2003）的研究發現，合作學習的教學方式對學生學習成就的提升，有正向顯著影響。

　　教師教學固然有其效果，但是更重要的是，學生的特質與學生的學習態度有關。學生如果學習態度積極、對於自我要求比較高，同時對於教師上課的要求及校外的回家作業均能完成，學生所表現出來的行為與學習結果將能更好；否則僅有教師的教學，而學生不願意學習、動機低落、學習興趣不佳、缺乏學習自信，或是自我要求低，也無法讓他們的學習成就有所改善。從上述研究可知，在影響學生學習成就之因素中，學生的學習態度、自我要求及學習興趣，亦是影響其學習成就的原因。

貳、投入、歷程與產出的教學研究模式

　　在 Koehler 和 Grouws（1992）的論點中，並沒有明顯地強調教學過程的投入、歷程與產出之一系列行為。其實影響學生學習成就的因素多元，黃光雄（1988）就指出，影響學習成就可以從先在變項、情境變項、過程變項，以及結果變項來說明；他指出，教師背景、學生特質與背景的先在變項，以及學校及社區的情境變項，會影響教室中的教師與學生行為，讓學生行為改變等過程，進而影響學生的學習成就與態度形成，如圖 3-3 所示。

　　此模式強調的是投入、歷程與產出的互動關係，其中學生的先在變項為社會階層與文化資本，前述已有論及，而教師的先在變項在上述模式中也有說明。而過程變項是值得說明的，由於學生的學習效果一部分原因在於師生互動，例如：教師教學過程中的提問、教師在課堂中分配的回家作業或校外活動，以及學生對於教師所要求的回家作業願意配合執行的行為等。如果學生樂意接受教師的教學，學生的行為就容易改變，例如：原本不願意完成回家作業或對回家作業的態度消極等，因而影響其學習成就。所以在此模式中，過程變項中的學生行為受到教師

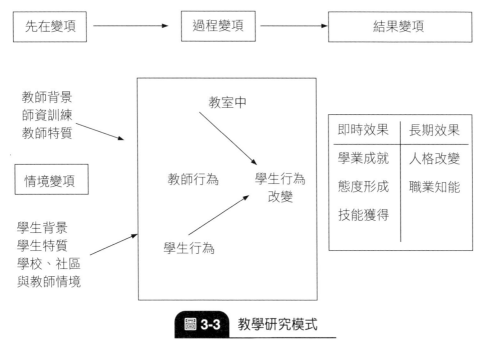

圖 3-3 教學研究模式

資料來源：**教學原理**（頁 224），黃光雄（1988）。台北市：師大書苑。

行為的影響，教師對於回家作業的指派，以及學生能否完成回家作業及其態度，就相當重要。

參、學習動機理論

　　學習動機是指，個體於學習任務中，具有強烈完成的意願與渴望。如果個體對於人、事、物都有意願學習，以及熱衷於投入，則在該領域或任務的渴求成功傾向愈強烈，這也代表個人對於該項任務興趣的高低。學習動機強者在完成任務的時間及品質，會比弱者有更好的效率。然而，學習動機的內涵包括多種特質，例如：學習興趣、學習自信、學習抱負、自我期望、學習態度、學習信念等，也就是說，學習動機的內涵是個多向度概念，而且概念內涵常常分歧且又有重疊，有時則難以嚴格劃分。自我期望、學習興趣及學習自信就與學習動機關係密切，

茲說明如下。

一、學習興趣為學習動機的重要內涵

學習興趣與學習自信是一體的兩面：學習興趣是個人對於一項任務或學習課業想要及願意投入的態度與傾向；而學習自信是代表學習者投入學習時間，也將其學習興趣融入於學習，因而產生肯定自我學習的一種過程，這種歷程是一種自信的展現，也是學習自我肯定的一種內在特質。

學習興趣與學業成就關係密切，學生有興趣學習數學，代表學生對數字、幾何、空間、推理、公式、符號或自然科學事物等，有想要學習的意念傾向，學生的數學學習興趣是帶動學生數學學習意願的動力。Dweck（1986）非常強調學生在班級中的學習動機，其認為學生在班級中的學習動機強弱，對於學生的學習效果具有重要性的影響。Wilkins（2004）指出，學科的自我概念、信念、興趣或動機是多向度概念，這些概念是個體在學業或非學業的反應傾向。個體對於學科的自我概念、興趣或動機，為個人知覺或感受到可以學習好某一學科的能力、信心、態度和興趣。學生對學習科學能力展現信心，也會期待參與相關數學的討論或參與演練。

學習興趣高低與個人特質有關，個人特質愈積極樂觀、不畏困難、樂於接受挑戰者，對某一任務會有更積極的投入；反之，個人特質如果是消極、悲觀、逃避、不願意接受挑戰，以及對於事物傾向不熱衷者，則對於該項事物的學習興趣會較低。學生的學習興趣影響學習態度，也影響個人之後的學習信念與努力程度。如果個人能夠了解自我的學習興趣，對未來工作的投入程度比較積極；同時，個人知覺到對於學習任務的興趣愈明顯，就愈能協助個人在未來目標的完成。簡言之，學生學習科目的興趣愈強，學習抱負愈強烈，對於學科學習較有自信，這代表他們不僅較喜歡學習，而且對事物的學習會有更快完成的態度，最後對於學業成就是有助益的（Wentzel & Wigfield, 1998）。

其實，學習興趣是學習動機的一種反應，學習興趣愈高，代表個體對於該項活動或任務想要投入的意願及時間會更多，但學習興趣與學習動機常難以區分。

Elliot（1999）將學習動機的表現目標區分為趨向表現目標（performance-approach goal）及逃避表現目標（performance-avoid goal）。趨向表現目標的學生會自我改進（self-improvement），也就是會自我要求與反省，來設定未來所要完成的標準（self-set standards）；當他們具有目標導向傾向或表現出相關行為時，他們會集中時間、體力與精神來學習、創造和理解，以獲得相關的解答。反之，當學生持有逃避表現目標時，他們會努力讓自己沉默寡言或避免學習，他們也會藉由這些方式來維護自我價值，結果便是拒絕他人的協助，並自行給予不願努力，面對困難就放棄的情境，最後會表現出低成就水準（Pintrich & Schunk, 2002）。如果學生能在相關活動勝任，而有自我肯定及實現的機會，他們在後續的學習動機會愈強烈，例如：取得最好成績或最高的學位；相對的，逃避表現目標的孩子會每況愈下，因為未能獲得自我肯定，其後續的學習動機也會受到影響。此外，當學生利用精熟導向信念面對學習成就的學習時，他們的表現是：改進學習興趣、正向觀點學習、檢核和失敗的相關訊息、歸因自己缺乏努力（而不是缺乏能力）、對學術堅持和努力、勇於接受挑戰與面對更多冒險，並且在需要時請求協助（Pintrich & Schunk, 2002）。

　　總之，學習興趣為學習動機的重要內涵，學習動機強烈的學生對於任務的掌握及任務完成的態度較為積極，勇於接受挑戰，同時也比較會堅持對任務的積極投入，它與學習成就有密切關係。因此本研究將它列為個人層次的中介變項，學生是否會透過學習興趣而正向影響學習成就，以及學習興趣與組織變項對於學習成就的影響是否具有跨層級的交互作用，皆是本研究所要分析的。

二、學習自信是學習動機的一種特質反應

　　學習自信是一種個體內在自我肯定的特質，是學習者投入學習時間，融入學習興趣於所要學習的任務之中。因為學習產生興趣，因而自我肯定，接著因肯定而更願意投入更多的時間學習。這種自我學習肯定就是自信的展現，也是學習者從學習過程中，獲得自我肯定的一種內在特質。這種特質的產生，有如 Elliot（1999）所提起的——趨向表現目標的學習動機。因為趨向表現目標的學生，會

在參與成就學習的過程中，展現其能力、毅力、接受挑戰的態度與信念，嘗試贏過其他人，並獲得自我與他人的肯定（Pintrich & Schunk, 2002）。

　　個體較有學習自信代表對於任務的內容、任務的特性，如困難度及對於事務處理的態度較為積極。學習者的自信心較高，代表其對於所面臨的任務與挑戰更能勝任，同時在學習任務及問題解決上，也更有系統性與科學化思維。就學習而言，學生如果自信心不足，便容易對於學習產生厭倦、不喜歡、不願意投入時間，因此容易接受到不好的學習結果；也因為自信心較低者容易失敗、害怕失敗，所以其學習成就的表現也較為不良。

　　總之，學習自信是個體對於一項任務願意投入的傾向與態度，個體的學習自信愈強烈，其對完成事物的自信心愈高，對事物的在意程度及愈想完成任務的態度愈高。如果學生的學習自信愈高，學生喜歡數學、對數學學習有信心，則會提升他們的學習成就。因此本研究將它列為個人層次的中介變項，學生個人是否透過它而會正向影響學習成就，以及學習自信與組織變項對於學習成就之影響是否具有跨層級的交互作用效果，皆是本研究所要分析的。

三、自我期望是個體對未來目標的實現

　　自我期望是指，個體期待未來能完成任務的一種目標歷程，它與學習動機關聯密切；個體如有強烈的動機，會引導個人未來的自我實現。自我期望所期待的是以未來為導向，也就是以現在為基礎，朝向思考未來如何完成任務與達成期待的目標。為了完成任務目標，個體的動機要很強烈與持久，而這個目標可能是未來的課業與生涯規劃，也就是要完成的任務目標可能是達成未來的學習任務，或完成進階學業與獲得更高階的學位等級。以學習者來說，若學生對於未來所要完成的動機強烈，投入時間會較持續，他們的自我期望也會比較高。Atkinson（1964）的預期價值理論（expectancy-value theory）主張，動機決定於個體期望獲得目標的價值，以及能達到該目標的可能性。Eccles和Wigfield（2002）檢驗價值期望理論之實用性顯示，個人對某個任務的動機，包括：表現、堅持、工作選擇等，受到成功預期及任務的價值所影響。如果個人對於未來的任務及任務價值

有強烈預期，就很容易完成該項任務，或獲得該項任務所得到的價值。在這其中，如果所要完成的任務，愈符合個人自我認同的任務，則愈具有重要性價值；反之，則不具其價值。

Rottinghaus、Lindley、Green 和 Borgen（2002）認為，教育期望應從人格特質、自我效能及興趣來界定。個人人格特質如較為內控性格、態度積極、主動進取，反應出個人期望較高。另外，對自我認識較高、態度樂觀、個人在日常生活中掌握自我動向、生涯目標明確、對於生活價值以未來考量，個人期望也較高；如果個人興趣、性向集中，個人對未來的教育期望也較高。通常，這類學生屬於中上社會階層較多；反之，則是中下階層家庭子弟較多（鄭世仁，2000）。謝孟穎（2003）的研究發現，家長社經背景會導致不同階層的教育價值觀，而家長的教育價值觀會導致不同的教育期望。中上階層的家庭物質條件豐裕、文化水準較高，家長期望子女也較高，也較傾向支持學童功課；而中下社會階層的家庭，家庭中可以學習的物質匱乏，家長即使對學童可能有較高的教育期望，但因沒有物質支援學習功課，在學業成就的表現上也常較中高社會階層子女低落。

總之，自我期望強調個體對於未來期待能完成任務的一種目標歷程。在這個歷程中，如果個體的自信心與動機愈強烈，同時所要追求的目標及其任務的價值愈高，自我期待實現的機會也比較高。就本研究而言，它是以受訪者期待未來可以獲得最高學歷的期望，是一種個人的教育期待，也是一種個人在未來的生涯抱負。因此本研究將它列為個人層次的中介變項，期待了解是否透過自我期望會正向影響學習成就，以及自我期望與組織變項對於學習成就是否具有跨層級的交互作用，此皆是本研究所要分析的。

肆、統整因素的模式

如果從不同層面來看，在不同層面（如以學校與班級、城與鄉、家庭與學校、同儕與教師）中，學生學業成就會受到不同的因素影響。郭生玉（1973）指出，影響學生學業成就的因素，除了智力因素之外，大致可以歸納為：(1)生理因素：

學生個人的一般身體狀況、身體機能障礙等；(2)心理因素：學生個人的學習動機、學習態度和學習習慣等；(3)社會因素：家庭背景、父母職業及教育程度、文化資本等；(4)教育因素：學校教師的教學方法。Marjoribanks（1991）指出，家庭、學校及同儕團體是影響學生學習成就的因素，同時學生性別、社會階層與族群息息相關，這些因素為影響學習成就的先備因素。學生在先備因素與家庭和學校的因素交互影響之後，影響了學生的學習成就。上述的說法仍為分歧，難有一致性的定論。

　　余民寧（2006a）即試著歸納整理出一個影響學習成就的統整性因素結構模型，其架構如圖 3-4 所示。其說明了各種影響學習成就因素的結構模式，以做為後續進行探索與建構理論模型之導引，並歸納出影響學生學習成就的五個模型，也就是：學生個人背景模型、家庭背景模型、教師背景模型、學校管理背景模型、政府教育政策因素模型等。個人及家庭模型主要是針對學生的性別、年齡、學習經驗，以及家庭文化背景與學習資源，乃致於雙親的教育程度、職業類別及經濟

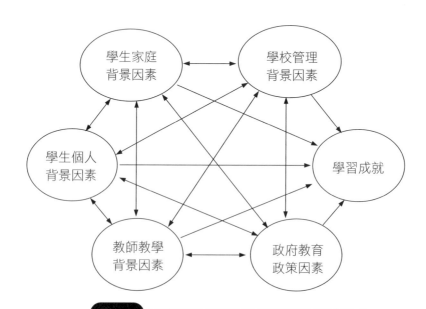

圖 3-4　影響學習成就因素的統整性理論模式

資料來源：影響學習成就因素的探討，余民寧（2006a）。**教育資料與研究雙月刊**，**73**，11-24。

水準等，這些背景與家庭因素是影響學習成就的重要因素；而學生的動機、態度、學習方法、學習技巧，以及個人的學習興趣及自信心、自我期望及自我概念等，也是影響學習成就的重要因素。教師背景則強調，教師的教學方法、教學知識、教師信念、教學技巧，以及在職進修等。而學校管理因素則說明，學校經營者、校園安全、校長領導風格、學校教學設備、學校氣氛、家長及教師對於學校經營的管理模式等，都影響學生的學習成就。最後，政府教育政策因素主要在強調政府教育投資及政府整體的政策方向，對於學生的學習成就也有重要的影響；鄭心怡（2004）以宏觀角度，以 TIMSS 2003 的資料進行影響學習成就的跨國分析發現，國家的經濟發展與教育投資是重要因素之一。

　　然而，在余民寧（2006a）所提出的影響學習成就因素統整理論模式中，雖然將個體、教學與政府投資因素，乃致於學校與家庭結構因素都納入考量，但是並沒有將這些影響因素嚴謹地區分為個體及總體層次，因而無法有系統地將不同的影響因素納入分析。更重要的是，上述僅是一種概念詮釋，並沒有將統整模式運用於實際的資料來證實。

　　總之，本研究分析影響台灣國二學生學習成就因素的多層次模型，在模型建構之中，試圖以上述的理論與觀點來與 TISMSS 2007 的資料進行聯結，以相關理論來解釋後續分析結果的合理性。社會階層理論探討社會成員在社會階層中的相對地位，地位高低影響成員擁有的資源多寡，尤其是子女會因此而獲得更好的教育機會及學習成就。另外，還包括文化資本理論與家庭資源理論，它們都說明了社會階層較高的家庭及成員，擁有了較多的文化資本，以及學生在這樣的家庭中，其學習資源較豐沛。而城鄉教育差異理論則說明了學校在城鄉地域空間的不對等，因而城鄉學校會擁有不同的資源，最後讓城鄉學校在組織環境的資源不一，也讓成員產生不對等的待遇；而城鄉學校易有不同的教育資源與經費及良好師資，因而學生有不同的學習表現亦是事實。在學校管理理論方面，學校所在的城鄉影響學校規模之形成，城市學校人口多，師生數也較多，教學資源較能有規模經濟的使用機會，因此學生學習成就的好壞也與學校規模有關聯。此外，學校經營如有

良好的經營策略，能改善學校氣氛、充分運用教學資源，讓學生樂意來學校學習，則學生將會有較好的學習成就，學校也會有比較好的行政績效表現。

第四章　影響學習成就因素的相關研究

　　影響學生學習成就的因素相當多元，過去至今都有不少的研究，本章將有關的研究進行評閱與分析。本章是以影響學習者個體層次的因素、總體層次的因素，以及脈絡因素做為區分，對於過去的相關研究進行評閱與歸納，以做為本研究在建立研究假設及分析的依據。

第一節　個體層次因素的相關研究　→

壹、個人背景因素

一、性別在學習成就上的差異分歧

　　至今已有許多關於性別與學習成就關係的研究：李默英（1982）研究發現，高二男生的數學學習成就顯著高於女生，高年級學生之數學學習態度顯著高於低年級學生；王三幸（1992）對台北市小學的研究指出，智力、數學態度、數學焦慮對國小高年級女生的數學學習成就有顯著預測力，智力、數學態度、社經地位、學習技巧對國小五年級學生的數學學習成就有顯著預測作用；蘇一如（2007）研究影響國際數學學習成就因素的比較發現，台灣男學生的數學自信、學習興趣與學習能力優於女學生。

　　Hanna（2000）分析 IEA 在 1964 年、1980～1982 年、1995 年（TIMSS）所進行的國際調查的資料庫分析發現，兩性在數學學習成就上的表現已有減少差異的現象。該研究進一步指出，IEA 的國際比較調查最明顯之貢獻是性別研究的脈絡，提供了許多國家在男、女生數學學習成就相近的證明。Cheng 和 Seng（2001）則以香港、新加坡、日本及南韓參與 TIMSS 1999 的資料分析發現，南

韓與香港的七年級與八年級男學生的數學學習成就明顯高於女學生，日本在兩性也有不同，而新加坡則沒有明顯的不同；香港、南韓與日本的七年級男學生的數字、幾何、代數、資料呈現、分析與機率、測量等都是高於女學生，而新加坡則沒有差異。就八年級學生來說，香港及南韓的男學生在數字、幾何、代數、資料呈現、分析與機率、測量等，都是高於女學生，而日本除了幾何是女學生高於男學生，其餘項目也是男學生高於女學生，但是不明顯；新加坡女學生在算術、幾何與代數高於男學生，而兩性在資料呈現、分析與機率、測量等，則沒有明顯不同。

Kotte（1992）研究十個不同國家的學生學習態度後發現，男、女間科學態度的差距自國小至高中逐漸擴大，科學態度中性別差異最大的時期，發生於 10 至 14 歲之間；Jones、Howe 和 Rua（2000）的研究顯示，六年級學生在科學經驗、科學態度、科學觀點，以及未來職業方面，有著明顯的性別差異，中學階段是學生在學習成就及學習態度上，性別差異擴大的時刻；陳麗妃（2005）以 TIMSS 2003 的國小四年級學生為對象發現，男生的科學興趣、自信、科學成就皆優於女生；Catsambis（1995）發現，男生傾向於正面看待科學課程，認為科學對於其未來是有用的，且較不害怕在科學課程中提問，但女生則不然，根據 Catsambis 的發現，儘管女生在科學課程的表現良好，甚至優於男生，她們仍以較負面的態度面對科學。

至於性別與家庭文化資本的關係，孫清山、黃毅志（1996）研究指出，在台灣早期，家庭子女較多，為了讓男性子弟有就學機會，因而家庭提供子女教育機會之選擇常有保男捨女的現象，但是這種情形在後來已有改善。此外，性別與教育期望之間的關係密切，Trusty（2000）的研究指出，美國小學生如果易尋求協助，則有較高的學習抱負，數學學習成就也較高，同時男、女生教育期望對數學學習成就有顯著相關。

綜合上述發現，性別對於學習興趣、學習自信、學習成就的影響相當分歧，它必須要考量學生的年齡、學習科目及學習價值而定；而不同性別所擁有的家庭文化資本也有不同發現。本研究以多層次模型檢定影響台灣國二學生的學習成就，

考量個體層級與總體層次之因素；以國中生為樣本，這是由於國中生正值認知思考的變化階段，因此將它納入於個別變項之中，以了解性別對於學習成就的影響。同時，本研究也要了解，性別是否會透過中介變項（如文化資本、自我期望、學習興趣、數學自信、回家作業），因而影響學習成就。

二、家長社經地位對於學習成就有正向影響

　　學生家長的社經地位影響學生的學習成就，這樣的研究在國內外已經非常豐富：Coleman（1988）認為，影響學習成就的因素，最主要是家庭環境及個人因素；Nolen 和 Haladyna（1990）研究發現，環境及個人會影響其學習信念，環境資源愈多，學業成就受其影響愈顯著；Tocci 和 Engelhard（1991）研究發現，家長的支持程度愈高，對其數學學習成就表現有正向顯著影響。

　　蘇一如（2007）的研究指出，影響台灣與美國學生的數學學習成就因素中，以家庭資源最大，其次為學校因素，最後為學生的學習特質。林俊瑩、黃毅志（2008）探究影響台灣地區學生學業成就表現的可能機制，以「台灣教育長期追蹤調查資料庫」（Taiwan Education Panel Survey, TEPS）的全國大樣本國中階段資料為分析對象顯示，家庭社經地位、家庭教育資源與學生的學習態度，都可能對學生的學業成就有直接正向的影響，負面文化資本則對學生的學業成就有直接負向影響；家庭社經地位除了有直接影響外，也有透過家庭教育資源、負面文化資本，以及學生的學習態度等間接影響。這顯示：家庭社經地位高的學生在教育取得的過程中，還是占有優勢，此反映出教育機會的不均等。

　　Singh 和 Ozturk（2000）研究影響美國中學生的數學學習成就因素發現，社經地位、先前數學學習成就及校內數學課程的學習單元愈多，對學生的數學學習成就有正向顯著影響；而在外打工的時數愈多，則有負向顯著影響。Pezdek、Berry 和 Renno（2002）的研究發現，家長預期（家長期望）與學生數學學習成就之間有 .56 的顯著相關。Ko 和 Chan（2009）運用 PIRLS 的資料庫，分析香港、台灣、新加坡、加拿大亞伯他省、英屬格倫比亞省、安大略省、魁北克省，以及俄羅斯聯邦的學生家庭因素與學生閱讀素養後發現，孩童的早期閱讀技巧及家中擁

有的藏書量，對於閱讀成就有 11～27%不等的解釋力，而在華人社群的國家，上述兩項因素又比這些還高，在台灣的樣本中，學生家中藏書量的解釋力為 9%。

　　吳元良（1996）研究小四學生後指出，不同社經地位的學生在數學學習成就、計算題與應用題都有達到顯著差異，較高社經地位的學生顯著高於中、低社經地位的學生。柯淑慧（2004）以基隆市國小的新移民與本國籍子女為樣本研究後發現，家庭教育環境與學業成就（數學與語文）無顯著相關外，文化資本（如電腦數、圖書數、家長互動次數）有顯著正向相關。

　　歸納上述研究，社會階層（如文化資本及學習資源）與學習成就的研究發現如下。

（一）家長教育程度正向影響家庭文化資本的多寡

　　社會地位與文化資本息息相關，社會階層較高者，文化資本也較多，反之則否。有不少研究運用資本理論（包括文化資本、社會資本、財務資本）來解釋社經地位（包括學生父母的教育程度、父親職業以及家庭收入）對於學習成就表現、教育地位、教育成就取得的關聯性；這些研究大抵證實，這些家庭子女的雙親教育程度愈高、父親職業地位愈高、賺取所得愈多，家庭文化資本愈豐富（李文益、黃毅志，2004；李敦仁、余民寧，2005；黃毅志、陳怡靖，2005；Khattab, 2002; Lareau, 2002）。林佩蓉（2008）以 TIMSS 2003 的資料分析新移民與非新移民的樣本發現，新移民子女家中擁有電算器、電腦、書桌及字典的百分比及家中藏書量皆低於非新移民子女。學生家長的教育程度愈高、家庭社會階層愈高、財務資本愈多，學生在家庭的學習資源愈為豐沛，這方面的資源包括參考書、百科全書、字典、書報、自己的學習空間，以及家長有更多的經費聘請家教、送孩童上才藝班或學業成就型的補習班。林淑敏、黃毅志（2009）的研究發現，母親教育程度愈高，父親為上層白領、基層白領，家庭收入愈多，子女參與學科補習的項數愈多，此也有助於提高學業成績。文化資本、經濟所得與家長教育程度較高的學生，代表可以學習的資源較多，這說明了家庭文化資本會正向影響學生的學習表現。

（二）學生的學習動機特質與學習成就密切關聯

　　家長教育程度對於子女的學習興趣、自我期望及數學自信有正向影響，同時學習興趣、數學自信與自我期望也影響學習成就。家長教育程度愈高，愈關心子女的教育與學習，因而影響子女的自我期望，也會影響子女的學習興趣與數學自信。蔡佳燕（2007）以台灣參與 TIMSS 2003 的資料分析發現，家庭文化資本（教育資源）、自我教育期望與學習成就有正相關；家長教育程度愈高，學習成就愈高；家中藏書量愈豐富，學習成就愈高；自我教育期望愈高，學習成就愈高。Lee（2004）就以 TIMSS 1999 的資料，分析家長的教育程度、學生自信、班級學習氣氛與學習成就的結構方程模式後發現，家長教育程度對於學生自信有正向影響，而且學生自信與學習成就也有正向顯著關係；同時家長教育程度愈高，對於學生的班級氣氛也有正面助益，學習氣氛更對於學習成就有正向影響。也就是說，家長教育程度對於子女的學習興趣、自我期望及數學自信有正向影響。

（三）家長教育程度與子女回家寫作業的關聯度高

　　家長教育程度愈高，其子女在回家作業傾向上愈投入，而學生回家撰寫課業較多的時間，與提升學習成效有正面助益。關於這方面的研究不多，但是可以確定的是，家長教育程度愈高，對於子女的教育關心及參與會更熱衷，因此，家長教育程度與子女回家寫作業之間應有正向關聯。而回家作業與學習成就之關係，不一定有正向關聯，而是依國家的社會環境及學生特性而定，例如：Trautwein、Koller、Schmitz 和 Baumert（2002）研究發現為正向關聯，而張芳全（2007）依據 TIMSS 2003 的資料，研究台灣、美國及日本不同國二學生完成數學作業的時間數，並沒有正向顯著影響其學習成就。

（四）家長教育程度影響子女教育期望

　　家長教育程度與學生自我期望有正向關聯。家長教育程度愈高，代表他們已接受相當好的教育程度，並能從已獲得的職業賺取所得，對於自己所獲得的教育水準加以肯定，所以對於子女的教育或學業成就有正向關係。而在兩者之間，更存在著家長對於子女的教育期待，也就是說，家長教育程度愈高，如上所述，獲

得一定教育水準的家長，也期待其子女可以自我期待接受更高教育等級的文憑機會也會提高。蔡淑芳（2006）研究父母期望、自我期望與學習成就之間的關聯情形，她以「台灣教育長期追蹤調查資料庫」（TEPS）國一樣本數 20,004 人，國三樣本數 18,903 人，來驗證父母期望與自我期望愈高，學習成就亦愈高之論點外，尚有發現：國一學生之父母期望無性別差異，國三學生之父母期望女高於男；國一、國三的女學生之自我期望、學習成就高於國一、國三的男學生。因此，父母期望相較於自我期望對學習成就有較大之預測力。

（五）回家作業與學習成就的關係分歧

家長教育程度愈高，參與子女的教育，如指導子女的回家作業也愈高，但是回家作業對於學習成就的影響呈現分歧的現象。Trautwein 等人（2002）以德國七年級學生來了解老師提供作業的頻率與數學學習成就間之關係發現，除了家長職業和寫數學功課時間與數學學習成就沒有達到顯著水準外，其他的變項包括：先前知識能力、智商、作數學練習、有無重讀經驗、老師給作業的頻率、家長指引子女回家作業等，皆與數學學習成就有正向顯著關係。

（六）家庭社經地位正向影響學習成就

家庭社經地位對於學習成就有正向顯著的影響。家庭社經地位包括家長教育程度、職業、經濟收入，以及相關職業聲望，這些因素對於子女的數學學習成就有正面的助益。居住在都會地區的學生，其社會階層較鄉村地區為高，因為都會地區的學生來自於家庭與政府提供的學習資源較多。學生學習資源的多寡不僅受到家長社經地位的影響，而且也受到家長的教育期待所影響。社會階層較高的家庭，對子女的教育期望較高，因而影響子女的學習表現。Pezdek 等人（2002）、Tocci 和 Engelhard（1991），以及 Whang 和 Hancock（1994）的研究指出，家長教育期望對學生的數學學習成就有顯著影響；而 Ma（2000）、Singh 和 Ozturk（2000）、王三幸（1992）、吳文如（2004），以及吳元良（1996）的研究發現，家庭社經地位對學生的數學學習成就也有顯著影響；黃毅志、陳俊瑋（2008）的研究發現，課後補習與數學學習成就及升學結果，有正向的顯著關係。當然，

家庭環境資源為文化資本的範疇之一，家庭資源是學生接受所有教育資源，包括：物質資源、學習環境資源與圖書資源等，它是影響學習成就的重要因素之一。Nolen 和 Haladyna（1990）、柯淑慧（2004），以及許惠卿（2007）的研究均發現，家庭資源與文化資本因素會對學生的數學學習成就產生正向影響，學生接收環境資源愈豐富，數學的學業成就就愈高。

家長教育程度不完全代表社經地位，但是兩者的相關程度很高。所以從家長教育程度與子女學習成就的關聯性，也可以推論子女的家庭社經地位與學習成就的關係。家長教育程度對於學生的數學學習成就有正向影響之研究不少：Broeck 等人（2003）研究芬蘭參與 TIMSS 1999 的數學成績與社經地位關係後發現，家長社經地位雖然與科學成就有顯著相關，但是相關係數不高，他們進一步指出，可能 TIMSS 在進行各國的社經地位測量時，應重新思考較適當的變項；Singh 和 Ozturk（2000）運用美國長期資料庫研究影響中學生的科學成就，其自變項包括：社經地位、先前科學成就，以及校內數學課程學習單元數，而以十二年級科學成就為依變項發現，社經地位（家長經濟所得、職業及教育程度）、先前科學成就，以及數學課程學習單元愈多，學生的科學成就有正向顯著影響，可見家長社經地位與學業成就有關。

總之，學生家庭背景因素，尤其是家長教育程度與家庭文化資本、學生學習興趣、自我期望、數學信心與撰寫回家作業等，都有密切關係，同時家長社經地位對於子女學習的成就也有正向的影響。然而，台灣國二學生在 TIMSS 2007 的調查是否也如此，則有待本研究的分析。

三、文化資本正向顯著影響學習成就

家庭的文化資本正向影響學習成就，這樣的研究也不少：李文益、黃毅志（2004）以文化資本、社會資本與學生成就的關聯研究發現，學生擁有的精緻文化愈高，有助於其學業成績；負面文化愈高，學生之學業成績愈低。美國的研究顯示，學生學業成就與家庭背景有密切關係，尤其是文化資本及社會階層（Coleman et al., 1966; Shavit & Blossfield, 1993），這是因為通常學童來自較高所得的家

庭，可以接受到較好的學習材料、較好的教育經驗（如出國旅行或親子共讀）；家中文化資本（如字典、電腦、書桌、百科全書）亦可協助學生教育成就的取得（Downey, 1995; Eitle & Eitle, 2002; Roscigno & Ainsworth-Darnell, 1999）。

Gillian 和 Pong（2005）運用 TIMSS 的資料，分析 14 個歐洲國家指出，家庭資源及其他與學業成就有關的變項有密切關係，家中圖書數與文化資本有關，且家中的財務資本也與學生的科學學習成就及數學學習成就有正向顯著關係；相對的，新移民家庭的地位缺乏文化資本與家庭資源，因此這兩個變項都與學業成就有負向關係。學生來自較高的社會階層，也較低社會階層的學生有較好的學業表現；家庭文化資本愈多，學生所感受及接受的刺激愈多，這些學生會將家中感受及習得的知識轉換於學業成就。因為科學或數學的學習需要有更多的符號及知識或觀念，學生如擁有文化資本融入的觀念，他們在學業成就的表現上會比較好。余民寧等人（2009）發現，如果雙親的學歷或家中的教育設備愈好，對學業成就也有正向助益。

吳琪玉（2004）以台灣國二學生參與 TIMSS 1999 和 TIMSS 2003 的資料，分析數學、物理與化學的表現後發現，影響學生的科學因素為家中藏書。羅珮華（2004）運用 TIMSS 1999 的資料，探討七個國家的國中生特質與學習成就之關係，逐步迴歸分析掌握了 27 項學生特質，找出預測科學學習成就因素後發現，家中有電算器、個人專用書桌、字典的學生，對學業成就有正向顯著影響。林俊瑩、黃毅志（2008）的研究指出，家庭社經地位、家庭教育資源與學生的學習態度，都對學生的學業成就可能有直接正向的影響。

Papanastasiou、Zembylas 和 Vrasidas（2003）的研究發現，擁有方便取得電腦資源的學生（如家中或圖書館），其科學素養很可能較高；經文獻分析後指出，科技與學業成就之相關不僅複雜且持續地相互影響著。Papanastasiou 和 Ferdig（2006）發現，學生在家使用電腦或經常使用電腦進行電子通訊等活動，將表現出較好的數學素養。數學能力是培育科學素養的基礎，電腦使用情形與熟悉度將影響學生的學習成就。

總之，學生的個人背景，尤其是家長教育程度與家庭文化資本、自我期望、

學習興趣、數學自信與回家作業之關係都呈現正向關係，同時這些中介變項與學習成就之關係亦傾向於正向。本研究在個體層次，將家長教育程度視為背景變項，而將家庭文化資本、自我期望、學習興趣、數學自信、回家作業視為影響學習成就的中介變項。本研究預期背景變項正向影響中介變項，再預期中介變項對於學習成就有正向影響，同時這些中介變項與總體層次變項對於學習成就的影響是否具有跨層級的交互作用，也是本研究所要分析的內容。

貳、個人特質因素

學生的個人特質也是影響學習成就的因素之一。學生的個人特質，包括：自我抱負、自我期望、學習態度、學習動機、學習興趣、學習自信、學生自我要求、學習焦慮，以及心理特質等方面，這些變項對於學習成就都有不等的影響力。學生個人特質，如學習興趣、動機、自信及學習焦慮等，確實會影響學習成就，這方面的研究，例如：Trusty（2000）、Whang 和 Hancock（1994）、王三幸（1992）、吳文如（2004）、林怡如（2003），以及蔡文標（2003）等，皆認為學生的個人特質與學習態度對其學習成就有顯著影響。以下說明自我期望、學習興趣、數學自信與學習成就的關聯。

一、自我期望對學習成就有正向影響

學生的自我期望也會影響學習成就，自我期望較高的學生，代表對於自我的要求較高，同時對於未來的學習也較有掌握及方向。對學習科目來說，自我期望較高的學生，對學習較有方向感。林怡如（2003）探討高中一年級學生的數學焦慮、數學自我效能與學業成就之關係，發現學生的數學焦慮、數學自我效能與數學學習成就間有顯著相關，數學焦慮與數學自我效能對數學學習成就具有顯著預測力。謝君琳（2003）探討合作學習對數學低成就學生的數學學習成就、解題歷程與同儕互動的影響，發現小組合作學習可增進數學低成就學生的數學學習成效。蔡文標（2003）的研究亦發現，學生學習數學之焦慮感會對其數學學習成就產生

顯著的影響。陳立琇（2005）分析我國八年級學生在科學學習成就與學生特質的變項，研究發現，「自己最高學歷期望」是對成績預測力最高的一項特質。張芳全（2006c）以社經地位、文化資本與教育期望對學業成就的影響發現，學生的家庭社經地位及文化資本會透過教育期望正向影響學習成就。Trusty（2000）的研究指出，美國小學生如果易尋求協助，就有較高的學習抱負，他們的數學學習成就也較高，同時男、女生的教育期望對數學學習成就有顯著影響，且男、女生家庭社經地位對學生的自我教育期望有正向顯著影響。House（2000b）的研究發現，學生的學業成就期望愈高，其在科學、工程及數學的學習表現也愈好。Whang 和 Hancock（1994）的研究發現，亞洲學童的自我要求與家長的教育期望會影響的數學學習成就，比非亞洲國家的學童還要高。Marjoribanks（2004, 2005）以澳洲青年進行蹤貫性研究分析發現，以 1996 年納入的自變項中，澳洲青年相對於亞洲國家者在教育取得還來得低，女生也比男生低，而學術成就、學術自我概念、教育期望（抱負），以及學校社會資本對於教育取得有正向顯著影響；如果以性別與自我概念交乘之後，對於教育取得也有正向顯著影響，這代表男生的自我概念對教育取得是更有影響力；如再以 1996 及 1997 年的自信心、自我期望（教育抱負）、學校與家庭的社會資本納入後，也發現這些變項都達到正向顯著影響，而其影響力又比 1995 年所投入的變項更為顯著。

　　從上述可以發現，學生個人的自我期望、自我要求對學習成就有正向顯著影響；如果學生的自我期望較高，學習成就就會比較好。然而，它與總體層次變項對學習成就的影響是否具有跨層級的交互作用，則有待本研究來分析。

二、學習興趣對學習成就有正向助益

　　個體的學習興趣代表個體願意投入學習的意願，以及在該項學習行為的持續情形。學習興趣較高者，對學習任務及學習方向較容易掌握，同時在學習投入的時間也會較長，並不會間斷，因而學習興趣愈好，學習任務完成及學習成就也比較好。吳淑珠（1997）的研究指出，數學學習動機與數學學習成就之間有顯著相關，數學學習動機愈高，數學學習成就愈高。蔡文標（2003）探討影響國小數學

低成就學生的因素發現：(1)數學低成就學生之數學態度、數學焦慮、數學投入動機，以及數學學習成就之間有顯著相關；(2)教育程度較低家長的子女，其數學學習成就與數學態度顯著低於較高的家長教育程度者；(3)數學低成就學生的數學態度與動機，對其數學學習成就有顯著正向的預測力。吳文瑜（2007）以台灣國二學生參加 TIMSS 2003 的資料分析發現，學習興趣、數學自信對數學學習成就有影響力，普遍無交互作用影響。Lee（1987）認為，教師特質、學校特性、校內情形對教學表現有影響，而學生行為及學生特質（如社經地位、價值、態度、期望、性別與學習風格）則對學生學習成就有顯著正向影響。學生的學習動機對於數學學習有正向關係，學生成就動機愈強烈，對於所要完成的數學意願愈高，要提高數學學習成就的機會也就愈容易。House（1995a, 1995b）的研究指出，中學學生的學習動機愈高，對於數學學習成就有正向顯著影響，此代表學生學習數學的期望愈高與動力愈強，數學的學習成就表現也愈好。

　　從上述可以發現，學生的學習興趣對學習成就有正向顯著的影響，如果學生的學習興趣愈高，學習成就愈好。然而，它與總體層次變項對於學習成就的影響是否具有跨層級的交互作用，則有待本研究來檢定。

三、數學自信對學習成就有正面提升的效果

　　自信是個體對於自我表現的肯定行為。個人特質具有自信，代表對自我的肯定較強；如果將學習自信運用於學科學習，則代表對於學習歷程及學習目標的掌握較能自我肯定。因而，自信愈高者，對任務完成的態度愈明顯，也更會積極的參與活動。陳政帆（2006）以台灣國二學生參加 TIMSS 2003 的資料分析發現，科學成就偏高的學生比成就偏低者，對於學習科學的信心較高。張芳全（2006a）針對2003年台灣國二學生進行TIMSS的樣本分析顯示，影響最大的是學生特質，包括：學生抱負、對數學的信心，及對學科的重視程度等，並發現補習時間對於數學學習成就有正向顯著影響。吳文如（2004）研究國中學生空間能力與數學學習成就相關因素後發現，影響學生數學學習成就之因素包括：性別、智力、年齡、試題、傳統觀念、社經地位、動機與自信、重要他人、生物因素等。陳麗妃

（2005）以台灣國二學生參加 TIMSS 2003 的資料分析發現，學生的科學興趣、自信對科學學習成就為正相關，科學自信的相關性勝過科學興趣。許惠卿（2007）研究影響台灣與美國八年級學生數學學習成就之因素，將其歸納為：家庭資源、家庭背景、學校教學，以及學生心理特質（數學自信心）等四方面。Ma（2000）曾對七至十二年級的學生研究發現，以後一年的學生數學學習成就與數學態度為依變項，前一年的數學學習成就、數學態度、性別、社經地位、年齡、修過基礎數學與否為自變項，進行多元迴歸分析後發現，前一年的數學學習成就（代表先前經驗與數學自信心）、性別、社經地位、有修過基礎數學等，對數學學習成就皆有顯著影響。

從上述可以發現，學生個人的數學自信對數學學習成就有正向顯著的影響，學生的數學自信心愈高，數學學習成就愈好。然而，它與總體層次變項對學習成就的影響是否具有跨層級的交互作用，則有待本研究來檢定。

參、回家作業與學習成就之關係分歧

學生學習成就的高低，受到學生投入時間的影響。而投入的時間分為校外與校內時間：校外投入時間，包括：學生撰寫回家作業、複習課業、上補習班、安親班等額外的學習；校內投入時間最為直接的，就是學生在學校課堂聽課、練習或操作實驗與評量的時間多寡，則較為常見。學生校外學習活動對於學習成就的提升有正向助益；校外活動有關學習者很多，較為常見的是學生的回家作業。學生回家作業的多寡與投入時間多寡來完成，與學習成就有密切關聯。

陳美妤（2006）以 TIMSS 2003 的台灣資料分析發現，教師花愈少時間在課室管理、提供適當頻率的家庭作業、學業學習的時間愈長，班級的科學平均成績愈高。喬麗文（2007）以參與 TIMSS 2003 的九個國家和地區學生為樣本分析發現，家庭作業與課後補習為共通的課後學習方式，但其對學業成就的影響力，會隨著國家和地區的不同而有差異。Keith 和 Keith（1993）選取 21,814 名學生為樣本，使用SEM進行分析，依變項為閱讀、科學、數學與社會學科成績，自變項有

族群、家庭環境、先前的學業成就、家長投入學生作業的時間、學生撰寫家庭作業時間數、學童看電視的時間數等。研究發現，家庭作業時間數對於學業成就的標準化迴歸係數為 .19。

　　Brookhart（1997）運用徑路分析及多元迴歸分析，檢定十二年級學生在1987～1991 年的學業成就表現，依變項為數學學習成就測驗分數，自變項包括性別、社經地位、閱讀理解能力、先前在十至十一年級的數學學習成就、班級中的評量環境（如有多少時間在進行教學評量）、完成家庭作業時間占預期要完成的時間比率、學童家庭作業寫完後讓教師批閱的比率等。研究發現，完成家庭作業時間相對於預期家庭作業時間，比對於學業成就的標準化迴歸係數為 .06，達到 .05 的顯著水準。Trautwein 等人（2002）的研究指出，教師給學生回家作業的頻率對學生的數學學習成就有正向影響。

　　Cooper、Lindsay、Nye 和 Greathouse（1998）調查美國 709 位學生及 82 位教師和家長對於學生家庭作業對學業成就的影響。上述研究以學生的學業成就為依變項，以學生態度、學生完成作業的比率、教師分派作業量為中介變項，而以先前的標準化測驗分數、家長對學生學習態度的傾向，以及教師對學生的學習態度為自變項進行分析。研究發現，低年級學生完成作業比率對學業成就有 .13 的影響力，且達到 .05 的顯著水準；同時也發現，教師分派作業量與教師對學生的態度有關，高年級學生有正向顯著影響（$\beta=.13$），教師分配作業量對學生的學習態度則有負向顯著影響（$\beta=-.27$），學生完成作業量對學業成就有正向影響，而教師分配的作業量愈多，學生學習的意願愈低。以高年級學生來說，教師態度與教師分配的作業量有正向顯著關係，此係數比低年級學生來得高；教師分配作業量與學生的學習態度呈現負向相關，但比低年級學生來得低，此表示高年級學生對教師分配作業量的學習態度較為積極。此外，學生完成作業的比率對學生的學習成就，亦達 .01 的顯著影響（$\beta=.22$），也高於低年級學生。

　　張芳全（2007）研究 TIMSS 2003 的台灣、美國及日本資料，以探討學生家庭作業與數學學習成就之間的關係，也就是討論三個國家在數學學習成就、課堂檢討數學作業頻率、課堂撰寫作業頻率、學生花在家庭作業的時間、學生完成數

學作業的時間之差異。研究發現，首先，台灣學生的數學學習成就、完成數學時間比美國及日本還高，但是在課堂中寫數學作業則比日本與美國少；其次，台灣、美國及日本的國二不同組別的學生，花在寫家庭作業的時間與完成數學作業的時間數沒有顯著影響數學學習成就。這代表，此三個國家的資料顯示，家庭作業不一定可以提高學生的數學學習成就。

　　總之，學生課外學習活動能提供額外的課業練習，使學習內容更為熟練，有益於學習成就的提升。同時願意投入額外時間的練習，也代表其學習動機較為強烈，因而學習成就會較高；然而這類觀點，有些研究未能證實，因此本研究以多層次模型，考量個體及學校層次因素，將回家作業納入中介變項，以了解它對學習成就的影響情形；同時，它與總體層次變項對學習成就的影響是否具有跨層級的交互作用，也是本研究所要分析的內容。

肆、影響學習成就個體層次之中介變項探討

　　影響學生學習成就的因素，不能僅僅從學生背景或家庭因素來研究分析。有許多研究實證指出，影響學習成就的歷程是由個人背景變項透過中介變項，再影響學習成就（張芳全，2009；黃毅志，2002；Marjoribanks & Kwok, 1998）。陳奎熹（1991）指出，家庭社經地位並不直接影響教育成就，而是透過物質條件、教育態度、教養方式、價值觀念、成就動機，以及學習環境等中介因素來發揮影響作用，所以他們與社會階層關係密切。有許多研究將文化資本、社會資本與財務資本視為影響學業成就的中介變項，來解釋家庭或社會背景因素透過這些中介變項，對於教育成就或職業取得的正向影響（巫有鎰，1999；李文益、黃毅志，2004；黃毅志，2002；謝孟穎，2003）。張善楠、黃毅志（1999）以徑路分析發現，家庭社經地位對學業成績的影響，透過教育資源的中介變項，如家庭教育設施、父母教育期望、父母對子女教育事務投入（如督促子女作功課），而有間接影響。

　　由於父母社經地位愈高，子女居住處所的教育設施較佳，也就是說能擁有自

己的書桌、書櫃與書房，都有助於提高子女的學業成績（孫清山、黃毅志，1996；Khattab, 2002; Sewell, Haller, & Portes, 1969; Teachman, 1987）。Meighan（1993）認為，社會階級會影響教育成敗，他認為：(1)社會階級和父母的教育態度會影響學習成就，因為中產階級的父母比較積極，具有較高動機，會尋求學習成功的機會；(2)不同階級會產生不同文化，造成經驗、態度、行為、理念、價值、技能等有所差異；(3)高階層所支出的教育資源相對比低階層高，故教育成就會較高。

　　Cheung 和 Andersen（2003）分析指出，家長的教育程度愈高，考試成績愈好，有專門職業的家長（指擁有較高的教育水準）相較於非技術家長的子女有較高的學業成就。林俊瑩、黃毅志（2008）也發現，學生的家長教育程度愈高，會影響家庭文化資本的多寡，而文化資本也影響學生的學習成就。

　　張芳全（2006a）以社經地位與文化資本為投入變項，教育期望為中介變項，研究指出其對學業成就有正向影響。林淑敏、黃毅志（2009）也以才藝補習及學科補習為中介變項，對學業成績進行分析發現，學科補習項目及學科補習時間愈多，對於學業成就有顯著的正向影響，而才藝補習則否。張芳全（2009）以台灣國二學生參加 TIMSS 2003 的資料探討影響科學學習成就之關係，可分析樣本為 4,575 份，以家長教育程度為自變項，文化資本、補習時間、科學興趣為中介變項，再以科學學習成就為依變項，並以結構方程模式模型檢定模式之間的關係，發現：(1)子女雙親的教育程度愈高，家庭文化資本愈豐富；同時，家長教育程度愈高，家庭學習資源較多，子女校外補習時間愈多，故家長教育程度與科學學習成就有正向關聯，但沒有顯著影響；(2)文化資本正向影響學生的學習興趣；文化資本、學生補習時間與學生興趣分別對科學學習成就有正向顯著影響；(3)影響學生科學學習成就的中介變項，即家長教育程度會透過文化資本、學習興趣正向顯著影響其科學學習成就之外，也透過學生的補習時間正向顯著影響其科學學習成就，並透過文化資本影響科學學習成就。可見文化資本或教育資源為影響學業成就的中介變項。

　　上述的研究僅以個體層次來分析，個體層次如文化資本及學習資源等，並沒有考量學習者的脈絡效果，也就是說，如果以學校進行抽樣，樣本具有群聚或巢

套特性者，此時學習者的脈絡變項有可能透過中介變項（如上述的研究），因而影響學生的學習成就，這是過去研究所沒有考量的部分。因此本研究將學習者的脈絡變項影響中介變項，進而影響學習成就納入分析中。

第二節　總體層次因素的相關研究 ▶

壹、學校所在的城鄉

　　影響學生的學業成就因素不應忽略學生所居住的環境。城與鄉均設有學校，但城與鄉的學生所獲得的資源明顯不同，城鄉差異對於學習成就的影響就值得分析。關於城鄉差異的認定，常以居住在該地區的人口多寡、經濟發展程度、交通便利性、教育資源投入、環境衛生及醫療設備的條件而定。但是這些城鄉差異的因素相互關聯，也就是說，人口愈聚集的地區，其交通愈便利、經濟發展愈發達、學校愈多，且大學校院也愈密集，同時它的環境衛生也較為講究。

　　因為城鄉在環境、資源、人口數、教育投資量，以及經濟發展的程度不同，相對的，城鄉地區發展的結果也有明顯不同，例如：國民的經濟收入、消費型態、人民的健康結果，乃致於學生的學習表現等都有不同。林文達（1984：284）研究指出，在選擇性教育方面，山地、沿海、偏遠及離島地區，無論是高中、專科、大學校院的教育，該地區的子女都獲得最少的機會；相對的，在台北市及高雄市則不論任何一類的選擇性教育之機會，都是最多的。教育部（2004）的統計資料指出，台北市、高雄市、嘉義縣、南投縣、苗栗縣、宜蘭縣與高雄縣的國中學生人數，各為 102,442 名、64,858 名、17,041 名、21,265 名、23,804 名、20,295 名，以及 46,919 名，而教師人數為 12,133 名、6,184 名、2,718 名、3,015 名、2,845 名、2,306 名，以及 5,416 名，顯見較為都會地區的縣市（如高雄縣）或北高直轄市的師生人數比較多，農業縣市（如嘉義縣、苗栗縣或宜蘭縣）的師生人數就比較少；師生人數多，代表可以投入的資源也相對較多，反之則否。教育部（2003）

的統計指出，就各縣市教育科學文化經費超過縣市總預算50%以上者，有一縣市；超過 40%未達 50%者，有九縣市；超過 30%未達 40%者，有九縣市，全省各縣市的教育科學文化支出占總預算平均率為 40.74%，可見各縣市教育經費負擔不均的現象非常嚴重。因為城鄉發展的不同，其教育發展的結果就有差異。陳奕奇、劉子銘（2008）指出，區域發展與資源的差異是造成教育機會不均等的原因，特別是都會地區由於人口較密集，經濟活動較活絡，因此區域內有較多的教育機構，所分配到的教育資源也較鄉鎮地區充足，進而造成教育機會的城鄉差距。城鄉教育發展差異代表城鄉的教育資源有別，包括：學校可以獲得的資源、學生素質、學校發展程度、學生學習成就等。陶韻婷（2006）以台灣參與 TIMSS 2003 的資料分析發現，就城市地區學生而言，與科學成績相關度最大的變項是家中資源，對科學成績預測力最高的變項是學生對於學習科學的自信心。就鄉村地區學生而言，與科學成績相關度最大的變項是家中資源，對科學成績預測力最高的變項是自我期望，造成城市地區與鄉村地區之間的科學學習成就差異，相關變項是學校規模、學生對科學的評價等。

　　Lleras（2008）以美國的學校進行研究，將學校區分為高比率弱勢族群以及低比率弱勢族群，再以十年級學生的數學學習成就為依變項，運用 HLM 檢定影響數學學習成就因素後發現，如果是非洲裔黑人子女在高比率弱勢族群的學校，又是居住在鄉間者，其學習成就有不利影響；如果學生的八年級數學學習成就表現好，又居住在都會地區，雖然是就讀於高比率弱勢族群的學校，但其數學學習成就仍有正向的助益。

　　Doyle（2008）以法國和英國參與 PISA 2003 的資料運用 HLM 分析顯示，法國與英國的組別相關係數分別為 .50 與 .23，顯示法國學校與學校之間有高度的差異性；同時校際之間的變異程度遠高於 PISA 平均值 .36，而英國各校之間的差異則遠低於平均值。可見，英國與法國學生的學習成就也有校際之間的差異。

　　張芳全（2008a）分析各國學生的學習成就城鄉差異情形後也指出，以各國參與 TIMSS 2003 的小四學生資料進行分析（台灣也在其中），各國學生數在 4 千至 9 千名不等，這項調查將各國學生居住所在地的人口數區分為六個等級，最多

為 50 萬名以上，最少為 3 千名以下，如表 4-1 所示。就常理來看，所居住地區的人口數愈多，代表愈有都會地區的城市設備，教育資源當然會較多。

　　從表 4-1 的分析發現，各國學生學業成就的城鄉差異與台灣不一定相同，大致呈現以下四種型態：

　　第一，各國愈是都會地區的學生，其學習成就愈高，反之則否。這些國家如：台灣、匈牙利、伊朗、立陶宛、摩洛哥等國，令人訝異的是，這些國家都是開發中或低度開發國家，並沒有先進國家，惟國際平均學習成就也有此現象。以台灣的小四學生來說，居住在 50 萬名人口以上地區的學生，數學學習成就為 569.9 分，居住在 3 千名以下人口的地區僅為 500.5 分，這兩地的學生數學成績相差約 70 分，是各國差距最大者，可見學生學習成就城鄉的差距非常嚴重。

　　第二，各國愈是都會地區的學生，其學生的學習成就愈低，反之，鄉村地區的學生學習成就愈好，例如：比利時、英格蘭、義大利、荷蘭、美國。就以荷蘭來說，居住在 50 萬名人口以上的學生，其數學成就為 503.2 分，10 萬至 50 萬名以及 3 千至 1 萬 5 千名的成就在 526 至 527 分之間，居住在 3 千名以下人口的學生成就為 537 分，很顯然的，鄉村地區學校的學生學習成就表現愈好，愈都會地區者，學業成就愈低，這與台灣的現象顯然不同，而這些國家又以先進國家為主。

　　第三，各國學生不管居住於都會地區或鄉村地區，其學業成就都很接近。也就是說，學生的學業成就沒有城鄉差異的現象，此代表學生在都會地區就讀或在鄉村地區就學，其學業成就的表現應一致。由表 4-1 中可以看出，日本最接近這情形，學生居住在 50 萬名以上地區的學業成就為 546.4 分，在 3 千至 1 萬 5 千名地區為 548.6 分，兩者頗為接近。

　　第四，各國在城鄉之間的學生學習成就，其分配呈現不一的情形。也就是說，有可能學生居住在 3 千人至 50 萬名以上地區的六個等級，學生的學習成就高低互見的現象，並無法看出學生學習成就表現的趨勢，就如澳大利亞、紐西蘭、挪威、亞美尼亞、賽普勒斯、斯洛維尼亞、拉脫維亞等國就是如此。如果從國家屬性來看，它們之中包括先進國家或開發中國家。

　　由上述各國的資料來看，有幾項意義：第一，各國學生的學習成就表現，不

表 4-1　各國在 TIMSS 2003 的不同城鄉學習成就差異　（單位：分、人、所）

國家或地區	作答校數	50 萬以上	10 萬～50 萬	5 萬～10 萬	1 萬 5 千～5 萬	3 千～1 萬 5 千	3 千以下
亞美尼亞	125	453.4	455.1	441.6	441.3	422.2	420.2
澳大利亞	194	528.2	518.6	522.0	509.9	514.1	525.1
比利時	143	503.9	511.3	519.0	519.5	523.2	520.8
台灣	149	569.9	556.3	534.2	537.0	550.2	500.5
塞普勒斯	146	…	473.2	493.7	491.3	480.1	469.0
英格蘭	87	489.4	528.4	536.6	549.4	574.4	564.4
香港	117	541.3	542.4	553.3	547.4	530.6	…
匈牙利	149	557.3	542.2	556.9	533.6	515.9	506.2
伊朗	165	440.6	444.6	422.2	425.5	386.0	381.4
義大利	171	495.4	501.3	501.3	535.5	512.2	537.7
日本	148	546.4	541.9	541.1	539.1	548.6	…
拉脫維亞	129	540.1	548.3	534.6	550.0	534.5	508.7
立陶宛	136	530.1	527.2	517.7	512.3	505.5	496.9
摩爾多瓦	113	505.3	494.7	…	513.9	501.7	478.1
摩洛哥	164	326.1	312.9	313.2	316.9	303.9	290.5
荷蘭	116	503.2	526.4	528.1	526.3	527.9	537.0
紐西蘭	207	512.3	534.8	530.8	525.0	517.2	521.4
挪威	135	477.5	469.1	466.7	474.2	458.9	462.7
菲律賓	134	372.5	369.5	400.6	330.5	331.3	283.0
俄羅斯聯邦	203	551.1	527.4	543.7	519.4	504.4	521.1
蘇格蘭	103	512.2	495.9	499.8	496.1	508.4	518.3
新加坡	179	565.7	…	…	…	…	…
斯洛維尼亞	152	498.6	495.3	486.9	493.2	489.4	487.0
突尼西亞	145	299.5	324.3	343.7	353.6	312.9	281.6
美國	213	505.5	520.9	525.2	552.9	533.5	545.7
葉門	141	300.1	333.1	256.8	215.2	252.4	246.4
國際平均	149	485.0	483.8	482.1	480.4	474.4	461.0

註：表中的「…」代表無資料。

資料來源：**國際數學與數學教育成就趨勢調查**，國立臺灣師範大學數學教育中心（2005）。台北市：作者。

一定有城鄉差異，像第三及第四類國家就是如此，如第三類型中的日本，然而台灣的城鄉卻不是如此；學生若不會因為居住在都會地區或鄉村地區，就受到教育資源的限制，而有不同的學業成就，這比較符合教育機會均等原則；第二，學生的學習成就也有可能具有城鄉差異，但並不是住在都會地區學生的學習成就表現比較好，住在鄉村地區的學生就比較差，上述第二類型的國家就是如此；第三，都會地區的學生學習成就表現好，居住鄉村地區者表現差，這可以回應本研究指出，都會地區的教育資源豐富、家長教育程度傾向較高、學校較為競爭，如果因為這種情形產生的學生學習成就差異，就應加強縮減教育資源之差距，否則很難避免教育機會不均等的問題；第四，在第二類型的國家中，居住在鄉村地區的學生學習成就表現好，愈都會地區的學生表現愈不好，這就是台灣的教育當局應思考，為何這些國家的鄉村地區學生的表現會比較好呢？究竟鄉村地區的學生，是因為教育資源豐沛、教師流動量少？或是因為鄉村地區的學校更適合學習，而有更好的學習成就表現？則值得深入探究；最後，如以學生居住在 50 萬名以上的學習成就與居住在 3 千名以下地區相比，台灣學生的學習成就差距近 70 分，是各國差距最大者。

貳、學生家庭富裕比率對學習成就的影響

如上所述，城市學校的學生與鄉村學校的學生，可以獲得的教育資源不同之外，其實城鄉學校之間的背後還隱含著，學校所接受的學生其家庭背景的不同，簡單的說，就是學生家庭經濟及背景的差異。城市學校的學生來源，來自於較高經濟所得、高社會階層、家長職業類別屬於白領者居多，因而學校所組成的學生家庭富裕比率，會明顯地比鄉村學校來得高。因為，城鄉學校的學生來源有別，很容易造成學習成就明顯的差異。

學生學習成就的城鄉差異是指，居住於城市及都會地區的學生，他們在數學、語文、科學，乃致於社會類科的學業成就，比起居住在鄉村、偏遠或離島地區的學生還要高出許多。這種因為學生居住於都會與鄉村地區的學業成就差異，即為

典型的學業成就表現的城鄉差異。造成這種現象的原因很複雜，其因素也很多元，例如：城市地區的學校教育資源較多、師資較為優異、學習氣氛較競爭、學生家庭的經濟所得較高、家長教育程度較高、家長關心子女教育的時間較多、陪讀時間較高、補習機會較高、補習時間也較長，以及可運用的社會資源及學習環境也比較好，因此才可能讓學生的學業成就提高。簡言之，會造成這種情形，有一部分原因是來自於學生家庭經濟較為富裕所致，也有一部分是因為學生家庭社經地位在學校班級中，所形成的脈絡情境所致，例如：在同一個班級中，高社會階層子女比例高，因為他們擁有的文化資本較多、家長較關心子女教育，因而形成較高關心子女教育的班級脈絡情境。

相對的，鄉村、偏遠或離島地區的學校，因為學校接受的學生，其家庭經濟收入較低、家長教育程度偏低、以勞工及農業家庭居多、家長關心及陪讀時間較少，再加上學校教育資源不足、學校師資較都會地區流動性高、學生補習機會及時間較少，可以運用的社會資源也較少，所形成的學校或班級的脈絡情境是學生的學習動機較弱、學習自信較低、自我期望不高，以及缺乏學習興趣，所以學生的學業成就表現就會比城市學校的學生還要低。

此外，都會地區學校的學生人數較多，家長社經地位較高，對於子女的教育要求與期待會較殷切，同時教學資源較能以經濟規模來使用；且家長教育程度較高、白領階級較多、商管及行政事務類人員較多，所以對學校教育的期待較高，因而學校氣氛也會較為開放民主，與家長及社區溝通的機會較多，學校氣氛也會較為開放。相對的，鄉村地區的居住人口少，學校規模較小，子女家長教育程度相對較低，對於學校教育的參與較少，學校與家長互動的機會較少，學校氣氛較易傾向於保守。

總之，學校所在的城鄉與學校所能獲得的學習資源、學校規模大小、學生進入學校的背景，甚至學校氣氛等都有密切關係。本研究將學校學生家庭富裕比率納入本研究的總體層次組織變項，以了解它對學習成就的影響，以及它與個體層次變項對於學習成就的影響是否具有跨層級的交互作用。

參、學校規模與學習成就

　　學校規模大小也是影響學習成就的總體（學校）層次因素之一；這裡所指的規模，是以一所學校在學期間接受正規學生在學的人數多寡為主。其實，學校規模是否影響學習成就有不同的研究發現：陶韻婷（2006）採用 TIMSS 2003 的資料進行分析，以皮爾森積差相關（Pearson product-moment correlation）分析全台、城市及鄉村地區，由學校規模、語言變項、學生特質來了解是否在科學學習成就上有顯著差異，她以迴歸方程式分析學生科學學習成就，企圖建立全台、城市及鄉村地區有預測力的模式。研究發現，造成城市地區與鄉村地區之間的科學學習成就差異的相關變項是：學校規模以及學生對科學的評價。

　　張芳全（2008b）以 20 個參與 TIMSS 2003 的國家和地區資料進行分析，以二次式的迴歸方程式了解學校規模與學生學習成就之間的關係，並以學校規模為投入變項，學生學習成就為結果變項，再針對這 20 個國家和地區來了解學生的學習成就與學校規模之關係是否有一致的趨勢。研究發現，20 個國家和地區之中有四種關係，而學校規模人數與學生的學習成就之間具「U」型關係者僅有比利時、匈牙利及印度，其餘國家則否。從亞洲四小龍（包含台灣）的資料研究發現，台灣與南韓僅有線性關係達到顯著水準，也就是一次的直線達到顯著關係，但是並沒有呈現倒「U」字型的關係；很特殊的情形是，新加坡呈現的是學校規模與學生學習成就之間的關係為「U」字型關係，也就是與本研究的預期認知不同，其意義是，學生人數少與學校人數多都會讓學生的學習成就提高，適度的學校規模則否；而香港不僅線性沒有關係，二次式也沒有達到顯著關係，也就是說，香港的學校規模與學生的學習成就並沒有呈現倒「U」字型的關係。台灣在兩個變項的情形如圖 4-1 所示，圖中每一個點代表一所學校的學習成就及學校規模的相對位置，從其線條來看為直線且為正向斜率。

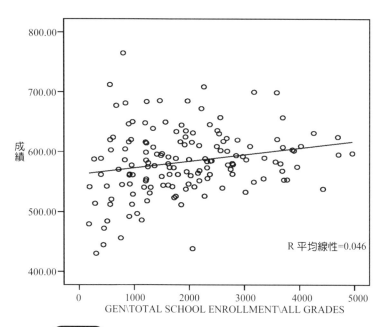

成績

R 平均線性=0.046

GEN\TOTAL SCHOOL ENROLLMENT\ALL GRADES

圖 4-1　台灣的學校規模與學生的學習成就散布情形

資料來源：**學校規模與學業成就關係分析——以 TIMSS 2003 的資料庫為例**，張芳全（2008b）。發表於 2008 年 10 月 25 日「2008 年中國測驗學會年會暨心理與教育測驗學術研討會」，主持人暨評論人為簡茂發，地點為國立台灣師範大學。

　　Lee（2000）運用 HLM 對於美國中學學校規模與學習成就（閱讀及數學）的研究發現，學校規模過大與規模過小都對於學習成就沒有明顯的影響，而在 600～900 人之間的學校規模，學生的學習成就才是最有助益的。Chopin（2003）在路易西安那公立學校（Louisiana Public School）的學校規模、社經地位與學業成就的等級組態的研究中，說明了支持學校規模有效率概念，也就是學校規模大小與學業成就之間的關係呈現「U」型曲線；簡言之，學校太小或太大都不是一個經營的合適標準。

　　Gentry（2000）對喬治亞公立高中的學校規模與學業成就之間的研究指出，較大學校的學生學業成就，高於較小的學校學生；學校規模較大的學生在認知學習比較有利，但關於動作技能與情意則未被進行調查，其建議若要說明學校規模較大，就是較佳效能的整體觀點前，應考慮到動作技能與情意向度的調查。Pritchard（1987）在其對學業成就與學校效能概念，以及兩者對學校規模的研究結果，並未支持學校合併條件可以提高學生成就或對學生成就產生影響。

Gardner 等人（2000）的研究指出，從學業成就、曠課、輟學率及父母參與因素，對中學學校的規模進行分析，研究指出小型學校學生有較多的課外參與、較佳滿意度及較低輟學率，就學業成就而言，不一定學校規模愈大，學業成就愈好，較好的學校表現出較高的學業成就在學術能力測驗（Scholastic Assessment Tests, SAT）總分及口語與數學分數，與該研究原來假設相反；而小規模學校的學生有較低曠課數、低輟學率與高父母參與，他們建議學校的最適規模需進一步研究。

Melvin 和 Roy（2003）在小學規模對學生學業成就影響的研究指出，先前對學校規模與學業成就間的關係研究有矛盾，有些研究發現學校規模與學業成就呈現正相關，有些則呈現負相關，也有些研究未將學生能力納入學校規模對學業成就影響的分析。他們將學生能力與其它變項納入學校規模與學業成就，研究發現，學校規模與學業成就之間不是線性關係，宜從學校最適規模來探究學生學業成就的最大化。

Donna 等人（2003）對學校區域規模與學生表現的研究指出，降低小學層級的區域、學校與班級大小的重要性。Paul（2000）指出，要提升貧窮學生的學業成就，應從降低學校規模做起，尤其應降低學校規模的大小，其論點是從兩位研究者 Bob 和 Craig 在美國喬治亞、德州、俄亥俄州所進行的實徵研究發現而來。

綜合上述，有以下的歸納：首先，學校規模的最適標準與學習成就有「U」形關係，學校規模與學習成就之間的關係有一部分研究可以用「U」型曲線的概念來說明，然而對不同研究區域、國家的學校之最適規模有不同說法，例如：從曠課數、輟學率及父母參與，以及學業成就來探討學校規模，研究發現較小規模與較大規模有其優點，因此可進一步研究學校的最適規模；第二，學校規模與學業成就之間，並非線性觀點就能解釋，且研究上並沒有共識，規模較大的學校在認知學習的成就，比規模較小的學校來得好，但這些仍欠缺動作技能與情意向度的納入分析，因此學校規模與學業成就的研究宜以整體觀點進行，不能以單一線性觀點來詮釋；最後，學校合併是否能提高學業成就則值得探討，為減少教育資

源浪費，提高學生表現，小型學校將會被整併，然而併校是否能提高學業成就，並未獲得研究支持，但規模過大並不一定對學生的學習成就產生正向的影響，則是確定的。因此，它與學習成就的關係為何，以及它與個體層次變項對於學習成就的影響是否具有跨層級的交互作用，則有待本研究來檢定。

肆、教學資源多寡

　　學校的教學資源提供教師教學的重要依據，沒有充分的教學資源，教師的教學難以執行。學校的教學資源多寡，除了受到政府經費補助之外，有一部分是來自於對社區、產業及家長人士募款。城市學校在校生家長的社經地位較高，可以額外捐給學校的機會及額度也比較多；同時，都會地區學校通常位處人口密集之地，都市化程度較高，私人產業及公司經營者眾，可以提供經費補助學校的機會與管道也比較多。城市學校有較多的資源，相對的，也有較多的教育資源來改善學校的教學及環境，因而比較能增加學生的學習成就。Fuller（1987）認為，學校的教學品質及經費投入對學業成就有顯著正向的影響。Baker、Goesling 和 Letender（2002）以跨國分析發現，學生的社經地位、學校品質及國家經濟發展程度會影響學生的數學及科學學習成就，社經地位、學校教育經費及更多教學器材對學生的科學及數學學習成就都有顯著正向的影響。余民寧（2006b）也指出，教育經費較多或教學資源較多，對於學習成就有正向助益。然而，政府投資教育經費是否會影響學習成就，也有不同的說法。Hanushek（1986）整合分析了 150 份研究報告顯示，教育經費與學業成就之間沒有明顯關係，而學生的學習態度、輟學率高低、縮減班級規模，以及有更多專業訓練教師，傾向能提高學生的學業成就。O'Dwyer（2005）研究 23 個參與 TIMSS 1995 及 TIMSS 1999 的國家和地區進行分析發現，對於拉脫維亞、澳洲、比利時、賽普勒斯、泰國等，雖然教學資源多，但其學生的學習成就反而較低；而加拿大、香港、紐西蘭及羅馬尼亞等則是資源多，學習成就有正向影響。陳美好（2006）以台灣國二學生參加 TIMSS 2003 的資料分析發現，教學資源多寡對班級的科學平均成績無顯著影響。

　　總之，學校的教育資源多寡，代表學校可以運用於學生學習及教師教學資源的多寡，有較多的教學資源，可以讓教師的教學多變化且能以更豐富的方式引導學生學習，學生也會因為教學資源而獲益，因而在學習成就上有較好的表現。因此它對於學習成就的影響為何，以及它與個體層次變項對於學習成就的影響是否具有跨層級的交互作用，則有待本研究來檢定。

伍、學校氣氛

　　良好的學校氣氛可以讓學生安全的學習，並減少可能影響學生學習相關時間之浪費。好的學習氣氛使學校教師更願意投入，因而教學時更能影響學生的學習成就。Harrison（1998）認為，校長溝通、校長運用轉型領導、學校氣氛、組織文化、組織學習、學習型組織、組織創新與學校效能具有正相關，且對於學校效能（含學習成就）具有預測力。學校氣氛好容易讓學校師生及家長的認同感高，教職員或學生對於學校的接受程度也會較高；學校師生接受其環境、認同學校文化，或學生接受教師的教學觀念，學生的學習成就與學校效能會愈高（Hoy & Miskel, 1987）。簡言之，學校氣氛愈好，學校效能也會愈好。

　　學校氣氛容易從學校文化來反應。Shann（1999）指出，學校文化可以反應出學校環境與學校經營效能的良窳，他所指出的學校文化，是從學生正向社會行為及反社會行為所反應出來的文化，學生遵守校規、聽師長勸誡、有良好的行為，以及道德表現均為正向的社會行為；反之，犯罪、打架、鬧事、同學間不斷的衝突等，即為反社會行為。Shann 以 1,503 名學生分析指出，學生的正向社會行為與學習成就有正向關係，後者則有反向關係；學校若是反社會行為的學生居多，學校的學習成就表現也會較差，他進一步指出，在此種學校應塑造良好的學習環境，包括正向常規，對不同背景學生的表現應有一致性的標準，如此一來就較易轉換學校風氣。

　　Block（1983）認為，一個有效能的學校，其學校經營者會積極的管理及輔導學生，讓學校具有安全的學習環境與期望，以提高學生的學習成就。Raudenbush、

Rowan 和 Kang（1991）以兩層次的模型對於中等學校的學習氣氛進行研究發現，學校氣氛良好，行政績效也會表現得比較好，教師會較滿意其學校環境與教學。Maeyer、Rymenans、Petegem、Bergh 和 Rijlaarsdam（2007）運用芬蘭的 47 所學校、850 名 15 或 16 歲學生，以及 847 名 17 或 18 歲學生，進行教師的教育領導對於學術氣氛與學生學業成就的影響分析，學生成就包括數學及閱讀。研究發現，教育領導對於學術氣氛有正向的顯著影響，但是對於學生的數學及閱讀成就則否。

　　林俊瑩（2006）以 HLM 檢定台灣的學生，並以學校層次學業成就模式分析後發現，學校的教育資源對學習成就影響方面，優良校風會透過學生的教育期望、學生的學習態度之間接作用，對學生的學習成就有正向影響。陳美妤（2006）以台灣的國二學生參加 TIMSS 2003 的資料分析發現，學習環境及氣氛愈好，班級的科學平均成績愈高；家長對學生成就的支持、對學校活動的參與度愈高，班級的科學平均成績愈高；家長支持對班級的科學平均成績是最具有預測力的因子。黃馨萱（2006）以 TIMSS 2003 的資料，探討教室教學與氣氛及教師特質與學生學習成效的關聯，學習氣氛是對我國學生科學學習成就預測力最高的變項，其次為教學氣氛、探究式教學頻率，以及測驗頻率等，均有顯著的正向預測力。

　　至於與學校氣氛有關的學術樂觀方面，近年來也有相關的學校信任之研究（Bryk & Schneider, 2002; Goddard, Tschannen-Moran, & Hoy, 2001; Hoy, 2002），這些研究顯示，在控制社經地位的情況下，校方對家長和學生的信任能解釋學生學習成就。Goddard 等人（2001）的研究顯示，在控制社經地位的影響下，中小學校方對學生和家長的信任與學生的高度學習成就有直接且正向的關聯性。就如同學業強調和整體效能，校方對家長和學生的信任是一項重要的組織特性，它可以讓社經地位較低的家長參與學校活動，因為校方已讓家長取得信任；同樣地，Hoy（2002）發現，高中客戶的信任程度與學生的學習成就有相同的關聯。Bryk 和 Schneider（2002）執行一個以芝加哥 12 所小學為研究對象的三年縱向研究發現，具備教師、家長和學生相互信任的學校，似乎較有可能展現具體的學生學習成就，而信任感較弱的學校，其學生的學習成就幾乎無所提升。可見，學校對於教師、家長及學生的信任感，是學校氣氛良窳的衡量方式之一，更是影響學習成

就的因素。

　　綜合上述，學校氣氛與學生的學習成果有其正向的關聯，良好的學校氣氛有益於學生的學習，更有助於提升學生的學習成就。因此，本研究在總體層次中將它納入分析，以了解學習氣氛對於學習成就的影響，以及它與個體層次的變項對於學習成就的影響是否具有跨層級的交互作用，這些都有待本研究來驗證。

陸、學生就學情形

　　學生就學情形較好，如在正規學習時間，學生少缺席缺課，更不會常常遲到，也不會蹺課，對於學習的情況是比較好的。可以肯定的是，學生在學期中能完整學習，能將學習科目在不缺席的情況下完整學習，對於學習成就是有助益的。關於學生的就學情形與學習成就的關聯之研究，說明如下。

　　Zigarelli（1996）研究發現，有效能的學校是以成就導向為主的學校文化，能營造學習氣氛讓學生很快樂的到學校學習而不缺課。Houtveen、Van de Grift 和 Creemers（2004）指出，荷蘭曾在 1991 至 1994 年的「國家學校發展方案」（National School Improvement Project）中強調要改善學校效能，這個方案分為學校班級、教師，以及學校層級面向。就班級來說，其主要目標在改善教師的教學技巧、班級經營、教師時間使用的效率，以及改善教師對於學生的評量技巧等；在學校層級方面，則強調提升學校的整體能力。他們以 237 個參與效能改善的學校為實驗組，而以 311 所未參與效能改善的學校為參照組，其主要目標要了解改善學校效能是否能提高學生的數學學習成效。研究發現，在管制學生的學習成果上，如對學生的學習目標設定、學習成效的團隊討論，實驗組高於對照組，在老師教學時間管制及學生在數學自信心上，也高於參照組；另外，效能改善的學校在數學學習上，較能讓師生創造一個探索性的學習環境，而學生也比較樂意到學校學習。

　　總之，學生就學情形也是衡量影響學習成就表現的因素之一。如果學生在正式上課期間，不會常缺席與經常遲到，代表可以接受學校的教學內容則較為完整，對於教師的教學也就能完整吸收，在某種程度來說，對於學習成就是有幫助的。

同時，如果學校能吸引他校學生就學，也代表該校是有吸引力；讓學校就學人數提升，也代表學校經營獲得肯定，這種肯定也包括學生的學習成就表現。本研究將它納入總體層次中，以了解它對學習成就的影響，以及它與個體層次的變項對於學習成就的影響是否具有跨層級的交互作用，則有待本研究來檢定。

第三節　聚合的脈絡變項與學習成就

壹、脈絡變項存在於學校組織，而且影響力不小

　　許多教育研究的研究對象是學生，研究者以學生個體的觀點對其屬性進行分析，然而研究對象並非真空的個體存在而已，他們是生活在群體或社會環境之中。如果把研究對象（學生）的群體之現象予以整體思考，其影響力不一定比個體屬性的影響力還低。這種將個體屬性予以群體化的思考或聚合，在社會科學現象中稱為聚合變項（aggregated variable）。就如研究者對一所學校中的班級學生所聚合的家庭社經地位、班級學生的學習信念、先前的學習經驗或學習成就，這些聚合變項可以視為學校脈絡的一部分（Kreft & de Leeuw, 1988）。這種聚合起來的脈絡經驗、情境或效果，可以稱為脈絡變項或情境變項（Hauser, 1970, 1974）。

　　社會科學研究處理跨層級的資料結構，個體層次的變項會影響依變項是常見的分析方式，然而如果個體層次的變項，所形成的共同經驗或脈絡情境也影響依變項，此時是不可以忽視脈絡變項的，研究者應該要納入分析，而不是予以忽略。Caldas 和 Bankston（1997）分析指出，一所學校整體的學生社經地位比起學生個人的社經地位更能預測學生的學習成就；他們更指出，種族的集中性對於學業成就的效果，不管黑白種族都有強烈的影響力。因為學生本身可以建構自己的資源與文化情境，並彼此互相的學習，因此，家長所具有的特性，例如：種族、教育程度、家庭中的語言使用、家長對於學童的教育期望、家庭中的文化資本、教育資源等，不僅是家長對自己的孩童有影響，同時學童的學習表現也受到該校同儕

的影響。

　　Marjoribank（2002）從持續的研究與發展其環境對於教育成果不均等的研究架構，於 2002 年出版了《家庭與學校資本——邁向學生學校成果的脈絡理論》（*Family and School Capital: Towards a Context Theory of Students' School Outcomes*）一書，如圖 4-2 所示，圖中說明了家庭對於學習成就的中介調節模式，以及學校影響學生的教育成果。其核心概念是以家庭背景、家庭結構與家庭教育資本（educational capital）、學校結構與學校教育資本、學生特質（student characteristics），以及學校成果（school outcomes）為主。模式的意義是，家庭背景受到家庭結構與家庭教育資本的調節，同時也反過來受到學校結構與學校教育資本所調節（school structures and educational capital）。學生特質直接受到家庭背景、家庭資本及學校資本的影響；而學校成果則直接受到家庭背景、家庭資本及學校資本的影響；然而，大多數的效應是由環境對於學生特質產生的影響。這意味著家庭及學校環境對於學校成果，是透過學生在家庭與學校環境所形成的脈絡

圖 4-2　Marjoribanks 的學習成就之脈絡模式

資料來源：*Family and school capital: Towards a context theory of students' school outcomes*, Marjoribanks, K. (2002). Dordrecht: Kluwer.

情境所影響。圖中的「背景×家庭×學校因素」、「家庭背景×學生特質」，都是強調個體在環境脈絡下所形成的因素。

　　社會階層較低的子女所能獲得的教育資源及文化資本，少於高社會階層者；當這些社會階層較低的學童就學於同一所學校，可以從其他同儕獲得的資源或文化資本也較少，同時這些學生的學習興趣與學習自信，乃致於自我期望，或者回家撰寫的課業動機，都受限於缺乏與社會階層較高的子女互動，而有多元思考。此外，對於這種脈絡效果的形成，還有一種說法是同儕所帶來的，其論點是同儕可以視為一種學校學習的資源。Caldas 和 Bankston（1999）指出，學校同班同學可以創造他們所擁有的社會環境脈絡，而此種脈絡是獨立於個人的背景變項，而在這種社會脈絡下，強烈的影響學生的學習成就。Rossi 和 Montgomery（1994）就指出，這種歷程的適切解釋因素是學生們會分享信念、嗜好、興趣及同儕壓力所帶來的結果；而同儕團體對於學生學習表現的影響，不僅僅是直接，而且還間接地由教師所知覺到同儕的表現情形，教師如果是負面的感受，也會引導教師對於學生學習表現較低的期望，因而就對這些學生有較低表現期望的「比馬龍效應」。同時，如果班級同學之間有較好的自我期望、學習信念、共同的自我價值，以及強烈的動機，班級所形塑的班級文化與學習氣氛，也會影響班級同學的學習成就表現。Horvat 和 Lewis（2003）也證實，學生同儕的效應會影響學生的學習成就。Miller 和 Murdock（2007）則以 HLM 分析學生的聚合變項，即運用學生先前的學習成就與學生個人表現目標等視為脈絡情境（以班級為單位），對知覺教師表現目標與教師興趣的影響發現，學生先前的學習成就與表現目標會正向影響教師的表現情形，同時各班級在這方面的差異性很大，所以不能運用傳統的迴歸分析來進行分析。從上述看來，學生班級或同儕的脈絡效果是存在的。

　　Lauen（2007）以美國的資料，來說明脈絡變項對於學生與家長在學校選擇的影響。他以 HLM 的研究指出，學生為非洲裔黑人、貧窮家庭，以及居住地區為不利者，減少了他們去就讀私立學校的機會；同時學業成就較好的學生，則傾向於選擇就讀私立學校。Teske 和 Schneider（2001）指出，家庭社會階層較高或白種人的子女，其父母較常對子女有較多的學校選擇，而較低所得或不利家庭者，

較少對其子女選擇學校，其主要原因是無法有管道取得有關學校的各種資訊。

關於脈絡情境對於學習成就或相關論述，還包括家長參與的影響。Reay（2004）研究母親參與孩子學校教育情形，該研究將文化資本作為一種概念工具，來檢視母親如何在學校中參與活動；儘管學生的表現有其相似性，但仍有明顯的階級差異。母親個人經歷和她們的教育經驗，影響她們參與孩子的學校教育，尤其在她們有效處理教師問題，以及強而有力且明顯差異的文化資本時；Reay 指出，許多中產階級的家長自己在學校表現良好，且將這種教育的成功轉換自信和維持家長參與應有的權利。中產階級子女的母親更善於透過與教師的對話，以顯示把握、自信和有能力，並將介於家庭與學校之間的分歧與緊張觀點表達出來。相反的，勞動階級子女的母親當與教師對話時，會顯得更加猶豫不決、感到歉意、認為沒有資格，有時還會否認或反駁。由上述觀點更可以看出，來自不同班級學生的家庭，家長參與也和子女在形成共同經驗時有關。

Orr（2003）的研究指出，經濟較富裕的家長和不富裕者，其差異在於他們比較關心子女的未來，這種關心可以讓他們開始計畫和投資未來，因為他們知道現在的行為對他們的未來有很重大的影響，擁有對未來遠見的家長可能更會投資孩子的教育。除了投資教育之外，也會在人際關係和經驗協助他們的孩子更好，例如：他們會關心孩子學校的品質或孩子家中的教育資源；他們會花較多時間參與孩子的教育活動，像是親子共讀、陪著寫作業等。這些家長支持是一種資本，對兒童的學習成就有正面影響。此外，這些家長還可以成為兒童的典範學習對象，讓孩子也變得未來取向，這就增加了孩子在學校表現的動機，增加其學業成就較高的機會。因而在此種情境下，班級學生所形成的脈絡文化當然會與低社會階層者大不相同。

Gary（2010）運用 PISA 2003 的長期資料，分析影響澳洲學生學習成就的因素，以 HLM 分析發現，學生的學校表現正向影響進入高等教育的情形，研究中是在學校層次因素，如對於學校有正向態度及學校氣氛愈好，會影響學生的學習表現。學校學生所形成的家庭社經地位之脈絡情境因素、師資素質、學術氣氛壓力與教師效能，對於學生的學習成就有正向影響。

　　由上述可以看出，脈絡變項在組織或學校之中是相當重要的，其類型包括了同儕效應、班級文化、教師效應，以及學生個人特質或學生家庭社會階層所組成的脈絡變項，它可能無形地依附在個體之中；然而，組織中個體所形成的脈絡情境，往往其影響力也不小於個體。因此在本研究之中，也將分析脈絡變項對於學習成就的影響。

貳、在跨層級的資料分析中，不應忽略脈絡變項

　　傳統的直線迴歸分析，在資料處理上僅能以單一層面的因素進行檢定。如果要檢定的資料為多層面，同時不同層次的資料結構具有叢集與相依特性，此時如果運用傳統的迴歸分析，會無法估算該叢集樣本之誤差共變數，也就是會以組內相關係數的型態呈現；這項組內相關係數，又稱為團體同質性指標。尤其當組內相關存在時，加上樣本數過大，對於型 I 誤差（type I error）過於膨脹，即無法符合迴歸分析的殘差項之同質性假設，後續所得到的結果之推論也會是不正確的。

　　在社會與教育實際情境之中有很多是這樣的例子，例如：在學校或班級同一群體中的樣本，學生在學習過程中有其共同的特徵或經驗，因而容易產生個體在相同脈絡下，而具有樣本相依的特性，這也是俗稱的物以類聚之情形。就如城市學校的學生，可能其家長的教育平均程度會較鄉村學校的學生家長來得高，或者城市學校的學生有較高的家庭社會階層，因而所擁有的文化資本與學習資源比起鄉村學校的學生來得高，所以會有更好的學習成就表現。

　　總之，為了避免個體層次所提供的資訊不足，如脈絡變項或是組間與組內的樣本差異過大，在傳統迴歸分析無法解釋時，HLM 即可以克服將脈絡變項一併納入總體層次的因素，並對於個體層次的因素進行檢定，因而本研究將這些脈絡變項納入分析。在本研究中，將以學生的自我期望、文化資本、學習興趣、數學自信、回家作業、家長教育程度等之聚合，以團體的平均數來分析，又稱為整合之後的各校特徵，以作為總體層次的分析變項。

第五章　學習成就因素的多層次研究

　　本書主要是以 HLM 來分析影響台灣國二學生學習成就的因素，在階層上區分為個體層次及總體層次。為了讓本研究所選取的研究變項有理論及研究上的依據，本章評閱近年來國內外在學習成就因素的多層次研究情形。本章共有兩節，第一節整理與分析近年來國內外的跨層次研究，第二節則針對國內外在多層次模型的研究進行歸納，以做為本研究分析的依據。

第一節　近年來國內外的跨層次研究

壹、國外的研究

　　自 80 年代以來，在國際上就有許多研究運用 HLM 來檢定影響學習成就的因素。Raudenbush 和 Bryk（1986）以多層次模型來研究影響學生學習成就的因素，該研究區分為學校及個體層次因素；研究發現，學校間的學習成就差異為解釋學習成果的變異量。Lee 和 Bryk（1989）從美國資料庫中取得 160 所學校、10,187 名學生的資料，再以 HLM 的研究發現：(1)白人學生較弱勢族群學生的學習成就高出 2.78 分；(2)學生就讀於天主教學校相較於公立學校，平均的社會階層愈高及平均的學業背景愈好，對於學生的學習成就有正向顯著影響，而如果為弱勢族群的學生，則對學習成就是不利的。近年來有關影響學生學習成就之因素分析，以 HLM 進行資料處理的研究不少。他們的研究重點及其發現，說明如下。

　　Harker 和 Tymms（2004）運用 HLM 分析紐西蘭的學生組成對於學習成果的影響，其學生組成是指學生所聚合的脈絡變項。他們以數學、英文及科學的學習成就為依變項，階層一以學生的家庭社會階層，階層二以平均學生的家庭社會階

層為解釋變項，納入的學校數有 37 所。研究發現，階層一的社會階層均能正向影響三個科目的學習成就，而階層二的脈絡變項也是一樣可以正向的影響學習成就，其中脈絡變項的效果更是高於學生個體層次；同時他們也發現，在這 37 所學校中的學生家長，其社會階層有明顯的不同，如果是控制族群及先前的學習成就，其發現也相近。而如果以學生先前的學習成就為依變項，階層一的社會階層對三個科目的學習成就仍然達到顯著水準，但是在脈絡變項中，僅對於數學學習成就有正向影響，對英文與科學學習成就則沒有顯著影響；不過各校在三個先前科目的學習成就都有明顯不同。

Deteemers、Trautwein 和 Ludtke（2009）以 40 個參與 PISA 的國家為樣本，希望了解家長社經地位、學生回家作業時間對於學習成就的影響。他們將其區分為個人層次與組織脈絡層次，其中個人層次是以學生的平均學習成就，而組織脈絡層次則是以平均學生的家長社經地位與回家作業時間為變項。以 HLM 檢定之後發現，在組織脈絡層次方面，所有的國家中，學生平均的回家作業時間與學習成就有正向顯著的關係；然而在學生層次的變項中，並非所有國家的學生回家作業時間都對於學習成就有明顯正向影響；同時大多數的國家，其平均學生社經地位對於學生的學習成就都有正向顯著影響。

Modin 和 Ostberg（2009）運用 HLM 來檢定學校氣氛對於青少年健康情形的影響，他們以 18,571 名九年級學生（來自於蘇格蘭的 1,026 個班級及 284 所學校）為樣本，再以個人層次及脈絡變項來探討學校氣氛與學生健康的關聯。研究發現，在個體層次中，多數的學校氣氛與學生健康有正向顯著影響，然而學校脈絡變項僅能解釋 2%。

Driessen（2002）以 HLM 運用荷蘭的小學教育資料庫，對學習成就的影響進行分析；該資料庫共有 700 所小學，以及 6 萬名二、四、六、八年級的學生。研究中區分為學生層次與學校層次變項，前者包括了語言使用的流利度、數學學習表現、家長的族群背景、雙親教育程度、性別，以及智力，而後者包括學校學生社經地位的組成情形與族群組成，兩者為脈絡變項。研究發現，語言表現的差異有 26.4%是來自於校間之差異，同時弱勢族群比起荷蘭學生的語言表現少了 37

分；如果以數學學習成就來看，數學學習成就的差異有50%來自於學校，而在學校之間的數學學習成就差異，有31.2%來自於族群差異。當加入學生性別、家長教育程度及年齡時，學生數學學習成就的變異數增加了14.5%，這代表各校之間的影響力的確存在，而學校之間的數學學習成就差異，有12.5%是來自於家長教育程度及年齡（脈絡變項），可見脈絡變項的影響也頗為重要，但該研究並沒有發現跨層級的交互作用存在。

Yayan和Berberoglu（2004）運用調查法調查土耳其的學校，研究在教學過程中，人力資源與實質資源對於學生學習成就的重要性；研究中區分為教師及學校層次。研究發現，在固定效果上，人力資源對於教師教學的影響為.15，實質資源僅有.089，而教師教學對於學校表現的效果為.260。

Broeck 等人（2003）運用芬蘭在 TIMSS 1999 的資料，研究家長的社經地位與學習成就之關係，他們以 HLM 進行影響學習成就因素的分析，並將其區分為學生、班級與學校層次，研究結果發現：(1)學生、班級與學校層次的因素可以解釋學習成就各有 57%、29%、13.6%，可見學習成就在各層次之差異性很大；(2)如果將學生的社經地位納入模型之後，在班級層次中，社經地位可以解釋學習成就為 10.3%，而學校層次的社經地位可以解釋學習成就有 11.6%。

Xin 等人（2004）運用TIMSS 1999 美國、南韓、日本及荷蘭的資料，來分析教師教學品質、學習成就與認知技能之間的關係，他們將其區分為學生層次及教師層次，再以 HLM 分析後發現：(1)教師之間的差異很大，美國及荷蘭對於學生的學習成就，各有50%及66%的變異量是從教師之間的差異所造成，其中美國的教師年資對於學習成就有正向顯著影響，其他國家則否；日本則是具有碩士資格的教師相對於學士程度的教師，對其學習成就有正向影響；(2)如果就學生層次來看，美國的學生性別、家庭資源、數學自我概念、數學態度對於學習成就有正向顯著影響，家長教育程度、學生年齡則為負向顯著影響，也就是家長教育程度較高及年齡較長，反而對數學學習成就沒有正向助益；(3)日本在模式的固定效果中，學生年齡、數學自我概念及數學態度對於學習成就有正向顯著影響；(4)荷蘭在模式的固定效果中，年齡有負向顯著影響，而數學自我概念則是有正向顯著影

響；(5)南韓在固定效果中，家長教育程度對於數學學習成就有相反的關係，而數學自我概念、數學態度及家庭資源對於學習成就則有正向顯著影響。

Ma 和 Ma（2005）以美國年輕人長期資料庫為樣本，運用 HLM 來分析美國中學學生的數學及科學長期變化情形，研究中區分為學生層次與學校層次的變項，研究結果發現：(1)七至十二年級學生的數學學習成就分數（四個領域）均有成長，每年約從 0.98 至 6.36 分不等；(2)如果沒有納入學生及學校特性，學生每年在數學及科學學習成就上約成長 5.1 分及 3.1 分；(3)如果將學生的特質納入分析，也就是考量階層一的學生特質，則數學學習成就與科學學習成就的成長速度之間的相關為 .58，也就是說，學生的數學學習成就成長愈快，科學學習成就也傾向於成長愈快；(4)如果考量學校層次因素之後，數學學習成就與科學學習成就的相關係數為 .81，此代表學校因素的影響力高於學生層次。

Lee 等人（2005）研究 14 個非洲國家的學校效能，研究中運用 HLM 區分為學校及個人層次來分析，研究結果發現：(1)如僅以學生背景變項來看，14 個國家學生的家庭背景皆對於學習成就有正向顯著影響，學生重讀率則為負向顯著影響；(2)如考量學校組成變項，即平均社會階層、重讀率；學校脈絡情境，即平均六年級學生人數（代表學校規模）、學校所在地區；實質人力資源變項，即平均的學校資源、教學資源及教師品質。研究發現，14 個國家在這些變項中達到顯著者不一，例如：在波札納、肯亞、那米比亞、塞席爾、南非、史瓦濟蘭、坦尚尼亞與烏甘達等國家，平均的學生家庭背景會正向影響學習成就；波札納、肯亞、那米比亞及史瓦濟蘭等國家的學校規模，對於學習成就有負向顯著影響，此代表學校規模愈大，學習成就愈不好；其餘國家在此變項之間並沒有明顯不同，如波札納、賴索托、那米比亞、南非、史瓦濟蘭、烏甘達、尚比亞等國家的學校資源愈多，學習成果愈好，而教學資源則否。此外，波札納、賴索托、那米比亞、南非及尚比亞等國家的學校，如果愈是在都會地區，學生學習成就愈好，其他國家的學校所在地對於學習成就則沒有明顯差異。

Keeves 等人（2005）對 440 所學校、近 8 千名學生的學習成果影響因素加以探討，他們以學生、學校環境與政策等三個層次，運用 HLM 進行分析後發現：

(1)在學生層次中，性別、年齡、族群，以及先前的學業成就，對於後來算術的學習成就有顯著影響；(2)在學校脈絡上，缺席與領有學習不利卡者，對於算術的學習成就有負向顯著影響；(3)在政策層次上，學校規模大小與算術的學習成就有正向顯著影響，同時與其他層級有交互作用的效果存在；(4)如果以素養（literacy）為依變項，則在性別、年齡、族群、在家使用英文、領有學習不利卡上，對於素養有顯著影響；而在學校脈絡上，平均學校學生年齡、平均學校學生家中使用語言情形、平均學校學生領有學習不利卡情形，以及族群比例，也對素養有顯著影響；愈都會地區的學校，其學生的素養愈高，同時學校所在的地區與其他層級的因素有交互作用存在。

　　O'Dwyer（2005）以 23 個參與 TIMSS 1995 及 TIMSS 1999 的國家和地區進行研究分析，他以 HLM 將資料區分為學生及學校層次的因素，前者包括了學生家庭背景指數、使用電腦情形、回家作業次數、校外活動情形、家長給學生的壓力、自我壓力、數學學習態度（含動機、學習興趣），以及數學課堂的氣氛；而學校層次包括了學校教學資源、平均教師提供回家作業次數、學校平均班級大小、平均學生家庭背景、學校所在地區、平均學生自我壓力，以及平均學生的學習態度。該研究主要發現：(1)各國學生學習成就的差異有 10～70%不等的變異量，是由學校之間的差異所造成；(2)學校層次的平均學習態度（動機）與家庭背景在所有國家中，大多數都呈現正向顯著影響；(3)學校與學生層次的回家作業對學習成就的影響呈現兩極化的現象；(4)多數國家中，愈都會地區學校學生的學習成就愈好。

　　Park（2008）運用 25 個參與 PIRLS 2001 的國家和地區資料，針對早期素養活動、家長對於閱讀態度，以及家中藏書量對於閱讀素養進行分析發現：(1)早期閱讀活動對於閱讀素養的解釋力最高的 5 個國家，為紐西蘭、挪威、希臘、加拿大與冰島；(2)所有國家的家中藏書量對各國學生的閱讀素養，都有正向顯著影響，其中新加坡的解釋力 18%最大，而俄羅斯的 5%最小，可見家庭文化資本影響學生的學習成就；(3)如果以 25 個國家的國民所得列為國家層次變項，而以早期閱讀活動、家長閱讀態度，以及家中藏書量為學生層次的依變項，研究發現，它們分別可以解釋各國差異量為 19.7%、11%及 6.4%，同時國民所得與上述的三

個變項也有跨層級的交互作用，而各國國民所得與家中藏書量呈現倒「U」字型的關係；可見，影響學生學習成就的因素，還應包括國家層次的國民所得因素。

Cervini（2009）於 2000 年，以阿根廷教育部對小學六年級學生的調查資料（6th-Grade Primary School Census from the Minister of Education），運用 HLM 分析，區分為班級、學校、市區及國家等四個層次，來分析影響學生學習成就的因素。在班級層次上，以學生資料為主，它包括家長教育程度、家中物品、圖書與電視及錄放影機的基本設備、孩童是否為童工，以及學生前一年的數學與語言做為學習成就的依變項；在學校、市區及國家層次的因素上，是將上述的變項加以聚合列為該層次的變項；學校組織變項又包括學校設備（學校層次）、課桌椅等設施（班級層次）、12 項教學資源（在學校層次為原始資料，在市區層次為聚合變項）。在國家及市區層次的因素，則運用人口數及聚合變項視為投入變項。該研究發現：(1)不同校際之間可以解釋 18 %、班際之間可以解釋 12.5%、不同市區可以解釋 3.6%；(2)就班級、學校及國家層次來說，學生如果重讀愈多，學習成就愈差；家中的物品與圖書量（文化資本）愈多，學習成就愈好；(3)在班級層次中，學生的先前學習成就愈好，後來的學習成就也較佳；(4)班級與學校層次中，學生家中擁有圖書多寡所形成的脈絡變項，對於學生的學習成就有正向顯著影響；學校層次的教學資源對於學生的學習成就有正向顯著影響，市區層次的教學資源則沒有明顯影響。

Tramonte 和 Douglas（2010）運用 28 個參與 PISA 國家的學生來分析影響其閱讀學習成就的因素，研究中將文化資本區分為靜態資本與動態資本，前者指家中圖書數、欣賞藝文活動、與家長共同聽古典音樂、家中有無樂器等相關與文化設備有關者，後者為學生在學校歸屬感（問學生在學校的感受）及學生職業期待（問學生 30 歲以後期待的職業），研究發現，如果控制家長的職業及教育程度與學生性別，動態的文化資本對於學生學習成就的影響力，明顯高於靜態文化資本對學習成就的影響。

從上述研究來看，以 HLM 進行分析影響學習成就的因素，有些研究是以三個層次來分析，例如：Broeck 等人（2003）、Keeves 等人（2005），而大多數是

以二個層次來分析。同時，也有些研究仍分析跨層級之間的因素交互作用情形，例如：Keeves 等人；而也有些是研究跨國學生學習成就的因素，並進行比較，例如：Lee 等人（2005）、O'Dwyer（2005）；也有研究是以長期追蹤的方式來分析學習成就，例如：Ma 和 Ma（2005）。這些研究的內容在學生層次上，大抵都是把學生的社會階層、文化資本、家庭文化資源、性別、族群、家長教育程度、學生個人特質等納入分析，而在學校層次上，則納入學校規模、學校氣氛及教師的教學品質或教學資源等。在依變項則有數學學習成就、閱讀能力、素養等。

貳、國內的研究

近年來，有關台灣學生的學習成就之因素分析，以 HLM 進行資料處理者有幾篇。他們的研究重點及其發現，說明如下。

陳家如（2006）以中研院「青少年資料庫」與教育部的統計資料為樣本，分析的樣本數有 1,956 人，共有 39 所學校，涵蓋了台北縣市及宜蘭縣市。她將資料分為個人與學校層次變項，前者含有學測成績、國小平均成績、性別、家長平均教育程度，以及家庭收入，而以學測成績為依變項；學校層次變項為學校學生數、學校平均升學成績、學校家長平均教育程度，以及學校所在地區。該資料是以叢集抽樣的方式，顧及群體之間的差異，因而使用 HLM 的方法。研究發現，學校間的平均學測成績確實有差異；學校學生數、學校家長平均教育程度及學校所在地區等學校因素愈高，會增加學校的平均學測成績，進而增加學生的學測成績。以個人背景變項發現，國小平均成績及家長平均教育程度，對學生之間的學業成就有影響，兩變項對學生學測成績的影響在學校之間有差異。學校所在地區在控制個人層次變項後，不會影響學生的學測成績，無論有無控制個人層次變項，台北市學校的學測成績均比台北縣及宜蘭縣學校高，而其餘學校變項皆會增加學生的學測成績。學校學生數及學校所在地區，皆會隨著學生家長平均教育程度的不同而有差異，且家長教育程度愈高，兩個學校的效果愈強。

林俊瑩（2006）以「台灣教育長期追蹤調查資料庫」（TEPS）中的國中學生

為分析對象，區分為學生與學校層次，藉以分析個人、家庭與學校因素對學習成就的影響，以HLM檢定發現：(1)在學生層次中，家庭社經地位、家庭教育資源、學生學習態度都對學生的學業成就有直接正向影響，負面文化資本對學習成就有直接負向影響；家庭社經地位會正向影響學生的學業成就，這正向關係除了有直接影響之外，也會透過家庭教育資源、負面文化資本，以及學生學習態度等中介變項的間接作用，這顯示家庭社經地位高的學生在教育取得的過程中還是占優勢；(2)在學校層次中，學校教育資源對學習成就影響方面，優良校風會透過學生教育期望、學生學習態度的間接作用，對學習成就有正向影響，而教師研習次數則有直接負向影響；學校教育資源對學習成就影響不大，較大的是學校社經地位、學生教育期望，以及學生學習態度，他們對學習成就有直接或間接影響，而高社經地位學校學生的學習成就具有優勢；(3)在個人與家庭因素、學校因素對學習成就的影響發現：個人與家庭因素對學習成就都有顯著影響，家庭教育資源愈多，負面文化行為愈少，學習態度愈認真，學生學業成就表現愈好；在學校因素中，學校的社經地位與學生教育期望、學習態度都對學生的學業成就有正向影響；學校教育資源，除了優良校風有正向影響，教師研習次數有負向影響外，其餘變項的影響都不顯著；(4)學生層次因素對學習成就變異的影響大約占80%，學校層次因素的影響占20%；學校因素的影響力，有近80%的變異被學校的平均社經地位所解釋，而歸屬於學校教育資源的影響變異大約只有4%左右。

　　謝亞恆（2007）建構一個影響國中學生學習成就成長量的因果模式，以「台灣教育長期追蹤調查資料庫」（TEPS）的國中學生為對象，資料分析區分為學生與學校層次，藉以分別估計學生與學校層次對學習成就成長量的相對影響。經過HLM檢定後發現：在學生層次中，學生出身背景、學習態度、家庭社經地位、家庭教育資源等，對學生的學業成就成長量都有顯著影響，就讀學科資優班、男生、閩南籍、家庭完整的學生，其學習成就成長量會較高；學生學習態度愈認真、家庭社經地位愈佳、負面文化行為愈少，其學習成就成長量會愈高。至於在學校層次中，學校的社經地位與學生教育期望、學習態度對學習成就成長量有正向影響。然而，在學校教育資源變項上，除了任教年資、教師進修及學校校風有正向影響，

教師素質有負向影響之外，其餘變項的影響都不顯著。

　　洪川富（2007）以 TIMSS 2003 台灣的學習成就為資料，使用 HLM 探討小四及國二學生的數學家庭作業完成時間與教師指派數學家庭作業頻率，對於學生的數學學習成就之影響。研究結果顯示：小四學生的數學家庭作業完成時間與學生的數學學習成就為負相關，教師指派數學家庭作業頻率與學生的數學學習成就之間為正相關，但並不顯著；國二學生的數學家庭作業完成時間與教師指派數學家庭作業頻率，對學生的數學學習成就皆有正向影響。而小四學生的數學家庭作業完成時間與教師指派數學家庭作業頻率的交互作用，對學生的數學學習成就為負相關，但不顯著；國二學生的數學家庭作業完成時間與教師指派數學家庭作業頻率的交互作用，對學生的數學學習成就為正相關，但不顯著。

　　張嘉玳（2008）使用 PISA 2003 的資料庫，以 HLM 探討學生和國家變項的結構關係，並以二階層由簡而繁的 HLM 次模式到完整模式分析，階層一的變項為 PISA 2003 中的數學能力與數學學習個人變項，其中數學學習個人變項，包含：數學課外學習時數、數學課自我效能（self-efficacy），以及數學課上課情形；階層二的變項為官方組織所公開之國家指標，包含：國內生產毛額（Gross Domestic Product, GDP）、成長競爭力指標（Growth Competitiveness Index, GCI）、網路整備度（Networked Readiness Index, NRI）、教育指標（Education Index, EI），以及班級規模。研究發現，各國學生的數學能力有顯著差異，數學課自我效能、數學課上課情形與五個國家指標，均能有效解釋各國平均數學能力之差異。然而，無論是數學學習之個人變項或國家變項，都未能完全解釋各國平均數學能力的變異，此尚待其他研究來進行分析。

　　胡鎰麗（2010）以 PISA 2006 中的家庭資源、家中藏書量、每週學習數學時間，以及對於數學的想法等變項做為學生變項，並以其他資料庫中的網路整備度（NRI）、成長競爭力指標（GCI）、國內生產毛額（GDP）、教育指標（EI）、班級規模等指標做為國家變項，依序進行由簡至繁的 HLM 次模式及完整模式分析發現，各國的學生數學能力有顯著差異，所有學生變項皆能有效解釋學生之間數學能力之差異情形；各國學生平均數學能力之差異情形，也能夠以國家變項，

即 GCI、NRI 和 EI 加以解釋其差異，但這些變項仍不足以完全解釋學生數學素養能力之變異。

綜合上述，影響學生學習成就的因素非常多元，可以歸納為家庭因素（環境與背景）、學校因素（如教學、管理及資源）、學生個人特質，以及環境因素。家庭因素包括父母教育程度與家長教育期望；環境資源因素包括家庭教育資源、學習環境設備等；學校因素包括學校規模大小、教學資源多寡、學生家庭背景所形成的脈絡變項、教師提供作業頻率，以及學生回家作業等；學生個人特質包括性別、學習動機、數學自信心、自我期望，以及學生對數學態度等。台灣中小學在教學資源及學校規模上具有城鄉差異，而學校學生特質及學生來源不同，加上城鄉學校的規模不一，學校的教學資源及經營管理方式當然不同。而城鄉學生特質不同，是家庭背景及成員的社會階層使然，如家長教育程度及職業；因為學生家長的社經地位不同，學生的家庭文化資本與學習資源便不一。上述的個體層次與總體層次的因素，都可能影響台灣國二學生的學習成就，這是本研究所要納入分析的依據。

第二節　多層次模型研究給本研究的啟發

壹、多層次模型在本研究分析的基本論點

綜合上述可看出，近年來國內有幾篇論文是以 HLM 來分析影響學習成就的研究；而在國外，早在 1970 年代，就有以不同層次來分析相關議題的論點，後續也有不少的實證研究出現。然而，國內的論文都是以一般性的學業成就、閱讀成就或學校測量成績來進行，並沒有以 TIMSS 的資料進行分析；而國外的研究又未能針對台灣的真實情境進行分析。雖然這些研究能以學校及個體層次進行檢定影響因素，但是本研究考量影響台灣學生學習成就因素的多元性與複雜性，同時因為 TIMSS 2007 的資料結構具有巢套性，適合以 HLM 將資料區分為總體層次與個

體層次來分析，可避免造成型 I 誤差（type I error）過於膨脹，產生分析結果解釋偏誤的情形（Miller & Murdock, 2007）。

貳、多層次模型設定宜有理論與研究依據

本研究在多層次模型中設定的各種模型，所投入的自變項、中介變項與依變項的選取，以及各變項之關係，都有相對應的學理及相關研究的論證依據，例如：個體層次的家長教育程度（依據社會階層理論）、文化資本（依據文化資本理論與社會階層理論）、自我期望、學習興趣與數學自信（依據學習動機理論）。在總體（學校）層次方面，採用了組織（學校）變項，例如：學校所在的城鄉（依據城鄉教育差異理論）、學校規模、教學資源、學校氣氛、學生就學情形（依據學校管理理論）、學校學生家庭富裕比率（依據社會階層理論與城鄉教育差異理論），以及學校班級的脈絡變項（如學生的家庭文化資本、自我期望、學習興趣、數學自信、回家作業等聚合變項），用以了解影響台灣國二學生學習成就因素的情形。

參、個體層次採用影響學習成就因素的中介機制觀點

本研究的個體層次採用影響學習成就因素的中介機制觀點，在自變項方面，包括學生性別與雙親教育程度，而中介變項則包括自我期望、文化資本、學習興趣、數學自信、回家作業等，其結果變項為學習成就。影響學生學習成就的因素相當複雜與多元，在文獻探討中已有充分說明，在此要說明的是，若是以影響學習成就因素的中介機制觀點來看，過去已有相當多的研究結果支持傳統上以橫斷面來分析個人特質與家庭環境因素；然而，若以多層次模型運用此觀點，再搭配總體層次的因素，進行跨層級的因素交叉影響分析，卻是過去研究所未思考到的部分。因此，本研究以 HLM 進行分析時，除了在總體層次因素有脈絡因素及組織因素的考量，在個體層次上採用影響學習成就因素的中介機制觀點，而分析中

介效果，此為過去研究所缺少的考量。

肆、總體層次納入不可忽略的脈絡變項進行分析

脈絡變項在本研究中納入分析，是重要考量。以台灣在 TIMSS 2007 的資料來說，所抽測的是學校班級全班的學生，每一個班級的學生具有共同的班級經驗，如每一班由同一位教師教學，學生的學習興趣、數學自信、回家作業，乃致於學生家庭文化資本與自我期望等，都可能是處於相同脈絡之下，學生之間具有相依性或共同經驗；個體受到次文化的影響，即文化鑲嵌的效果會對學習成就有影響。為避免個體層次所提供的資訊過少，因此本研究採用學校各班學生的文化資本、學習興趣、數學自信、自我期望、回家作業，以及雙親教育程度之聚合資料，此又稱為各班的特徵或脈絡變項，以做為總體層次的相關變項對依變項的影響分析。透過脈絡變項與個體解釋變項的統計分析，得以解釋變項對於依變項的影響，此稱為脈絡效果（contextual effects）（Hauser, 1974; Lauen, 2007; Pedhazur, 1997）。這是為了避免僅以個體層次因素所提供的資訊不足，而多層次模型分析可以克服這個問題。因此，本研究將影響台灣國二學生學習成就的因素，區分為個體（學生）層次與總體（學校）層次。

伍、總體層次不可以忽視組織因素的重要

本研究的總體層次因素包括脈絡變項與組織變項，前者如上述，而組織因素包含：學校所在的城鄉、學校規模、學校學生家庭富裕比率、教學資源、學生就學情形，以及學校氣氛。會納入考量的主因是，影響學生學習成就的因素不僅只有個人特質及家庭背景而已，凡是無法為個人所控制的環境因素，如學校及城鄉差異因素，都有可能是影響的因素。這在上述的文獻探討中，已有深入的分析與歸納，基於 HLM 的方法，在總體層次由不同群組所組成，如學校、組織、公司或地區，而組別是自然形成的分類結果，如公立學校與私立學校、都會地區與鄉

村地區、學校所在的城鄉。所以，總體層次因素不完全等於環境因素，它應包括組織因素、脈絡因素或環境因素等，尤其研究對象是在某一地區或學校組織及文化所自然形成者，如 TIMSS 2007 的資料中，由學校所在的城鄉、學校規模、學校氣氛、教學資源、學生就學情形、學校學生家庭富裕比率，乃致於班級學生所具有的共同特徵與經驗。因此，本研究亦不能忽略總體層次中的組織變項對於學習成就的影響力。

陸、影響學習成就因素的跨層級交互作用分析之必要

除了以總體與個體層次來劃分之外，更重要的是，本研究還要檢定影響台灣學生學習成就之個體層次與總體層次的因素，其對於學習成就影響之跨層級交互作用。本研究會這樣考量的原因是，在總體層面中是以學校為層級單位，這些學校位置在各城鄉地區之中，因而分析城鄉學生在真實的環境中，或在城鄉之中同一所學校的學生，可能具有的共同經驗，容易形成相同的脈絡經驗，而這些脈絡經驗或共同經驗，表面上看起來是個體所個別具有的特性，但卻是在總體層次中，也形成特定的脈絡經驗或構成脈絡情境。如果以樣本多寡來考量是否可以進行跨層級交互作用，因為 HLM 分析涉及跨層級的數據分析，樣本決定會較為複雜，Kreft（1996）建議採用 30／30 準則，即總體層次不少於 30 組（校），每組不少於 30 人來決定樣本。本研究的每班樣本數接近 30 名，學校數有 122 所，所以符合標準。本研究以跨層級的因素可能會有交互影響存在，所以要分析影響台灣國二學生學習成就因素的跨層級交互作用情形。

針對上述說明，本研究在個體層次與總體層次的相關變項，如表 5-1 所示。

表 5-1	總體層次與個體層次的階層線性模式運用的變項	
階層	變項名稱	變項類型
個體 （學生） 層級	學習成就	依變項
	自我期望 文化資本 學習興趣 數學自信 回家作業 個人背景變項（如性別、父親與母親教育程度）	自變項
總體 （學校） 層級	組織變項： 　學校所在的城鄉 　學校規模 　教學資源 　學校氣氛 　學生就學情形 　學校學生家庭富裕比率 脈絡變項： 　平均學生自我期望 　平均學生文化資本 　平均學生學習興趣 　平均學生數學自信 　平均學生回家作業	自變項

第三篇

研究設計與實施──
實證設計篇

　　本研究依據文獻探討，建構本研究的架構，並提出研究假設，同時篩選影響台灣國二學生的學習成就因素中，多層次模型所需要考量的個體及總體層次之變項。再針對影響台灣國二學生參加 TIMSS 2007 的學習成就因素，建立多層次模型的各個方程式，以做為檢定研究假設的參考。本篇共有一章，分為五節，第一節為研究架構與研究假設依據，第二節為研究對象與資料來源，第三節為研究工具，第四節為實施程序，第五節為資料處理。

第六章　多層次模型分析的研究設計與實施

基於背景導論篇與學理基礎篇的文獻與相關理論的整理、批判與分析。接下來，本章將對於本研究要執行的內容進行說明。茲將相關的研究設計與實施，說明如下。

第一節　研究架構與研究假設依據

壹、研究架構

基於過去以 TIMSS 資料庫來研究影響台灣學生學習成就的因素，並沒有考量樣本在不同階層所具有的共同經驗或脈絡特性，也就是沒有考量到個體（學生）所在學校、地區環境的特性。本研究依據文獻探討，整理了相關理論與研究，建立研究架構，如圖 6-1 所示。由圖中可以看出，影響台灣國二學生的學習成就因素區分為兩個層次，在個體與總體層次之間有一條線來代表區隔。第一層為個體層次，包括學生的背景因素、中介因素（如文化資本、自我期望、學習興趣、數學自信、回家作業），以及學習成就；第二層為整體層次，包括聚合脈絡變項以及組織因素，即學校所在的城鄉、學校規模、學校學生家庭富裕比率、教學資源、學校氣氛等。本研究據此做為影響台灣國二學生學習成就之多層次模型，接著將依據 TIMSS 2007 對台灣的資料，來檢定研究架構中的相關變項之關係，以獲得研究結果，做為未來輔導學生的參考。

圖 6-1 的虛線部分，其箭號的意義是具有影響力，同時代表本研究所要分析

的間接效果，例如：學生背景對於學生文化資本，此時虛線就是研究中要估計的間接效果；而實線的部分則為直接效果，例如：學習興趣對於學習成就。在總體層次對於個體層次中有一條最粗黑的直線，代表要檢定跨層級變項的交互作用。

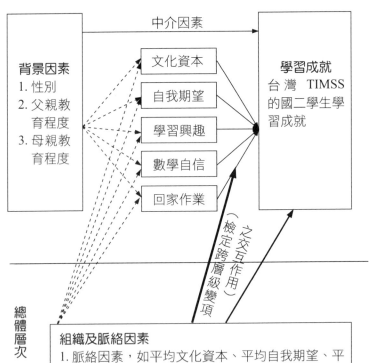

圖 6-1　研究架構

對於上述研究架構的變項，說明如下：

首先，在個人層次中，學生的背景變項包括學生的性別及父母的教育程度。從文獻中發現，學生的背景變項與學生的學習成就有密切關係，本研究在進行分析時，需要加以控制，如此才可以了解自變項對依變項的影響程度。而從前面的文獻探討中也發現，影響學生學習成就的背景變項，包括性別與雙親教育程度。

其次，在個體層次的中介變項上，包括了學生的家庭文化資本、自我期望、學習興趣、數學自信、回家作業。從文獻中發現，這些中介變項對學生的學習成就有正向關係，本研究分析納入考量，做為檢定影響學習成就因素的參考。

第三，本研究以台灣國二學生參與 TIMSS 2007 的學習成就表現為依變項。TIMSS 測量的學習成就包括數學與科學表現，本研究則以數學學習成就做為學習成就的替代變項。TIMSS 的小四及國二學生的學習成就項目中，在數學中有不同領域，2007 年的國二數學學習成就包括算術、代數、幾何、資料與機率，每個領域的認知層次分為理解事實及程序、概念運用、解決例行性問題，以及推理。TIMSS 2007 的各國數學總分成績，每項分數都有五個近似值。為了讓本研究在國二學生的學習成就有一致性，便從五個近似估計值中取第一個數值，主要是它們的分數估計方法一致，可以讓分數避免偏差與能夠比較。

最後，在整體層次中，本研究將以聚合的脈絡變項（如學生家庭的文化資本、自我期望、學習興趣、數學自信與回家作業的平均數），以及組織因素（學校所在的城鄉、學校規模、學校學生家庭富裕比率、教學資源、學校氣氛、學生就學情形）等進行分析。

貳、研究假設的依據

據上述的說明，本研究提出的研究假設之依據，如表 6-1 所示。本研究對於影響台灣學生學習成就的直接效果檢定，以研究假設一、三、四來完成，而間接效果由研究假設二及五來檢定，而研究假設六為跨層級因素的交互作用。

表 6-1　研究假設的理論與文獻依據

類型	研究假設	理論與文獻依據
直接效果	個體層次 H_1：台灣國二學生個體層次的背景變項（性別、父親與母親的教育程度）明顯影響學習成就。	Catsambis（1995）、Downey（1995）、Eitle 和 Eitle（2002）、Roscigno 和 Ainsworth-Darnell（1999）
	個體層次 H_3：台灣國二學生個體層次之中介變項（文化資本、自我期望、學習興趣、數學自信、回家作業）明顯影響學習成就。	謝亞恆（2007）、Bourdieu（1977）、House（1995a, 1995b）、Lee（1987）、Ma（2000）、Pintrich 和 Schunk（2002）、Rottinghaus 等人（2002）
	總體層次 H_4：台灣的學校總體層次變項（即聚合的脈絡變項、學校所在的城鄉、學校規模、學校學生家庭富裕比率、教學資源、學校氣氛、學生就學情形）顯著影響學習成就。	王家通（1993）、林文達（1984）、蔡淑芳（2006）、陳家如（2006）、Hauser（1974）、Lee（2000）、Maeyer 等人（2007）、O'Dwyer（2005）、Paul 2000）、Theule（2007）
間接效果	個體層次 H_2：台灣國二學生的背景變項，透過學生個體層次的中介變項（文化資本、自我期望、學習興趣、數學自信、回家作業）明顯影響學習成就。	余民寧（2006a）、Brookhart（1997）、Elliot（1999）、Eccles 和 Wigfield（2002）、Pezdek 等人（2002）、Whang 和 Hancock（1994）
	總體層次 H_5：台灣的學校總體層次變項，會透過學生個體層次的中介變項（文化資本、自我期望、學習興趣、數學自信、回家作業）顯著影響學習成就。	林文達（1984）、林俊瑩（2006）、陶韻婷（2006）、張芳全（2008b）、Gardner 等人（2000）、Hoy 等人（2006）、O'Dwyer（2005）
交互作用效果	跨層級 H_6：台灣的學校總體層次變項，對學生個體層次之背景變項（如性別與家長教育程度），以及中介變項（文化資本、自我期望、學習興趣、數學自信、回家作業）明顯影響學習成就。	陳美妤（2006）、Hoy 和 Miskel（1987）、Keeves 等人（2005）、Maeyer 等人（2007）

第二節　研究對象與資料來源

壹、研究對象

　　本研究係以多層次模型分析影響台灣國二學生學習成就的因素，研究對象是以台灣國中二年級參與 TIMSS 2007 的學生為主。在 TIMSS 2007 中，每個國家的抽樣設計均以兩階段的分層抽樣，樣本大小必須符合研究的抽樣精確度（Mullis et al., 2003; Olson et al., 2008）。TIMSS 的施測對象分為三個樣本群：樣本一為 9 歲學生（在多數國家學制相當於三、四年級）；樣本二為 13 歲學生（在多數國家學制相當於七、八年級）；樣本三為高中最後一年的學生。各國的 9 歲及 13 歲，相當於四年級與八年級學生，本研究以樣本二為主，亦即台灣的國二學生。

　　以台灣參與 TIMSS 2007 的抽樣來說，第一階段先要抽出受測的學校，第二階段再由學校抽出的班級進行樣本施測。進行抽樣的程序由台灣師範大學科學教育中心負責，在施測前先抽取要施測的學校，接著與這些學校聯繫，在與受測學校溝通相關細節之後，確定所要受測的學校名單；在學校名單確定之後，再從學校中抽取受測班級，接續再對學生進行施測。第一層抽樣需考慮到地區公平性，以避免抽樣造成城市地區學校或鄉村地區學校過多的不均現象。

　　在 TIMSS 2007 中，有一半的國家抽取 150 所學校參與施測，這是為了滿足 TIMSS 的抽樣標準，台灣也不例外。上述樣本需扣除無法符合抽樣標準的學校，即在學校層次上，不包括以下特性的學校：8 班以下的學校及特殊教育的學校、在班級層次中扣除特殊教育的學生、功能性及智能不利的學生，以及運用非母語學習的學生（Olson et al., 2008: 80-81）。因此，台灣在 TIMSS 2007 的國中母群體有 888 所，學生數有 316,997 名，這是依據北區、中區、南區、東區與離島地區，各抽出 66 所、38 所、40 所、4 所、2 所的學校，再抽出 4,046 位學生參與受測（Olson et al., 2008: 369），學生的平均年齡為 14.2 歲。

貳、資料來源

　　本研究對象以台灣 2007 年參加 TIMSS 的國中為主，共計有 150 所，分析資料之數據，全部取自網路上 TIMSS 之國際官方組織所公告的統計資料與報告書，這些統計資料以及研究報告為本研究的數據依據，資料來源主要為：http://timss.bc.edu/TIMSS2007/index.html，網站中的 TIMSS 2007 資料庫，即筆者下載所需資料之處。要說明的是，為了獲得學生正確及有效的數學與科學學習能力，TIMSS 2007 運用機率抽樣技術，也就是從參與國家的四年級與八年級學生的母群抽樣學生，應用抽樣方法於個別學生完整的評量資料；從這些學生樣本所計算出來的統計數用來估算母群參數。其優點是資料可以有效運用分析與比較，特別是要讓學生在受測時的負擔最小，但是在統計上卻會產生一些變異或不確定的損失；為了量化這些不確定性，TIMSS 2007 國際調查報告中的每個統計量，將伴隨著其本身標準誤的估算。這些標準誤差混合著不確定的成分，因為從學生樣本推論至全體八年級或四年級學生的母群〔抽樣變異，（sampling variance）〕，以及從學生所完成的試題子集之表現，來推論學生在整體評量的表現，即所有試題上的表現，均是不確定的。

　　目前與學習成就有關的大型資料庫，包括了「台灣學生學習成就評量資料庫」（Taiwan Assessment of Student Achievement, TASA）、PISA、PIRLS、TEPS，以及 TIMSS。選擇 TIMSS 資料庫主要有幾項考量：一是，它自 1995 至 2007 年，已有四次有系統的國際調查，同時其調查是以學生的學習成就與能力為主，所以所得到的學習成就較有代表性；二是，TASA 從施測至今，資料庫沒有完全釋出，無法掌握台灣國中學生的學習成就情形，同時它沒有像 TIMSS 一樣已有四波的調查結果；三是，PISA 的資料庫並不是完全關注於學生的學習成就，它是針對學生的學習態度進行調查，所以無法完全代表學生的學習成就；四是，PIRLS 主要是以閱讀素養或閱讀成就為主，並非數學學習能力及學習成就。基於上述，本研究所運用的資料庫是以 TIMSS 的資料為主。

參、分析樣本的描述

本研究納入分析的學校有 122 所，樣本數為 2,549 名學生。其描述統計如表 6-2 所示，表中的父親教育程度與母親教育程度，已依據台灣的學制轉換為年數，並予以標準化 Z 分數轉換。因為轉換為接受教育的年數之後，它會與其他變項的數值差距過大，在以 HLM 計算離異係數時，數值會很大，故對其進行標準化 Z 分數轉換；而自我期望也與雙親教育程度進行相同的轉換（標準化 Z 分數）；文化資本則在各個變項加總之後，再進行標準分數的轉換。學習成就則是因為數值過大（平均分數為 613.85 分），也進行了標準化 Z 分數的轉換，其平均數為 .14。從表 6-2 可以看出，本研究分析的樣本，男、女生約各半，父親與母親教育程度在未標準化的年數各為 11.4 年及 10.8 年，自我期望未來進修的平均年數為 16.2 年。學習興趣與數學自信在 2.0 分左右，而數學自信略低一些，屬於中等的程度，也就是說，TIMSS 2007 台灣學生的數學自信與學習興趣僅為中等程度。而在總體層次變項中，學校規模平均為 1,850 名學生、學校學生的家庭富裕比率為 1.63，在該選項上屬於中等層次。都會地區的學校較多（平均數為 3.6）、學校教學資源在中等程度偏高，而學校氣氛及學生就學情形都傾向於良好的型態。

| 表 6-2 | 研究樣本的描述 |

變項	人數	平均數	標準差	最小值	最大值
個體層次					
性別（男生=1，女生=0）	2,549	.50	.50	0	1.00
父親教育程度（標準化 Z 分數）	2,549	11.4(.02)	3.2(.96)	-2.08	1.54
母親教育程度（標準化 Z 分數）	2,549	10.8(.02)	3.2(.95)	-2.00	1.71
自我期望（標準化 Z 分數）	2,549	16.2(.05)	1.8(.98)	-2.27	.99
文化資本（標準化 Z 分數）	2,549	.10	.96	-3.75	1.44
回家作業	2,549	2.10	.73	1.00	3.00
學習興趣	2,549	2.03	.90	1.00	3.00
數學自信	2,549	1.90	.84	1.00	3.00
學習成就（標準化 Z 分數）	2,549	.14	.94	-3.42	2.88
學習成就（未標準化）	2,549	613.85	97.79	467.9	728.00
總體層次					
學校規模	122	1,849.80	1,225.08	42.0	7,751.00
學校學生家庭富裕比率	122	1.63	.95	1.00	4.00
學校所在的城鄉	122	3.60	1.08	1.00	5.00
教學資源	122	2.33	.55	1.00	3.00
學校氣氛	122	2.51	.55	1.00	3.00
學生就學情形	122	2.48	.58	1.00	3.00
脈絡變項					
平均數學成績（標準化）	122	-.03	.51	-1.26	1.24
平均父親教育程度（標準化）	122	-.01	.41	-1.20	.87
平均母親教育程度（標準化）	122	-.01	.39	-1.08	.84
平均文化資本	122	-.03	.43	-1.07	1.07
平均自我期望	122	-.03	.39	-1.32	.92
平均學習興趣	122	1.92	.31	1.13	2.74
平均數學自信	122	1.83	.28	1.18	2.56
平均回家作業	122	2.04	.41	1.21	2.93

註：在台灣參與 TIMSS 2007 的資料中，學校編碼（Idschool）為以下的號碼者是納入分析的學校，但是在納入分析之後，這些學校樣本會有些變項缺失，仍無法一併納入檢定，所以樣本會由原先的 4,046 名降為 2,549 名。它們是 150-160、163-167、171-172、175-179、182-183、185-187、189-190、193-196、198-209、211-215、217-218、220-227、229-234、236、238-243、245-257、260-261、263-264、266-274、276-280、282-288、290-300。

第三節　研究工具 →

　　本研究運用 TIMSS 2007 的測驗結果進行資料分析，該調查的測驗工具即為本研究的研究工具。本研究以多層次模型進行分析，研究工具則運用 TIMSS 2007 的學生問卷及學校問卷，以下說明相關的研究工具內容與各個變項的操作型定義。

壹、學生問卷

一、個人背景變項

　　在個體層次的變項中，本研究依據相關理論，在個人背景變項選用性別、父親教育程度，以及母親教育程度。在學生的父親與母親教育程度中，TIMSS 2007 的資料是由學生針對學生問卷（student questionnaire）填寫，請他們勾選出父親教育程度（BS4GFMFD，此為 TIMSS 2007 資料庫中的代碼，以下同）與母親教育程度（BS4GMFED）。它的選項包括：小學肄業或沒有上過學、國小畢業、國中畢業、高中職畢業、五專畢業、二技畢業、大學畢業、碩士以上學位、我不知道，它們分別以 1 至 7 分轉換，如果選不知道者則以缺失值處理。

　　本研究以台灣的教育學制，將上述各等級的教育年數進行轉換，即小學肄業或沒有上過學為 0 年、國小畢業為 6 年、國中畢業為 9 年、高中職畢業為 12 年、五專畢業為 14 年、二技畢業為 16 年、大學畢業為 16 年、碩士以上學位為 18 年、選我不知道者則不納入分析。

二、個體層次的中介變項

　　本研究在個體層次上的中介變項，包括：文化資本、自我期望、學習興趣、數學自信，以及回家作業，其內容說明如下。

（一）文化資本

　　TIMSS 2007 係調查學生家庭中的圖書文化資源，包括：家庭中的藏書量（BS4GBOOK），以 1 至 5 分計算，1 代表 10 本以下、2 代表 11～25 本、3 代表 26～100 本、4 代表 101～200 本、5 代表 200 本以上；家庭中有無計算機（BS4GTH01），1 代表有、2 代表沒有；家中有無電腦（BS4GTH02），1 代表有、2 代表沒有；家中有無個人專用書桌提供學習（BS4GTH03），1 代表有、2 代表沒有；家中有無字典（BS4GTH04），1 代表有、2 代表沒有；家中網路連結情形（BS4GTH05），1 代表有、2 代表沒有。這些是有益於學生學習的文化資本，所以本研究將它視為文化資本。本研究將上述資料加總，分數愈多代表所擁有的文化資本愈多。

（二）自我期望

　　TIMSS 2007 的問卷詢問學生，未來要接受的最高教育等級學位為何，也就是：您期望的最高教育程度（BS4GMFED）。其選項包括：高中職畢業、五專畢業、二技畢業、大學畢業、碩士以上學位、我不知道，它們分別以 1 至 5 分轉換，如果選不知道者則以缺失值處理。本研究更以台灣的學制，將上述的各階層教育年數進行轉換，即高中職畢業為 12 年、五專畢業為 14 年、二技畢業為 16 年、大學畢業為 16 年、碩士以上學位為 18 年。如果受訪者選不知道，在資料庫中則以缺失值處理，本研究亦不納入分析處理。

（三）學習興趣

　　研究文獻發現，學生的學習興趣對學習成就有正向影響。學生的學習興趣，TIMSS 2007 將它稱為學生對數學傾向正向情意（positive affect toward mathematics）。本研究將它視為學生的學習興趣，TIMSS 2007 的問卷詢問學生的學習興趣，其相關題目如下：

　　1. 我喜歡學數學（BS4MAENJ）。

　　2. 數學是無聊的（反向題）（BS4MABOR）。

　　3. 我喜歡數學（BS4MALIK）。

上述題目均有四個選項，即非常同意、有點同意、有點不同意及不同意，以 1 至 4 分作為計分標準。TIMSS 2007 也將上述項目，運用 SEM 的驗證性模型建立構念效度，其因素負荷量各為 .873、.669、.940（Olson et al., 2008: 300）。

（四）數學自信

文獻探討發現，學生的數學自信（self-confidence mathematics）對學習成就有正向影響。在 TIMSS 2007 中的學生數學自信之題目由以下所組成：

1. 我在數學表現總是很好（BS4MAMOR）。

2. 我覺得數學比較難，其他同學卻覺得比較容易（反向題）（BS4MA-CLM）。

3. 數學不是我擅長的科目之一（反向題）（BS4MASTR）。

4. 與數學有關的事我學得很快（BS4MAQKY）。

上述題目均有四個選項，即非常同意、有點同意、有點不同意及不同意，以 1 至 4 分作為計分標準。

值得說明的是，TIMSS 2007 的學習興趣與數學自信包括的題目均有四個選項，即非常同意、有點同意、有點不同意及不同意，都是以 1 至 4 分作為計分標準。TIMSS 2007 也將上述項目，運用 SEM 的驗證性模型建立構念效度，其因素負荷量各為 .765、.447、.653、.812（Olson et al., 2008: 300）。同時，它也將學習興趣與數學自信區分為低度學習興趣（數學自信）、中度學習興趣（數學自信）、高度學習興趣（數學自信），並以 1、2、3 來計分，分數如果愈高，學習興趣（數學自信）愈好。

（五）回家作業

回家作業包括兩個題目：一是指學生每天花多少時間完成數學作業（BS4MA-RNC），選項有少於 15 分鐘、15～30 分鐘、31～60 分鐘、61～90 分鐘，以及超過 90 分鐘，並以 1、2、3、4、5 來計分；二是指數學老師多久給一次家庭作業（BS4MOHWG），選項有每天、一週 3～4 次、一週 1～2 次、一週最多 1 次，以及從來沒有數學作業，並以 1、2、3、4、5 來計分（本題為反向題）。TIMSS

2007 也將上述題目轉換，區分為低度回家作業、中度回家作業、高度回家作業，並以 1、2、3 來計分，分數愈高，回家作業量愈高。

三、依變項

本研究以 TIMSS 所測量的數學成績來評定學生的學習成就。在 TIMSS 中，國中數學有不同領域，TIMSS 2007 調查的數學學習成就包括算術、代數、幾何、資料與機率，每個領域的認知層次分為理解事實及程序、概念運用、解決例行性問題，以及推理。TIMSS 2007 的各國數學總分成績與每項分數都有五個近似值（plausible values），本研究為了讓學習成就具有一致性，均以第一個近似值做為分析的依據。

貳、學校問卷

在學校問卷（school questionnaire）中，主要是由參與 TIMSS 2007 的施測學校校長來填寫。本研究選取了學校所在的城鄉、學校規模、教學資源、學校氣氛、學生就學情形、學校學生家庭富裕比率等變項。其內容說明如下。

一、學校所在的城鄉

關於學校所在的城鄉（BC4GCOMU），TIMSS 2007 主要是調查學校所在的鄉、鎮、市有多少居民。它將居住的人口數區分為 50 萬人以上、10 萬至 50 萬人、5 萬至 10 萬人、1 萬 5 千至 5 萬人、3 千至 1 萬 5 千人，以及 3 千人以下等六個等級，分別以 1、2、3、4、5、6 來計分。因為在台灣地區，3 千人以下沒有樣本，本研究將它納入於 1 萬 5 千至 5 萬人之中，真實情況僅有五級，即 50 萬人以上、10 萬至 50 萬人、5 萬至 10 萬人、1 萬 5 千人至 5 萬人、1 萬 5 千人以下，以 1 到 5 來計分。為了與其他變數的數值方向一致，本研究將它加以轉換，讓該項分數愈低者，愈代表愈傾向於鄉村，愈高者代表愈傾向於城市。這項數據為學校所在城鄉人口數，本研究將它視為學校所在的城鄉，也就是城鄉因素。

二、學校規模

本題項主要是調查學校當年度註冊的學生總人數（BC4GTENR），單位是以人為主。TIMSS 2007 的題目，如果在此題回答人數愈多，代表該所學校規模愈大，反之則愈小。

三、學生就學情形

學生就學情形的項目包括三個題項：一是在正常上課的日子中，遲到上學的次數有多少（BC4GFP01）；二是在這個學期每天缺席（無正當的理由缺席）的次數有多少（BC4GFP02）；三是在這個學期於學校蹺課次數有多少（BC4GFP03）。上述三個題目的選項均為從來沒有、很少、每月、每週與每天，並以 1、2、3、4、5 計分，均請校長勾選其中一項。TIMSS 2007 將三個項目，運用 SEM 的驗證性模型建立構念效度，其因素負荷量各為 .723、.743、.659（Olson et al., 2008: 329），並將它區分為低度就學情形、中度就學情形、高度就學情形，且以 1、2、3 來計分。

四、學校學生家庭富裕比率

本題項主要是調查在該校學生來自家庭富裕（come from economically affluent homes）比率的高低情形。測量的題目是：貴校學生中，家庭富裕比率為（BC4GSBEA）：0～10%、11～25%、26～50%、多於 50%，分別以 1、2、3、4 計分，並請校長勾選其中一項。題目的旨意可以看出，分數如果愈高，代表該校學生家庭富裕比率愈高，也代表該校的學生家庭經濟環境愈好。

五、教學資源

教學資源是由多個題目所組成，其調查是在詢問學校教學資源的多寡。其題目包括：教材（如教科書）（BC4GST01）、庶務預算（如紙、筆）（BC4GST02）、學校建築及場地（BC4GST03）、空調及照明系統

（BC4GST04）、教學空間（如教室）（BC4GST05）、殘障學生所需要的特殊設備（BC4GST06）、教學用的電腦（BC4GST07）、教學用的電腦軟體（BC4GST08）、教學用的計算機（BC4GST09）、與教學有關的圖書（BC4GST010），以及教學用的視聽設備（BC4GST011）。它的選項是以沒有、很少、一些、很大，並分別以 1、2、3、4 計分。TIMSS 2007 將上述項目，運用 SEM 的驗證性模型建立構念效度，其因素負荷量各為 .627、.698、.726、.688、.618、.888、.906、.790、.830 與 .861（Olson et al., 2008: 333），並將它區分為低度教學資源、中度教學資源、高度教學資源，且以 1、2、3 來計分。值得注意的是，殘障學生所需要的特殊設備，在構念信度上並沒有納入估算。

六、學校氣氛

學校氣氛（school climate for climate）由多個題目所組成，其調查是在詢問學校的問題項目之評比。題目如下：

1. 教師工作滿意度（BC4GCHTS）。
2. 教師對學校課程目標的了解（BC4GCHTU）。
3. 教師達成學校課程進度的程度（BC4GCHTC）。
4. 教師對學生學習成就的期望（BC4GCHES）。
5. 家長對學生學習成就的支持（BC4GCHPS）。
6. 家長對學校活動的參與度（BC4GCHPI）。
7. 學生愛惜學校資源的程度（BC4GCHSR）。
8. 學生力求在學校有好表現的意願（BC4GCHSD）。

其選項皆以很高、高、普通、低、很低做為選項，分別以 5、4、3、2、1 計分，也就是說，教師掌握學校課程與課程進度愈強，其滿意度愈高，學校氣氛愈好；家長對於學校活動參與度或對學生學業成就支持度愈高，學校氣氛愈好。TIMSS 2007 將上述項目，運用 SEM 的驗證性模型建立構念效度，其因素負荷量各為 .644、.669、.717、.646、.763、.659、.605 與 .721（Olson et al., 2008: 337），並將它區分為低度學校氣氛、中度學校氣氛、高度學校氣氛，且以 1、2、3 來計

分。簡言之，如果分數愈高，學校氣氛應愈好。

此外，關於 TIMSS 2007 的研究工具之相關資訊及技術內容資料，可以參考 Mullis 等人（2008）的《IEA 的 TIMSS 2007 國際數學報告發現，以國際小四與國二學生的數學及科學成就為主》（*TIMSS 2007 International Mathematics Report Findings from IEA's Trends in International Mathematics and Science Study at the Fourth and Eight Grades*），以及 Olson 等人（2008）所撰寫的《TIMSS 2007 技術報告》（*TIMSS 2007 Technical Report*），它們都是本研究參考的重要依據。

第四節　實施程序

本研究是根據相關的理論及研究等文獻，來建立影響台灣國二學生學習成就因素的多層次模型分析之研究架構，其研究實施程序，說明如下。

壹、從歸納的理論與研究，在 TIMSS 2007 資料中選取適切的變項

本研究是從分析的研究工具——TIMSS 2007 的學生與學校問卷，選擇符合影響台灣國二學生學習成就的個體及總體層次之變項與題目；接著對學生的個人背景資料，即學生的家長教育程度，依台灣的學制進行資料轉換。本研究中許多變項的效度是以 Olson 等人（2008）為主；同時，本研究的文化資本由許多項目組成，其選項是以「有」與「無」來選擇，所以本研究沒有以因素分析進行掌握。在學習興趣、數學自信方面，則以 TIMSS 2007 的資料如上所述的建構效度為主。在總體層次中的學生就學情形、學校氣氛與教學資源方面，亦以 TIMSS 2007 的題目建構效度為依據。

貳、刪除未能填答資料的問卷樣本

本研究將 TIMSS 2007 中的學生在個人問卷未填答者，以及學校問卷中，校長未填答者予以刪除，並沒有將這些缺失資料的樣本納入分析。本研究考量資料的準確性，沒有使用其他缺失資料填補法來進行估算納入分析，所以本研究所納入的資料，在學校層次有122所（其中28所學校是缺失值），而學生樣本有2,549名。因為本研究所納入的個體變項及總體變項不少，只要在模型中有調整，樣本人數可能會因為缺失資料而無法納入估計，所以前述樣本為整體樣本數。

參、進行多層次模型的資料檢定

基於上述，本研究依據相關的理論與研究，對於不同層次可能影響台灣國二學生學習成就的因素，納入模型檢定，以了解這些因素在個體及總體層次因素對於學習成就的影響情形。在進行 HLM 檢定之前，亦針對台灣參與 TIMSS 2007 的資料先進行初步分析，以了解這筆資料結構。接著再以 HLM 對於本研究所建立的各項設定模型，配合研究假設來檢定，依據估計結果，再根據相關的理論與文獻，來與本研究發現的內容進行討論，最後再根據研究結果提出結論與建議。

第五節　資料處理 ➡

本研究以多層次模型分析了解影響台灣國二學生參加 TIMSS 2007 的學習成就因素，即建構多層次模型來了解影響台灣國二學生學習成就的重要因素，並了解各變項對依變項的影響關係，且掌握跨層級之間的變項交互作用情形。在資料整理上，本研究先以 SPSS V14 for Windows 進行資料整理，包括描述性統計，如百分比及次數分配，以描述樣本特性，並以標準化 Z 分數對於相關變項進行資料

轉換等。接著再以 HLM 6.03 版本，分析影響台灣國二學生學習成就因素之總體層次與個體層次所設定的相關理論模式進行估計。茲將資料分析方法說明如下。

壹、描述統計、標準化 Z 分數、獨立樣本平均數 *t* 檢定、單因子變異數分析、多元迴歸分析

　　本研究係分析影響台灣國二學生在 TIMSS 2007 的學習成就之因素，研究中也運用到平均數、標準差、次數分配、標準化 Z 分數等描述統計進行整理。因為學習成就的分數與個人背景變項或屬性變項的差距過大，在 HLM 的離異係數計算會過於龐大，因此本研究對於學習成就的分數予以標準化 Z 分數處理，而文化資本與自我期望亦是如此。為了解本研究所納入的個體變項及學習成就，在 122 所學校中是否具有差異性，本研究以獨立樣本平均數 *t* 檢定變異數同質性，同時以單因子變異數分析來了解各校在變項上的差異情形，並以多元迴歸分析來了解所納入分析的自變項對依變項的初步預測情形，以做為各校資料在進行 HLM 檢定資料時的先期分析。

貳、多層次模型分析影響台灣國二學生學習成就的因素

　　本研究在分析影響台灣國二學生學習成就的多層次模型，研究資料結構區分為總體層次及個體層次等二階層變項。本研究分析的研究目的及研究問題，包括了個體層次的影響因素、總體層次的影響因素，以及跨層級因素的交互作用等，因此依階層線性模式的理論設定模型及條件來檢定。本研究運用 HLM 6.03 版本之軟體，以最大概式估計法（maximum likelihood method）進行疊代（iteration）估計，其估計係數是以具強刃的標準誤（with robust standard errors）做為本研究結果的估計依據。本研究所運用的階層線性模式之設定，一一說明如下。

一、隨機效果的單因子變異數分析模式

　　隨機效果的單因子變異數分析模式（One-Way ANOVA with Random Effects）又稱為零模型、虛無模型、無條件模型。它是在階層一與階層二都沒有解釋變項時，為了解各校學生的學習成就是否有明顯差異的方式；而本模式在本研究的目的為：(1)了解 TIMSS 2007 的各校學習成就及其他變項的差異；(2)估計總變異量中有多少變異是由各校之間的變異所造成；(3)提供初步資訊，如內在組別相關係數（intraclass correlation coefficient），以做為跨層級效果存在的依據；也就是說，各校的依變項之間以及校內的變異數必須達到顯著水準。其檢定標準是以Cohen（1988）所提出的為主，也就是：

$$\rho = \frac{\tau_{00}}{\tau_{00} + \sigma^2}$$

當 $\rho > .138$ 代表高度相關程度。
$.059 < \rho < .138$ 代表中度相關程度。
$\rho < .059$ 代表低度相關程度。

　　上述標準是本研究做為後續分析其他模式比較的參考依據。如果 $\rho > .059$，就要考量造成依變項的校際之間變異數是不可忽略的，也就是各校的學習成就在各校之間的分布仍有差異，必須要把各校之間的差異情形納入階層線性模式考量。其階層線性模式為：

階層一模式：$Y_{ij} = \beta_{0j} + \varepsilon_{ij}$　$\varepsilon_{ij} \sim N(0, \sigma^2)$
階層二模式：$\beta_{0j} = \gamma_{00} + u_{0j}$　$u_{0j} \sim N(0, \tau_{00})$

式中：β_{0j} 為階層一中第 j 學校的平均學習成就、ε_{ij} 為階層一之隨機效果（個

體層次）、γ_{00} 為階層二的截距項、τ_{00} 是總體（學校）層次 u_{0j} 的變異數（即組間，本研究為校際之間的變異量）誤差項。

二、以平均數為結果的迴歸模型

以平均數為結果的迴歸模型（Means-as-Outcomes Regression）是階層一迴歸模式為零模型，也就是沒有解釋變項，然後以階層一的模式，各校學習成就的平均數（截距項）作為階層二的依變項，再以階層二的解釋變項，來解釋階層一模式的截距項。本模式在本研究的目的是：以台灣國二學生參與 TIMSS 2007 的資料，分析學校層次變項，例如：學校規模、學校所在的城鄉、學校氣氛、教學資源、學校學生家庭富裕比率、學生就學情形等變項，是否能解釋各校學生的學習成就之差異情形。其階層線性模式如下：

階層一模式：$Y_{ij}=\beta_{0j}+\varepsilon_{ij}$　　$\varepsilon_{ij} \sim N(0, \sigma^2)$

階層二模式：$\beta_{0j}=\gamma_{00}+\gamma_{01}Z_j+u_{0j}$　　$u_{0j} \sim N(0, \tau_{00})$　　$Cov(\varepsilon_{ij}, u_{0j})=0$

式中：Y_{ij} 代表第 j 所學校第 i 位學生的學習成就、β_{0j} 為第 j 所學校的平均學習成就、ε_{ij} 為階層一之隨機效果（學生層次）、Z_j 為第 j 所學校的學校層次變項、γ_{00} 為各所學校平均學習成就的平均數、γ_{01} 為學校層次變數對各所學校平均學習成就的影響力、u_{0j} 為第 j 所學校之學習成就與整體平均數學能力之間的差異，其變異數為 τ_{00}。

三、具隨機效果的單因子共變數分析模型

具隨機效果的單因子共變數分析模型（One-Way ANCOVA with Random Effects）於本研究，是要分析影響台灣國二學生參與 TIMSS 2007 的學習成就中，其個人背景變項（包括性別與雙親教育程度）與中介變項（包括文化資本、自我期望、學習興趣、數學自信、回家作業），是否能夠解釋各學校學生的學習成就差異情形。其階層線性模式如下：

階層一模式：$Y_{ij}=\beta_{0j}+\beta_{1j}X_{ij}+\varepsilon_{ij}$ $\varepsilon_{ij}\sim N(0,\sigma^2)$

階層二模式：$\beta_{0j}=\gamma_{00}+u_{0j}$ $u_{0j}\sim N(0,\tau_{00})$ $Cov(\varepsilon_{ij},u_{0j})=0$

$\quad\quad\quad\quad\quad\beta_{1j}=\gamma_{10}$

式中：Y_{ij} 代表第 j 所學校第 i 位學生的學習成就、β_{0j} 為階層一中第 j 所學校的平均學習成就、β_{1j} 為斜率、X_{ij} 為解釋變項、ε_{ij} 為階層一之隨機效果（學生層次）、γ_{00} 為第一層各組迴歸模式截距項的平均數、γ_{10} 以第一層迴歸模式斜率的平均數、u_{0j} 為隨機效果。

四、隨機係數的迴歸模型

隨機係數的迴歸模型（Random-Coefficients Regression Model）是在階層一中加入解釋變項，而設定階層二為零模型。本模式在本研究的目的是：了解個體層次變項（個人背景與中介變項），是否能解釋各校學生的學習成就之差異情形，以及各校之間的個體層次變項（個人背景與中介變項），對學習成就的影響是否有差異。其階層線性模式如下：

階層一模式：$Y_{ij}=\beta_{0j}+\beta_{1j}X_{ij}+\varepsilon_{ij}$ $\varepsilon_{ij}\sim N(0,\sigma^2)$

階層二模式：$\beta_{0j}=\gamma_{00}+u_{0j}$ $u_{0j}\sim N(0,\tau_{00})$ $Cov(\varepsilon_{ij},u_{0j})=0$

$\quad\quad\quad\quad\quad\beta_{1j}=\gamma_{10}+u_{1j}$

式中：Y_{ij} 代表第 j 所學校第 i 位學生的學習成就、β_{0j} 為階層一中第 j 所學校的平均學習成就、β_{1j} 為斜率、X_{ij} 為解釋變項、ε_{ij} 為階層一之隨機效果（學生階層）、γ_{00} 為第一層各校迴歸模式截距項的平均數、γ_{10} 是第一層迴歸模式斜率的平均數、u_{0j} 與 u_{1j} 均為隨機效果。

五、脈絡模型

脈絡模型（contextual model）是階層一的解釋變項平均值（ Z_j ，即階層一模式解釋變項聚合，如以平均數計算，又稱為脈絡變項），作為階層二的截距項之解釋變項。本模式在本研究的目的為：了解影響台灣國二學生的學習成就因素之脈絡變項，對各校學生的學習成就及其他變項是否有影響。其模式在階層一與階層二，如隨機係數的迴歸模型，但是比隨機係數的迴歸模型多了脈絡變項。其階層線性模式如下：

階層一模式： $Y_{ij}=\beta_{0j}+\beta_{1j}X_{ij}+\varepsilon_{ij}$ 　　 $\varepsilon_{ij} \sim N(0, \sigma^2)$

階層二模式： $\beta_{0j}=\gamma_{00}+\gamma_{01}Z_j+u_{0j}$ 　　 $u_{0j} \sim N(0, \tau_{00})$ 　　 $Cov(\varepsilon_{ij}, u_{0j})=0$

　　　　　　 $\beta_{1j}=\gamma_{10}+u_{1j}$

式中的符號，與隨機係數的迴歸模型一樣，只是在階層二中多了脈絡變項（ Z_j ）以及 γ_{01} ，而要強調的是，它可以有多個脈絡變項，而不是只有單一一個，本研究就有多個脈絡變項。

六、以截距項與斜率為結果的迴歸模型

以截距項與斜率為結果的迴歸模型，是將階層一的迴歸模式之迴歸係數成為第二層迴歸模式的依變項，再對第二層的解釋變項進行迴歸分析。也就是說，階層一探討個體變項之間的關係，而階層二是探討總體的解釋變項對階層一解釋變項對依變項的解釋力。上述的設定模式已將兩層變項都納入，所以又稱為完整模型（full model）。該模式在本研究的旨意是：(1)分析各校的組織變項（例如：學校規模、學校所在的城鄉、學校氣氛、教學資源、學校學生家庭富裕比率、學生就學情形等），是否能解釋個體層次變項（個人背景及中介變項）影響各校學生學習成就之差異，以及是否有其他的學校組織變項會影響學習成就；(2)了解影響台灣國二學生學習成就因素之跨層級解釋變項的交互作用。其模式的階層線性模

式如下：

階層一模式：$Y_{ij}=\beta_{0j}+\beta_{1j}X_{ij}+\varepsilon_{ij}$　$\varepsilon_{ij} \sim N(0,\sigma^2)$

階層二模式：$\beta_{0j}=\gamma_{00}+\gamma_{01}Z_j+u_{0j}$　$u_{0j} \sim N(0,\tau_{00})$　$Cov(\varepsilon_{ij},u_{0j})=0$

$\quad\quad\quad\quad\quad\beta_{1j}=\gamma_{10}+\gamma_{11}Z_j+u_{1j}$

　　式中：Y_{ij} 代表第 j 所學校第 i 位學生的學習成就、β_{0j} 為階層一中第 j 所學校的平均學習成就、β_{1j} 為斜率、X_{ij} 為解釋變項、ε_{ij} 為階層一之隨機效果（學生層次）、γ_{00} 為第一層各組迴歸模式截距項的平均數（即所有學生學習成就的平均分數）、γ_{01} 為第二層模型對於第一層模型平均截距項解釋變數的斜率、γ_{10} 為第一層迴歸模式斜率的平均數、γ_{11} 為第二層模型對於第一層模型平均斜率解釋變數的斜率、Z_j 為解釋變項（包括脈絡變項與總體層次的組織變項）、u_{0j} 與 u_{1j} 均為隨機效果。

　　最後，要說明的是，本研究有多種模型設計，主因是因為不同理論模型會搭配不同因素，所以各模型設定的變項不一，在模型中要投入的變項也不同，因而在符號說明上，第七、八、九、十章各節會依各模型條件設定再來說明，如此應能更容易掌握模型的意義；而上述所提供的則是一般通式。

第四篇

研究結果與討論——
實證發現篇

經由上述的背景導論篇、學理基礎篇、實證設計篇的相關內容說明，以下將針對本研究所提出的六項主要研究假設進行檢定，同時針對所發現的研究結果進行深入的討論。本篇共有五章，第七章是在進行 HLM 之前，宜先對於所要分析的資料進行先期分析；第八章為直接效果檢定，它主要在回答本研究所提出的研究假設一、研究假設三及研究假設四，也就是個體層次、脈絡變項以及總體層次變項對於學習成就的影響；第九章則在回答研究假設六，即個體層次與總體層次因素對於學習成就影響的交互作用效果，並進行深入的討論；第十章則是對於影響學習成就的間接效果檢定，它主要在回答本研究所提出的研究假設二及研究假設五，也就是學生背景變項透過中介變項影響學習成就，以及總體層次變項透過個體層次的中介變項影響學習成就，經由研究結果的發現，也深入的討論；第十一章則是多層次模型的比較以及對於研究假設檢驗結果的歸納。

第七章　資料先期分析與討論

　　在分析影響台灣國二學生學習成就的影響因素之多層級模型之前，宜先對於所獲得的資料進行先期的分析，以了解資料結構是否符合基本假定，尤其是變項的變異數同質性、各變項之平均數在各校的差異情形，以及自變項與依變項之間的關聯程度。Pedhazur（1997）建議，在進行 HLM 分析之前，必須先進行資料特性檢測與探索分析，使 HLM 確實能夠針對資料的階層結構有效處理。透過這些先期資料的檢查，以了解這項資料的結構特性，進而刪除不必要的資料，以提出一個規模較小，又有意義的階層線性模型。

第一節　多層次模型資料的檢定與討論

壹、變異數同質性分析

　　為檢定個體層次與總體層次變項的同質性，本研究分別對個體與總體層次的樣本，以隨機取樣的方式，在個體層次取 50% 的樣本（SPSS軟體有此功能），而以另外 50% 的樣本進行 Levene 同質性統計量檢定，以了解本研究所獲得的資料是否違反基本假定；總體層次的變項也以相同方式處理。經過分析之後，結果如表 7-1 所示。表中可以看出個體層次的變項都大於 .05 的顯著水準，因此接受本研究在個體變項的變異數同質性之假設；而在總體層次的變項上，僅看到教學資源一項達到 .05 的顯著水準，其餘變項，包括脈絡變項均大於 .05 的顯著水準。因此，確認了本研究變項分數之變異數同質性的情形不被違反。

表 7-1 個體與總體層次變項的同質性檢定

變項		樣本	平均數	標準差	Levene 統計量	*t*值	顯著性
個體層次							
父親教育程度	1	1,629	0.05	0.97	1.99	0.94	.33
	0	1,637	-0.02	1.00			
母親教育程度	1	1,628	0.01	0.98	0.38	0.93	.34
	0	1,638	0.00	1.01			
自我期望	1	1,397	0.01	1.02	0.22	2.34	.13
	0	1,401	0.01	0.99			
文化資本	1	1,610	0.03	1.00	1.22	0.07	.80
	0	1,609	-0.02	0.99			
回家作業	1	1,522	2.08	0.73	0.33	0.18	.67
	0	1,527	2.07	0.73			
學習興趣	1	1,638	1.93	0.90	-0.36	0.00	.97
	0	1,645	1.94	0.90			
數學自信	1	1,635	1.83	0.84	-0.34	0.39	.53
	0	1,636	1.84	0.84			
數學成績	1	1,643	0.00	1.01	-0.27	0.75	.39
	0	1,647	0.01	1.00			
總體層次							
學校規模	1	83	1,911.47	1,273.85	1.27	0.26	.26
	0	65	1,860.32	1,026.28		0.27	
學校學生家庭富裕比率	1	79	1.62	0.91	0.04	0.21	.84
	0	63	1.59	0.98		0.21	
學校所在的城鄉	1	80	3.54	1.03	0.14	-0.97	.70
	0	60	3.72	1.15		-0.95	
教學資源	1	82	2.24	0.53	4.79	-1.80	.03
	0	66	2.41	0.58		-1.78	
學校氣氛	1	84	2.50	0.59	0.02	0.71	.89
	0	65	2.43	0.59		0.71	
學生就學情形	1	80	2.46	0.57	1.28	0.16	.26
	0	65	2.45	0.64		0.16	
學習成就平均數	1	84	-0.03	0.50	0.11	0.17	.74
	0	66	-0.04	0.50		0.17	
母親教育程度平均數	1	84	0.00	0.35	2.30	0.80	.13
	0	66	-0.05	0.43		0.78	
父親教育程度平均數	1	84	0.02	0.38	0.61	1.44	.43
	0	66	-0.08	0.44		1.42	
文化資本平均數	1	84	-0.03	0.42	0.20	0.17	.66
	0	66	-0.04	0.44		0.17	
回家作業平均數	1	84	2.07	0.39	0.56	0.78	.45
	0	66	2.02	0.41		0.78	
學習興趣平均數	1	84	1.94	0.29	0.01	1.41	.91
	0	66	1.87	0.31		1.40	
數學自信平均數	1	84	1.83	0.27	0.00	0.75	.98
	0	66	1.79	0.27		0.75	

註：1 代表隨機抽樣的 50% 樣本，0 代表另外的 50% 樣本。

　　此外，可以從第一層模式迴歸係數的實證貝式（Empirical Bayes）之學習成就殘差項的盒形圖，如圖 7-1 所示，了解 122 所學校中的學習成就，從縱座標來看盒形圖的間距，雖略有不一，但是整體來看，其一致性仍頗高，代表其殘差具有同質性。

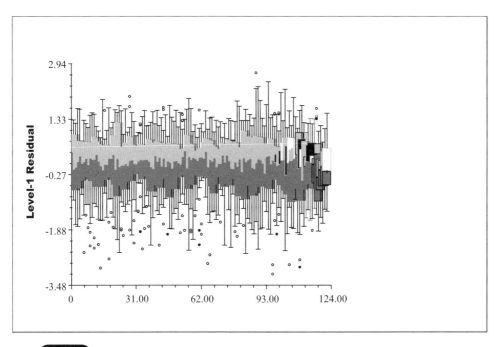

図 **7-1**　以第一層模式迴歸係數的實證貝式之學習成就殘差項的盒形圖

貳、個體層次變項的差異性檢定

　　為了解各個學校在個體層次變項的平均數差異情形，本研究以單因子變異數分析來檢定。經過分析之後，從表 7-2 可以看到，學習成就、父親教育程度、母親教育程度、自我期望、文化資本、數學自信、學習興趣，以及回家作業等，都達到 .01 的顯著水準，這表示台灣參與 TIMSS 2007 的 122 所學校之國二學生學習

成就及其個人層次因素有其明顯的差異，是不可以被忽略的現象。而總體層次的組織變項及脈絡變項，因為各校僅有校長填寫，在資料分析時無法以單因子變異數分析，對 122 所學校的總體變項進行檢定，來了解各變項的差異情形。經由上述，本研究可以使用多層次模型分析來檢定影響台灣國二學生的學習成就因素。

表 7-2 個體層次變項的變異數分析檢定

變項	變異來源	SS	df	MS	F
學習成就	組間	9,156,841.49	121	75,676.38	9.02**
	組內	26,561,455.33	3,167	8,386.95	
	總和	35,718,296.82	3,288		
父親教育程度	組間	529.34	121	4.37	5.15**
	組內	2,671.12	3,143	0.85	
	總和	3,200.46	3,264		
母親教育程度	組間	487.87	121	4.03	4.62**
	組內	2,743.71	3,143	0.87	
	總和	3,231.58	3,264		
自我期望	組間	459.67	121	3.80	4.29**
	組內	2,369.69	2,675	0.89	
	總和	2,829.36	2,796		
文化資本	組間	585.02	121	4.83	5.73**
	組內	2,610.32	3,096	0.84	
	總和	3,195.34	3,217		
數學自信	組間	514.43	121	4.25	11.21**
	組內	1,109.69	2,926	0.38	
	總和	1,624.12	3,047		
學習興趣	組間	318.60	121	2.63	3.57**
	組內	2,333.09	3,160	0.74	
	總和	2,651.69	3,281		
回家作業	組間	249.49	121	2.06	3.16**
	組內	2,051.29	3,148	0.65	
	總和	2,300.77	3,269		

** $p < .01$

　　本研究運用 TIMSS 2007 的資料，採用二階段取樣法，所抽取出來的各校學生分屬於 122 所學校。為了了解這些學校的學習成就差異，除了由上述的單因子變異數分析檢定之外，更可以將各校的學生學習成就分配情形以圖形來呈現，如圖 7-2 所示。從圖中可以看出，最小值為 467.9 分，最大值為 728 分；從圖中也可以看出線條的高低起伏，代表每一所學校的平均學習成就有明顯不同。

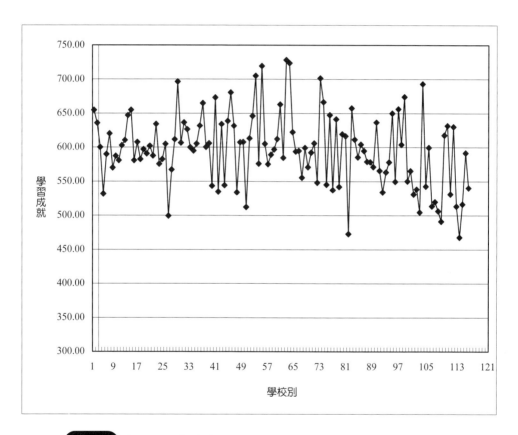

　圖 7-2　台灣國二學生參與 TIMSS 之學校學生平均學習成就分布

　　此外，本研究也從 122 所學校的截距項，繪製如圖 7-3 所示。由圖中可以看出，各校學習成就的平均值是不一樣的。圖中是以第二層模式迴歸係數的實證貝式所估計出來的係數，以及其 95%的信賴區間，圖中之排列係以受施測學校的號

碼來呈現，可以看出各校的截距項高低起伏，代表 122 所學校在平均學習成就上是不一樣的（註：圖中原來的線條應該有三種顏色，藍色代表最低組學校、綠色代表最高組學校截距，紅色為中位數組的學校）。

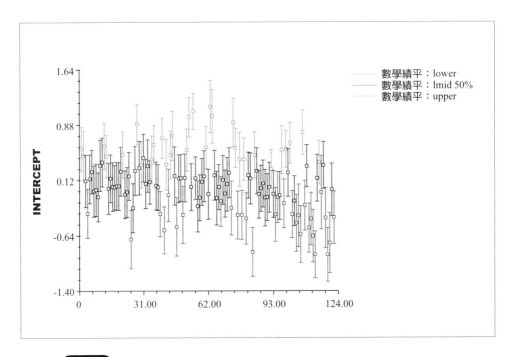

圖 7-3   以第二層模式迴歸係數的實證貝式之學習成就截距項分布

參、個體與總體層次因素在學習成就的迴歸分析

對於資料的檢視，還可以從不同的統計方法來檢視變項之間的關聯，來探討究竟本研究從文獻探討中所歸納的變項，與後來選取的自變項與依變項之間的關聯是否具有顯著性；它可以運用皮爾遜相關係數與迴歸分析來掌握。本研究透過迴歸分析來檢視，經過分析之後，由表 7-3 可以發現，在個體層次的變項中，除了母親教育程度未達統計的顯著水準之外，父親教育程度、自我期望、文化資本與數學自信等，都達到統計的顯著水準，此代表這些變項是可以明顯的預測學習

成就。需要說明的是，迴歸分析沒有考慮不同階層之間的資料結構關係，會造成型 I 誤差（type I error）過於膨脹，容易發生分析結果解釋的偏誤（邱皓政譯，2006；溫福星，2006；Kreft & de Leeuw, 1998; Raudenbush & Bryk, 2002; Raudenbush et al., 1991）。因此，上述的分析僅提供初步的參考。

表 7-3 個體層次變項的迴歸分析摘要

變項	b	估計標準誤	β	t 值	VIF
常數	-1.11	0.05		-20.27**	
男生	-0.09	0.03	-0.05	-3.14**	1.08
父親教育程度	0.06	0.02	0.06	3.22**	1.65
母親教育程度	-0.02	0.02	-0.02	-1.23	1.63
自我期望	0.28	0.02	0.29	17.84**	1.27
文化資本	0.15	0.02	0.16	9.83**	1.24
回家作業	0.13	0.02	0.10	6.72**	1.06
學習興趣	0.12	0.02	0.11	5.79**	1.76
數學自信	0.40	0.02	0.36	18.33**	1.84
Adj-R^2	.469				
F 值	$F(8, 2573)$	=286.5**			

** $p < .01$

　　本研究透過迴歸分析總體層次的變項之後的發現，如表 7-4 所示。在總體層次變項中，除了學校規模、學校學生家庭富裕比率、教學資源、學校氣氛、學生就學情形，以及脈絡變項中的平均母親教育程度未達統計的顯著水準之外，學校所在的城鄉、平均父親教育程度、平均自我期望、平均文化資本，以及平均數學自信等變項，都達到統計的顯著水準，此代表這些變項是可以在總體變項中，明顯預測學生的學習成就。

　　需要說明的是，上述的迴歸方程式僅是初步的掌握自變項與依變項之間的關聯程度，並沒有考量樣本具有巢套特性，所以推論上會受疑慮。TIMSS 2007 的樣本以學校為單位抽取，樣本可能有群聚的共同經驗以及特殊價值偏好，但上述的迴歸方程式未能納入考量。因此，本研究對總體層次與個體層次因素進行先期的

表 7-4 總體層次變項的迴歸分析摘要

變項	b	估計標準誤	β	t 值	VIF
常數	-1.49	0.25		-6.04**	
學校規模	0.00	0.00	0.02	0.41	1.27
學校學生家庭富裕比率	0.00	0.02	0.00	0.09	1.36
學校所在的城鄉	0.06	0.02	0.12	2.53*	1.68
教學資源	-0.07	0.04	-0.08	-1.91	1.15
學校氣氛	-0.04	0.04	-0.04	-1.01	1.26
學生就學情形	0.06	0.04	0.07	1.73	1.19
平均母親教育程度	-0.26	0.11	-0.20	-2.39*	5.23
平均父親教育程度	0.10	0.11	0.08	0.88	5.86
平均自我期望	0.44	0.09	0.34	5.11**	3.32
平均文化資本	0.41	0.09	0.35	4.68**	4.05
平均回家作業	0.13	0.06	0.10	2.21*	1.55
平均學習興趣	0.24	0.11	0.15	2.23*	3.23
平均數學自信	0.36	0.12	0.20	2.85**	3.57
Adj- R^2	.825				
F 值	$F(13,109)$	=47.4**			

* $p < .05$; ** $p < .01$

資料檢定，其目的在了解顯著變項與本研究選取的變項是否有顯著差異。這可以回應許多研究中，其所指出之進行多層次模型之前宜有先期資料分析的論點（Pedhazur, 1997; Raudenbush & Bryk, 1986）。大致而言，這些變項是可以納入 HLM 的模式分析，但究竟這些變項在不同階層對於學習成就的影響情形，則需要進一步以 HLM 進行檢定之後，才可以獲得真正答案。

第二節　零模型的檢定與討論 ⟶

壹、檢定結果

　　以下是運用階層線性模式中，具有隨機效果的單因子變異數分析模式（零模型），分析 TIMSS 2007 的資料，以檢定各校學生的學習成就之間是否具有差異。也就是說，在估計影響國二學生學習成就因素的總變異量中有多少變異，是由校際之間的變異量所造成，以提供相關資訊，做為分析其他模式的比較依據。本模式的階層線性模式如下：

階層一模式：$Y_{ij}=\beta_{0j}+\varepsilon_{ij}$　　$\varepsilon_{ij}\sim N(0,\sigma^2)$

階層二模式：$\beta_{0j}=\gamma_{00}+u_{0j}$　　$u_{0j}\sim N(0,\tau_{00})$

混合模型：$Y_{ij}=\gamma_{00}+\beta_{0j}+\varepsilon_{ij}$

　　式中：Y_{ij} 代表第 j 所學校第 i 位學生的學習成就、β_{0j} 為第 j 所學校的平均學習成就、ε_{ij} 為階層一之隨機效果（學生層次或稱為個體層次）、γ_{00} 為各學校平均學習成就的平均數、u_{0j} 為階層二之隨機效果（學校層次或稱為總體層次）、σ^2 是個體層次分數的變異數（ε_{ij}）（也就是組內變異量，本研究稱之為校內的變異量）、τ_{00} 是總體層次分數的變異數（u_{0j}）（即組間變異量，本研究稱之為校際之間的變異量）。

　　在跨層級模型分析中，應先檢視跨層級在變項的差異效果存在，所以從隨機效果的單因子變異數分析模式（因為它對於自變項都沒有納入，所以又稱為零模型或稱為完全無條件模型）提供此分析之依據。經過檢定之後，其結果如表 7-5 所示，由該表可知，122 所學校學生學習成就的平均數（γ_{00}）為 .086（本研究已

將學習成就以標準化 Z 分數轉換），標準誤為 .044。同時在 HLM 所跑出來的原始報表中，零模型（null model）在學習成就的整體信度估計（reliability estimate）指標為 .853，表示以各校學生的平均學習成就為估計值，做為各校真實學生平均學習成就的指標，其可信度是相當高的。在階層二隨機效果的 χ^2 值為 873.93，df =121，達到 .001 的統計顯著水準，因此拒絕了 τ_{00} 為 0 的虛無假設，它說明了各校學生學習成就之間具明顯差異。

表 7-5　學生學習成就在隨機效果的單因子變異數分析

固定效果	係數	估計標準誤	t 值
階層二　學校平均學習成就之平均數 γ_{00}	.0858	.044	1.96*
隨機效果	**變異數**	***df***	**χ^2**
階層二　校間的平均學習成就分數 $u_{0j}(\tau_{00})$	.200	121	873.93***
階層一　校內的平均學習成就分數 $\varepsilon_{ij}(\sigma^2)$	.686		
離異係數（$-2LL$）	6511.48		

*$p < .05$; *** $p < .001$

本研究階層二的各校之間平均學習成就變異數 τ_{00} =.200，組內平均學習成就變異數 σ^2 =.686，依此可以算出內在組別相關係數（intraclass correlation coefficient）ρ =.200／（.200+.686）=.226，模式得到的 ρ > .138，代表具有高度相關程度（Cohen, 1988）。組內相關係數或集群效果（cluster effect）可以做為組間變異數與組內變異數的相對程度或解釋力（R^2），若是高於 .059，則各校之間的學習成就即存在著明顯差異。以台灣參與 TIMSS 2007 的國二學生來說，因為參與施測學校之間的學習成就差異性大，僅運用具有隨機效果的變異數分析，來比較各校之間的學習成就差異，就能夠解釋 22.6%，這個解釋力達 .01 的顯著水準，它也說明了有 77.4% 是校內差異所造成。可見，台灣參與 TIMSS 2007 的學生學習成就差異，除了由各校之間的差異所造成，還有其他相關變項，足以解釋校際之間造成學生學習成就差異的因素。所以，在分析影響台灣參與 TIMSS 2007 的學生學習成就因素時，不能只用傳統的迴歸分析模式，必須考慮校際間的差異。是故，影響台灣國二學生的學習成就分析可以運用多層次模型來進行。此外，表中可以看

出離異係數（deviance coefficient）值為負兩倍的對數概似函數值（-2*Log likeli-hood, -2LL），它是用來反應估計模型後的適配度參考標準（Raudenbush & Bryk, 2002），也就是作為後續模型適配度改善程度之測量基礎。

貳、討論

　　經由對資料樣本的同質性、運用傳統的迴歸分析在學習成就因素的影響、以第一層模式迴歸係數的實證貝式之學習成就殘差項的盒形圖了解、對台灣國二學生參與TIMSS之學校學生平均學習成就分布，以及以第二層模式迴歸係數的實證貝式之學習成就的截距項分布都發現，台灣國二學生參與 TIMSS 2007 的資料，各校之間的學習成就具有明顯差異，不適合傳統的迴歸分析。因此，本研究以HLM 進行二階層擬以由簡而繁的次模型，到完整模型之階層模型來分析。

　　在 HLM 的零模型檢定之後，台灣參與 TIMSS 2007 的 122 所學校學生的學習成就，階層二的隨機效果達顯著水準，它說明了各校學生學習成就之間的差異明顯不同。分析發現，各校之間的學習成就存在差異，能解釋影響台灣國二學生學習成就的因素有 22.6% 由各校差異所造成。台灣參與 TIMSS 2007 的施測校際之間之學生學習成就差異，不能只用傳統的迴歸分析模式，必須考慮校際之間的差異。若僅使用傳統的迴歸分析，而沒有考慮兩層之結構關係，會造成型 I 誤差（type I error）過於膨脹，並容易發生分析結果解釋的偏誤（林原宏，1997；邱皓政譯，2006；陳正昌等，2003；溫福星，2006；劉子鍵、林原宏，1997）。是故，影響台灣國二學生的學習成就分析，可以運用多層次模型來進行，這會比較完整且在研究推論中更為精確。

　　本研究發現，台灣的國二學生學習成就的差異有 22.6% 是由各校之間所造成，這結果與 O'Dwyer（2005）研究 23 個參與 TIMSS 1995 及 TIMSS 1999 的國家和地區，各校之間的學生學習成就差異解釋量有一致的發現，例如：他發現在 1999 年，澳洲、比利時、加拿大、香港、匈牙利、以色列、日本、南韓、荷蘭、紐西蘭、美國、新加坡的解釋量各為 48%、34%、13%、57%、32%、32%、9%、

7%、49%、54%、59%、70%。從數字來看，僅日本及南韓較小，其他各國學生的學習成就受到各校差異的影響很大；而在 1995 年，上述國家的差異為 53%、45%、26%、60%、23%、32%、13%、9%、60%、50%、60%、59%，與 1999 年相比也頗為接近，可見各國的學習成就差異受到各校的差異影響很大。

經由上述的研究發現，台灣國二學生參加 TIMSS 2007 的學習成就，在各校的平均數上具有明顯差異，同時學習成就差異有 22.6%是各校之間所造成。可見，如果在進行影響台灣國二學生的學習成就分析時，不可以將各校之間的差異性予以忽略，更不可以運用傳統的多元迴歸方程式進行分析。

第八章　直接效果的檢定與討論

本章將針對影響台灣國二學生學習成就因素的直接效果檢定情形進行說明，共分為三節：第一節為個體層次變項的結果與討論，第二節為脈絡模型的結果與討論，第三節為總體層次組織變項的結果與討論。

第一節　個體層次變項的結果與討論　➡

由隨機效果的單因子變異數分析模式發現，TIMSS 2007 的各校平均學習成就有明顯差異，其中由各校之間所造成的變異量占 23.0%，這表示還有其他相關變項，可以解釋各校之間的學生學習成就差異。因此，以下就以隨機效果的單因子共變數分析模式和隨機係數的迴歸模型，分析有關個體層次中的個人及中介變項對於學習成就的影響情形。

壹、檢定結果

一、隨機效果的單因子共變數分析模式

為了初步回答本研究的研究假設一與研究假設三，本研究以隨機效果的單因子共變數分析模式，檢定台灣國二學生參與 TIMSS 2007 的資料，以了解學生個體層次的背景變項與中介變項，是否能解釋各校學生學習成就之差異情形。本模式的階層線性模式如下：

階層一模式：$Y_{ij}=\beta_{0j}+\beta_{1j}X_{1ij}+\beta_{2j}X_{2ij}+\beta_{3j}X_{3ij}+\beta_{4j}X_{4ij}+\beta_{5j}X_{5ij}+\beta_{6j}X_{6ij}+\beta_{7j}X_{7ij}+\beta_{8j}X_{8ijj}+\varepsilon_{ij}$

$\varepsilon_{ij} \sim N(0,\sigma^2)$

階層二模式：$\beta_{0j}=\gamma_{00}+u_{0j}$　　$u_{0j}\sim N(0,\tau_{00})$

$\qquad\qquad\quad\beta_{1j}=\gamma_{10}$

$\qquad\qquad\quad\beta_{2j}=\gamma_{20}$

$\qquad\qquad\quad\beta_{3j}=\gamma_{30}$

$\qquad\qquad\quad\beta_{4j}=\gamma_{40}$

$\qquad\qquad\quad\beta_{5j}=\gamma_{50}$

$\qquad\qquad\quad\beta_{6j}=\gamma_{60}$

$\qquad\qquad\quad\beta_{7j}=\gamma_{70}$

$\qquad\qquad\quad\beta_{8j}=\gamma_{80}$

　　式中：Y_{ij} 代表第 j 所學校第 i 位學生的學習成就、X_{1ij} 代表第 j 所學校第 i 位學生的性別（虛擬變項，以男生=1，女生=0）、X_{2ij} 代表第 j 所學校第 i 位學生的父親教育程度、X_{3ij} 代表第 j 所學校第 i 位學生的母親教育程度、X_{4ij} 代表第 j 所學校第 i 位學生的自我期望、X_{5ij} 代表第 j 所學校第 i 位學生的文化資本、X_{6ij} 代表第 j 所學校第 i 位學生的回家作業、X_{7ij} 代表第 j 所學校第 i 位學生的學習興趣、X_{8ij} 代表第 j 所學校第 i 位學生的數學自信。

　　β_{0j} 為第 j 所學校的平均學習成就、β_{1j} 為第 j 所學校學生的性別（男生=1，女生=0）對學習成就影響的平均數（因為表達過於冗長，所以以下將「對學習成就影響的平均數」簡稱為「對學習成就影響」）、β_{2j} 為第 j 所學校學生的父親教育程度對學習成就影響、β_{3j} 為第 j 所學校學生的母親教育程度對學習成就影響、β_{4j} 為第 j 所學校學生的自我期望對學習成就影響、β_{5j} 為第 j 所學校學生的文化資本對學習成就影響、β_{6j} 為第 j 所學校學生的回家作業對學習成就影響、β_{7j} 為第 j 所學校學生的學習興趣對學習成就影響、β_{8j} 為第 j 所學校學生的數學自信對學習成就影響。

　　ε_{ij} 為階層一之隨機效果、γ_{00} 為各學校平均學習成就的平均數、γ_{10} 為各校學生的性別（男生=1，女生=0）對學習成就影響、γ_{20} 為各校學生的父親教育程度對學習成就影響、γ_{30} 為各校學生的母親教育程度對學習成就影響、γ_{40} 為各校學生

的自我期望對學習成就影響、γ_{50} 為各校學生的文化資本對學習成就影響、γ_{60} 為各校學生的回家作業對學習成就影響、γ_{70} 為各校學生的學習興趣對學習成就影響、γ_{80} 為各校學生的數學自信對學習成就影響、u_{0j} 為第 j 所學校之學習成就與整體平均學習成就之間的差異，其變異數為 τ_{00}。經過估計之後，如表 8-1 所示。

表 8-1　學生學習成就在隨機效果的單因子共變數分析

固定效果	係數	估計標準誤	t 值
β_0			
階層二　學校平均學習成就之平均數 γ_{00}	-1.033	.078	-13.21**
β_1			
性別（男=1，女=0）對學習成就影響 γ_{10}	-.106	.027	-3.95**
父親教育程度對學習成就影響 γ_{20}	.038	.017	2.22*
母親教育程度對學習成就影響 γ_{30}	-.035	.018	-1.98*
自我期望對學習成就影響 γ_{40}	.249	.016	15.85**
文化資本對學習成就影響 γ_{50}	.122	.017	7.32**
回家作業對學習成就影響 γ_{60}	.098	.025	3.87**
學習興趣對學習成就影響 γ_{70}	.114	.019	5.81**
數學自信對學習成就影響 γ_{80}	.389	.022	17.79**
隨機效果	**變異數**	***df***	χ^2
階層二　校間的平均學習成就分數 $u_{0j}(\tau_{00})$	.058	121	464.97***
階層一　校內的平均學習成就分數 $\varepsilon_{ij}(\sigma^2)$	.419		
離異係數（-2LL）	5228.55		

$* p < .05; ** p < .01; *** p < .001$

　　由表中可以看出，在固定效果中，8 個變項都達到 .05 以上統計的顯著水準。在模式中，性別達到統計的 .01 顯著水準，代表各校男生比女生在學習成就影響的平均數（γ_{10}）還小，也就是女生的學習成就明顯高於男生。各校學生的母親教育程度對學習成就影響的平均數（γ_{30}）若較高，他們的學習成就反而會較低；而各校學生的父親教育程度對學習成就影響的平均數若較高，他們的學習成就卻會

愈好。更有意義的是，各校學生的自我期望（ γ_{40} ）、文化資本（ γ_{50} ）、回家作業（ γ_{60} ）、學習興趣（ γ_{70} ）、數學自信（ γ_{80} ）若愈高，對學習成就影響的平均數就愈高、學生學習成就會愈好。仔細解讀其意涵是，學生自我期望（ γ_{40} =.249）代表著，每增加一個單位，學生的學習成就會提高 0.249 分（在此的學習成就已轉換為標準化 Z 分數）；而學生的數學自信（ γ_{80} =.389），也代表著每增加一個單位，就可以提高 .389 分的學生學習成就分數。而文化資本（ γ_{50} =.122）方面，代表著每增加一個單位的文化資本，就會提高學習成就 0.122 分。從這些變項來看，數學自信影響學習成就程度最高，其次為自我期望，第三為文化資本，第四為學習興趣，最後是母親教育程度。

在階層二的隨機效果中， τ_{00} =.058， df =121， χ^2 =464.97，達 .001 的顯著水準，這表示將本研究所納入的個體層次變項（個人背景及中介變項）分析，在這 8 個變項對學習成就的影響固定情形下，各校學生學習成就的平均值仍有明顯不同，這與隨機效果的單因子變異數分析的結果一樣。然而，從各校之間平均數學成就變異數 τ_{00} =.058，零模型為 .200，可見下降很多。這代表在階層一中加入解釋變項之後，能解釋學習成就變異的百分比或 R^2 為（.200-.058）／.200 = 71%。校內平均的學習成就變異數由零模型的 $\varepsilon_{ij}(\sigma^2)$ = .686，下降為 .419，表示在階層一加入 8 個解釋變項之後，能解釋校內學生學習成就變異數的百分比或 R^2 為（.686-.419）／.686 = 38.9%。同時，離異係數由零模型的 6511.45 降為 5228.55，減少了 1282.90，這表示隨機效果的單因子共變數分析模式之適配度比零模型還好。

二、隨機係數的迴歸模型

為了檢定這 122 所學校學生的學習成就所形成的各條迴歸方程式之截距項與斜率是否有明顯不同，也就是要回答本研究的研究假設一與研究假設三。本研究以隨機係數的迴歸模型，分析台灣國二學生參與 TIMSS 2007 的資料，以了解本研究所納入的全部個體層次變項，是否能解釋各校學生學習成就之差異情形，以及各校之間的個體層次變項，對學習成就的影響是否有明顯差異。在階層一加入解釋變項，而階層二設定為零模型；階層一模式的截距項與斜率，在階層二都設

定為隨機效果，可以隨機的變動。其階層線性模式如下：

階層一模式： $Y_{ij}=\beta_{0j}+\beta_{1j}X_{1ij}+\beta_{2j}X_{2ij}+\beta_{3j}X_{3ij}+\beta_{4j}X_{4ij}+\beta_{5j}X_{5ij}+\beta_{6j}X_{6ij}+\beta_{7j}X_{7ij}+\beta_{8j}X_{8ij}+\varepsilon_{ij}$

$\qquad\varepsilon_{ij}\sim N(0,\sigma^2)$

階層二模式： $\beta_{0j}=\gamma_{00}+u_{0j}\quad u_{0j}\sim(0,\tau_{00})$

$\qquad\beta_{1j}=\gamma_{10}+u_{1j}$

$\qquad\beta_{2j}=\gamma_{20}+u_{2j}$

$\qquad\beta_{3j}=\gamma_{30}+u_{3j}$

$\qquad\beta_{4j}=\gamma_{40}+u_{4j}$

$\qquad\beta_{5j}=\gamma_{50}+u_{5j}$

$\qquad\beta_{6j}=\gamma_{60}+u_{6j}$

$\qquad\beta_{7j}=\gamma_{70}+u_{7j}$

$\qquad\beta_{8j}=\gamma_{80}+u_{8j}$

　　式中的符號與隨機效果的單因子共變數分析模式大致相同，相同者即不再說明，要說明的是不相同之處：u_{0j}為第 j 所學校之學習成就與整體平均學習成就之間的差異，其變異數為 τ_{00} ；u_{1j} 為第 j 所學校學生的性別（虛擬變項，男性=1，女性=0）對學習成就影響的平均數之間的差異，與所有學校男生相對女生對學習成就影響的平均數之間的差異，其變異數為 τ_{11} ；u_{2j} 為第 j 所學校學生的父親教育程度對學習成就的影響，與所有學校學生的父親教育程度對學習成就影響的平均數之間的差異，其變異數為 τ_{21} ；u_{3j} 為第 j 所學校學生的母親教育程度對學習成就的影響，與所有學校學生的母親教育程度對學習成就影響的平均數之間的差異，其變異數為 τ_{31} ；u_{4j} 為第 j 所學校學生的自我期望對學習成就的影響，與所有學校學生的自我期望對學習成就影響的平均數之間的差異，其變異數為 τ_{41} ；u_{5j} 為第 j 所學校學生的文化資本對學習成就的影響，與所有學校學生的文化資本對學習成就影響的平均數之間的差異，其變異數為 τ_{51} ；u_{6j} 為第 j 所學校學生的回家作業對學習成就的影響，與所有學校學生的回家作業對學習成就影響的平均數之間的差異，

其變異數為 τ_{61}；u_{7j} 為第 j 所學校學生的學習興趣對學習成就的影響，與所有學校學生的學習興趣對學習成就影響的平均數之間的差異，其變異數為 τ_{71}；u_{8j} 為第 j 所學校學生的數學自信對學習成就的影響，與所有學校學生的數學自信對學習成就影響的平均數之間的差異，其變異數為 τ_{81}。

　　因為 TIMSS 2007 的資料結構具有巢套特性，故每所學校所估計出來的迴歸方程式之斜率應該不一樣。本研究就以台灣參與 TIMSS 2007 的 122 所學校學生的文化資本（解釋變項）對學習成就（依變項）為例，在 122 所學校學習成就的迴歸方程式之斜率坡度不一，如圖 8-1 所示。該圖顯示，122 所學校學生的文化資本對於學習成就的迴歸方程式斜率不相同，以綠色為線條者代表較高分的學校（圖中較高線條），其斜率比較陡，代表這些學校學生的文化資本對學習成就的影響較大（最上面線條）；而以藍色為斜率（圖中較低線條）的學校是較低者，也就

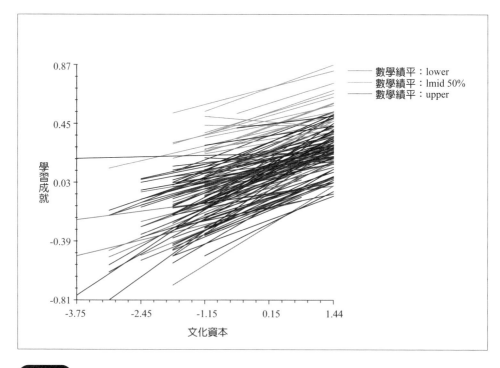

圖 8-1　隨機係數的迴歸模型估計 122 所學校的學習成就迴歸方程式（以文化資本為例）

是學生的文化資本對學習成就的影響力較小。是故，若以單一條迴歸方程式來反應 122 所學校學生的文化資本對於學習成就的影響，來解釋兩者之間的關係是不合理的。在隨機係數的迴歸模型中，每一個估計係數都有一個變異數，它可以反應 122 所學生學習成就的特殊性。以下就運用隨機係數的迴歸模型進行分析。經過資料檢定之後，結果如表 8-2 所示。

表 8-2 學生學習成就在隨機係數的迴歸模型分析

固定效果	係數	估計標準誤	t
β_0			
階層二　學校平均學習成就之平均數 γ_{00}	-.999	.077	-12.89**
β_1			
性別（男=1，女=0）對學習成就影響 γ_{10}	-.117	.026	-4.38**
父親教育程度對學習成就影響 γ_{20}	.045	.018	2.53*
母親教育程度對學習成就影響 γ_{30}	-.036	.018	-2.31*
自我期望對學習成就影響 γ_{40}	.237	.015	15.36**
文化資本對學習成就影響 γ_{50}	.119	.016	7.36**
回家作業對學習成就影響 γ_{60}	.087	.024	3.62**
學習興趣對學習成就影響 γ_{70}	.108	.020	5.47**
數學自信對學習成就影響 γ_{80}	.403	.022	18.66**
隨機效果	**變異數**	**df**	**χ^2**
階層二　校間的平均學習成就分數 τ_{00}	.376	113	191.45***
校間的性別（男=1，女=0）平均分數 τ_{11}	.013	113	117.54
各校間平均父親教育程度分數 τ_{21}	.004	113	129.65
各校間平均母親教育程度分數 τ_{31}	.006	113	113.85
各校間平均自我期望分數 τ_{41}	.004	113	136.17***
各校間平均文化資本分數 τ_{51}	.007	113	131.55
各校間平均回家作業分數 τ_{61}	.022	113	155.53***
各校間平均學習興趣分數 τ_{71}	.007	113	131.07
各校間平均數學自信分數 τ_{81}	.013	113	152.15***
階層一　校內的平均學習成就分數 $\varepsilon_{ij}(\sigma^2)$	.383		
離異係數（ $-2LL$ ）	5157.46		

* $p < .05$; ** $p < .01$; *** $p < .001$

　　由表 8-2 可以看出，固定效果中的 8 個變項都達到統計 .01 的顯著水準，代表這些變項明顯地影響學生的學習成就；而它與隨機效果的單因子共變數分析模式達到統計的顯著水準之變項一樣。其模式的意義是，各校女生的學習成就平均數明顯高於男生（ γ_{10} ）。在模式中也看到，各校學生的父親教育程度對學習成就影響的平均數若較高，他們的學習成就愈好；而學生的母親教育程度對學習成就影響的平均數則相反。在各校學生自我期望（ γ_{40} ）、文化資本（ γ_{50} ）、回家作業（ γ_{60} ）、學習興趣（ γ_{70} ）、數學自信（ γ_{80} ）對學習成就影響的平均數愈高，學生學習成就愈好。從固定效果來看，即學生自我期望（ γ_{40} ）＝ .237，代表每增加一個單位，學生的學習成就會提高 0.237 分，略比隨機效果的單因子共變數分析模式效果低；學生數學自信（ γ_{80} ）＝ .403，也代表每增加一個單位，可提高 0.403 的學生學習成就分數，它略比隨機效果的單因子共變數分析模式效果高；學生文化資本（ γ_{50} ）＝ .119，代表每增加一個單位，就會提高 0.119 的學習成就分數。就這些變項影響學習成就的重要性來看，以數學自信影響最高，其次為自我期望，第三為文化資本，性別與學習興趣緊追在後，最後則是母親教育程度。隨機係數的迴歸模型與隨機效果的單因子共變數分析模式，在變項的重要程度之順序是一樣的。

　　在階層二的隨機效果中， τ_{00} ＝.376， df ＝113， χ^2 ＝191.45，達到 .001 的顯著水準，這表示本研究納入 8 個個體層次變項對學習成就影響的控制下，各校學生學習成就的平均數仍有明顯不同；而這與隨機效果的單因子共變數分析的結果一樣。然而，從各校之間的平均學習成就變異數 τ_{00} ＝.376，隨機效果的單因子共變數模型為 .058。此為在階層一將隨機變數納入之後，無法解釋學習成就變異數的百分比。組內平均的學習成就變異數，由隨機效果的單因子共變數模型之 $\varepsilon_{ij}(\sigma^2)$ ＝ .419，下降為 .383，表示在階層一加入 8 個解釋變項之後，能解釋校內學生學習成就變異數的百分比為（ .419-.383 ）／.419 ＝ 8.6%。而 τ_{41} 、 τ_{61} 與 τ_{81} 都達到統計的顯著水準，以 τ_{41} 來說，代表 122 所學校學生的自我期望對學習成就影響的平均數之間有明顯差異； τ_{61} 顯著代表各校學生的回家作業對學習成就的影響力有明顯不同；以 τ_{81} 達到顯著的意義則是，各校學生的數學自信對學習成就的影響力有明顯差異。

同時，離異係數由隨機效果的單因子共變數模型的 5228.55 降為 5157.46，減少了 71.09，表示隨機係數的迴歸模型，比隨機效果的單因子共變數分析模式的適配度還要好一些。

貳、討論

由上述的研究發現，女生的學習成就明顯高於男生；學生的母親教育程度對學習成就影響若較高，學習成就反而較低；學生的父親教育程度對學習成就影響若較高，學習成就愈好。學生的自我期望、文化資本、回家作業、學習興趣、數學自信愈高，對學習成就影響愈高，學生學習成就愈好。其中，數學自信影響學習成就最高，其次為自我期望，第三為文化資本，最後是母親教育程度。隨機效果的單因子共變數分析模式在階層一加入解釋變項之後，能解釋學習成就變異為 71%。組內平均的學習成就變異，在階層一加入 8 個解釋變項之後，能解釋學生學習成就的變異為 38.9%。影響學習成就的因素依序為數學自信、自我期望、文化資本，均與學習成就有正向影響的關係；母親教育程度與學習成就為反向關係，而女生重要性高於男生有以下的討論。

首先，在性別方面，本研究發現女生的學習成就明顯高於男生，這與 Catsambis（1995）以及 Mullis 等人（2008）的研究發現一樣，但卻與李默英（1982）、蘇一如（2007）、陳麗妃（2005），以及張芳全（2006b）的研究發現不同。一般的社會刻版印象是男生的學習成就比女生好，但本研究的發現是國二女生的學習成就明顯高於男生。然而，本研究也發現，國二男生的學習興趣與數學自信明顯高於女生，而這樣的發現與 Unrau 和 Schlackman（2006）的研究指出，女生的外在動機（如強調競爭與分數）比男生高的研究發現，並不一樣。本研究的發現或許可以說明，台灣國二男生有學習興趣與數學自信，雖然學習興趣對於數學學習有較好的幫助，也可以提高他們的學習成就，但是對於男生的學習成就仍然有其限制，因而男生的學習成就比女生低一些。

其次，家長教育程度對於學習成就也有顯著影響。父親教育程度與學習成就

有正向顯著關係，這與以下相關的研究發現一致，即王三幸（1992）、吳文如（2004）、吳元良（1996）、Broeck 等人（2003）、Cheung 和 Andersen（2003）、Ma（2000），以及 Singh 和 Ozturk（2000）分析指出，家庭的社經地位對學生的學習成就有正向顯著影響。O'Dwyer（2005）研究 23 個參與 TIMSS 1995 及 TIMSS 1999 的國家和地區發現，1999 年的賽普勒斯、匈牙利、以色列、南韓、俄羅斯聯邦及斯洛維尼亞等都有正向顯著影響。然而，本研究發現，台灣國二學生的母親教育程度與學習成就呈相反關係，這也與 O'Dwyer 發現，1999 年參與 TIMSS 的比利時、香港、新加坡及泰國的發現是一樣的。照理來說，母親教育程度愈高，對於教育的重視應該更為強烈，然而本研究卻發現母親教育程度與學習成就為相反關係，這與預期不同。

在個體層次的變項討論，說明如下。

首先，在文化資本方面，本研究發現文化資本對學習成就有正向顯著影響，這與以下的研究發現一樣，即李文益、黃毅志（2004）研究發現，學生擁有精緻文化愈高，有助於其學業成績；余民寧等人（2009）研究發現，雙親學歷或家中教育設備愈好，對於學業成就有正向助益；柯淑慧（2004）以及許惠卿（2007）也都有相近的論點。國外許多研究也發現，文化資本對於學習成就有正向影響，例如：家中文化資本（如字典、電腦、書桌、百科全書）能協助學生教育成就的取得（Coleman et al., 1966; Downey, 1995; Eitle & Eitle, 2002; Nolen & Haladyna, 1990; Roscigno & Ainsworth-Darnell, 1999; Shavit & Blossfield, 1993）。然而，O'Dwyer（2005）研究 23 個參與 TIMSS 1995 及 TIMSS 1999 的國家和地區發現，在 1999 年，家中擁有電腦對於學習成就有正向影響的國家和地區，包括：加拿大、匈牙利、以色列、南韓、紐西蘭、斯洛伐克、斯洛維尼亞等，對於學習成就的解釋力都在 10% 以上。簡言之，本研究在個體層次的文化資本與學習成就的關聯性，支持了文化資本理論之說法。

其次，個體層次的自我期望對於學習成就有著正向影響，這與以下的研究發現一致，即林怡如（2003）研究發現，學生的數學自我效能與學習成就之間有顯著正相關；陳立琇（2005）研究發現，若自己期望最高學歷愈強烈，對學習成績

預測力愈高；同時與國外許多實證報告一致，如 Trusty（2000）研究指出，美國學生有較高的學習抱負，其學習成就也較高；House（2000b）研究發現，學生學業成就期望愈高，科學和數學學習表現愈好；Whang 和 Hancock（1994）研究發現，亞洲學童自我要求與家長教育期望影響學習成就，比非亞洲國家的學童還要高。更重要的是，O'Dwyer（2005）研究 23 個參與 TIMSS 1995 及 TIMSS 1999 的國家和地區發現，這兩年的學生學習態度、學習自信及學習興趣對於學習成就都有正向影響，例如：在 1995 年，南韓、斯洛伐克及賽普勒斯的解釋力各為47.6%、49.4%及 46.6%，其他國家都還有 10～30%不等的解釋力。本研究在個體層次的自我期望與學習成就的關聯性，支持了學習動機理論的說法。

第三，在學習興趣方面，本研究的發現與以下的研究發現一致，即吳淑珠（1997）、蔡文標（2003）、吳文瑜（2007）研究發現，學習興趣與數學自信對學習成就有影響力；國外的研究，如 Lee（1987）研究指出，學生學習動機對於學習成就有正向關係，學生成就動機愈強烈，對於所要完成的數學意願愈高，而要提高學習成就的機會就愈容易；House（1995a, 1995b）研究發現，中學學生的學習動機愈高，學習成就的表現也愈好。同時，Unrau 和 Schlackman（2006）研究指出，學生的內在與外在動機（學習興趣）對於學習成就（閱讀素養）有正向顯著的影響。基於上述，本研究發現，學習興趣與學習成就有正向影響關係，學習興趣愈好，學習成就愈高，這正說明了本研究個體層次的學習興趣與學習成就的關聯性，支持了學習動機理論的說法。

第四，就個體層次的數學自信來說，本研究的發現與以下的研究發現一致，即陳政帆（2006）、許惠卿（2007）、陳麗妃（2005）研究發現，學生的科學興趣、學習自信對學習成就為正相關，科學自信的相關性勝過科學興趣。尤其在張芳全（2006a）的研究顯示，學生抱負、數學信心及對學科的重視程度對學習成就有正向顯著的影響。同時，Ma（2000）研究發現，前一年的學習成就（先前經驗與數學自信心）對學習成就皆有顯著影響的實證結果一樣。基於此，學習興趣與學習成就有正向影響關係，學習興趣愈好，學習成就愈高。本研究在個體層次的學習自信與學習成就的關聯，支持數學自信會正向影響學習成就的論點，也支持

了學習動機理論的觀點。

第五，在回家作業與學習成就方面，本研究的發現與以下的研究結果相近，即陳美妤（2006）研究發現，提供適當頻率的家庭作業，班級科學的平均成績愈高；Keith 和 Keith（1993）研究發現，家庭作業時間數對於學業成就有著正向影響；Trautwein 等人（2002）研究指出，教師給學生回家作業的頻率對學生的學習成就有正向影響；Cooper 等人（1998）研究發現，低年級學生完成作業比率對學習成就有正向影響力。然而，也有些研究與本研究的發現不一樣，即張芳全（2007）研究發現，台灣、美國及日本的國二學生花在寫家庭作業的時間與完成數學作業時間，沒有顯著影響學習成就，此代表家庭作業不一定可以提高學生的學習成就。O'Dwyer（2005）研究 23 個參與 TIMSS 1995 及 TIMSS 1999 的國家和地區發現，紐西蘭、南韓與香港的教師回家作業給的次數愈多，學生的學習成就不會比較高，這也與本研究的發現不同。由上述可以看出，本研究在個體層次的回家作業對學習成就有正向影響，與先前的研究發現分歧。

第二節　脈絡模型的結果與討論

壹、檢定結果

本研究為回答研究假設四，台灣國二學生的總體層次因素（即脈絡變項，包含：平均文化資本、平均自我期望、平均學習興趣、平均數學自信、平均回家作業、平均雙親教育程度）顯著影響學習成就。本研究以脈絡模型來檢定影響學生學習成就的脈絡效果，其模式是在階層一的解釋變項平均值（ Z_j ，即階層一模式解釋變項以平均數計算，又稱為脈絡變項），作為階層二的截距項之解釋變項，斜率在階層二設定為隨機效果；階層一模式的截距項作為階層二的結果變項。本模式在了解影響台灣國二學生學習成就因素之脈絡變項，對各校學生的學習成就及其他變項是否有影響。其模式在階層一與階層二，比起隨機係數的迴歸模型多

了脈絡變項。其階層線性模式如下：

階層一模式：$Y_{ij}=\beta_{0j}+\beta_{1j}X_{1ij}+\beta_{2j}X_{2ij}+\beta_{3j}X_{3ij}+\beta_{4j}X_{4ij}+\beta_{5j}X_{5ij}+\beta_{6j}X_{6ij}+\beta_{7j}X_{7ij}+\beta_{8j}X_{8ij}+\varepsilon_{ij}$

$$\varepsilon_{ij} \sim N(0, \sigma^2)$$

階層二模式：$\beta_{0j}=\gamma_{00}+\gamma_{01}Z_1+\gamma_{02}Z_2+\gamma_{03}Z_3+\gamma_{04}Z_4+\gamma_{05}Z_5+\gamma_{06}Z_6+\gamma_{07}Z_7+\gamma_{08}Z_8+u_{0j}$

$$u_{0j} \sim N(0, \tau_{00}) \quad Cov(\varepsilon_{ij}, u_{0j})=0$$

$$\beta_{1j}=\gamma_{10}+u_{1j}$$

$$\beta_{2j}=\gamma_{20}+u_{2j}$$

$$\beta_{3j}=\gamma_{30}+u_{3j}$$

$$\beta_{4j}=\gamma_{40}+u_{4j}$$

$$\beta_{5j}=\gamma_{50}+u_{5j}$$

$$\beta_{6j}=\gamma_{60}+u_{6j}$$

$$\beta_{7j}=\gamma_{70}+u_{7j}$$

$$\beta_{8j}=\gamma_{80}+u_{8j}$$

　　式中的符號，與隨機係數的迴歸模型一樣，只是在階層二中多了脈絡變項（Z_j）及 γ_{ij}。經過檢定之後，如表 8-3 所示。

　　由表 8-3 可以看出，在固定效果之中，脈絡變項達到顯著水準的部分有兩項，它的意義是，當各校都有一樣的學習成就之下，自我期望愈高與文化資本愈多，學習成就愈好。而比較各校學生平均自我期望對學習成就的影響 γ_{03} = .203，以及各校學生平均文化資本對學習成就的影響 γ_{04} = .234 可以看出，平均文化資本比較重要。在隨機係數的迴歸模型中，這兩個脈絡變項也達到顯著水準，而其他五個脈絡變項在隨機係數的迴歸模型達到顯著，在此模式中卻沒有達到統計的顯著水準，這代表兩個顯著的脈絡變項更值得注意。因為這表示學生的自我期望與文化資本，在學校中有共同經驗或相近特性，很可能就是資料結構具有巢套性。這是分析影響台灣國二學生的學習成就因素，從脈絡變項找到影響的變項，值得未來研究重視與教師輔導學生學習成就時的參考。

表 8-3　學生學習成就的脈絡模型

固定效果	係數	估計標準誤	t 值
β_0			
階層二　學校平均學習成就之平均數 γ_{00}	-1.190	.192	-6.20**
脈絡變項			
各校平均父親教育程度對學習成就影響 γ_{01}	-.125	.096	-1.30
各校平均母親教育程度對學習成就影響 γ_{02}	.168	.100	1.68
各校平均自我期望對學習成就影響 γ_{03}	.203	.075	2.72**
各校平均文化資本對學習成就影響 γ_{04}	.234	.077	3.04**
各校平均回家作業對學習成就影響 γ_{05}	.039	.050	0.77
各校平均學習興趣對學習成就影響 γ_{06}	.117	.093	1.25
各校平均數學自信對學習成就影響 γ_{07}	-.014	.134	-.10
β_1			
性別（男=1，女=0）對學習成就影響 γ_{10}	-.121	.027	-4.48**
父親教育程度對學習成就影響 γ_{20}	.029	.018	1.65
母親教育程度對學習成就影響 γ_{30}	-040	.018	-2.28*
自我期望對學習成就影響 γ_{40}	.225	.016	13.67**
文化資本對學習成就影響 γ_{50}	.106	.016	6.48**
回家作業對學習成就影響 γ_{60}	.057	.024	2.34*
學習興趣對學習成就影響 γ_{70}	.109	.020	5.42**
數學自信對學習成就影響 γ_{80}	.393	.022	17.96**

隨機效果	變異數	df	χ^2
階層二　校間的平均學習成就分數 τ_{00}	.215	106	162.88***
校間的性別（男=1，女=0）平均分數 τ_{11}	.015	113	118.04
各校間平均父親教育程度分數 τ_{21}	.004	113	131.40
各校間平均母親教育程度分數 τ_{31}	.006	113	114.35
各校間平均自我期望分數 τ_{41}	.004	113	134.98***
各校間平均文化資本分數 τ_{51}	.008	113	132.86
各校間平均回家作業分數 τ_{61}	.018	113	153.43***
各校間平均學習興趣分數 τ_{71}	.007	113	132.98
各校間平均數學自信平均 τ_{81}	.010	113	153.55***
階層一　校內的平均學習成就分數 $\varepsilon_{ij}(\sigma^2)$	.381		
離異係數（-2LL）	5108.60		

$* \ p < .05; ** \ p < .01; *** \ p < .001$

表中亦可以發現，脈絡模型 γ_{10} 代表各組在 β_{1j} 上的平均數，依此類推；在這些變項中，未達到顯著者僅有各校的父親教育程度，其餘變項都達到顯著水準。在性別上，代表女生的學習成就明顯高於男生。同時在各校學生的自我期望（γ_{40}）、文化資本（γ_{50}）、回家作業（γ_{60}）、學習興趣（γ_{70}）、數學自信（γ_{80}）對學習成就影響的平均數愈高，學生的學習成就愈好。也就是說，自我期望（γ_{40} = .225），代表每增加一個單位，學生的學習成就會提高 0.225 分，略比隨機效果的單因子共變數分析模式效果低；數學自信（γ_{80} = .393），也代表每增加一個單位，可提高學生的學習成就 0.393 分，略比隨機效果的單因子共變數分析模式效果高；文化資本（γ_{50} = .106），代表每增加一個單位，就會提高學生的學習成就 0.106 分。就這些變項影響學習成就的重要性來看，以數學自信影響最高，其次為性別，第三為自我期望，第四為學習興趣，文化資本緊追在後，最後是母親教育程度。

貳、討論

經由上述的脈絡模型檢定影響學生學習成就的脈絡效果，僅有各校學生平均自我期望及各校學生平均文化資本對學習成就有顯著影響，這兩個脈絡變項值得注意，此結果有可能表示學生的自我期望與文化資本，在學校有共同經驗、相近特性或巢套特性，討論如下。

本研究的發現與蔡淑芳（2006）研究父母期望、自我期望與學習成就之間的關聯情形，驗證父母期望與自我期望愈高，學習成就亦愈高的發現是一樣的；然而，該研究是以個體層次進行分析，沒有論及脈絡變項所造成的影響。相對的，本研究的發現，代表不同學校學生有集體脈絡效應，也就是有較高的自我期望者聚集（本研究是以學校平均分數來分類）在同一個學校，這很可能的原因是，學生長期在學校互相生活觀摩而相互影響，因而平均的自我期望都較高，這是可以肯定的學校或班級的集體脈絡效應。而這也支持 Caldas 和 Bankston（1997）、Hauser（1970, 1974）、Kreft 和 de Leeuw（1988）、Miller 和 Murdock（2007），

以及 Orr（2003）對於學校脈絡情境與學習成就影響的相互呼應。更支持了 Rossi 和 Montgomery（1994）所指出的，脈絡情境歷程可以適切解釋對學習成就的影響，因為學生們分享信念、嗜好、興趣及同儕壓力所帶來的結果，會影響其學習成就。

　　而在平均文化資本方面，本研究發現學校平均文化資本愈高，學習成就愈好。學校平均文化資本愈高有多種原因，但是可以確定的是與家庭社會階層有關。城市學校學生的家長社會階層明顯高於鄉村學校，有較多的文化資本，所以學生的平均文化資本較高，學習成就也會受到正面影響。本研究的發現與陳家如（2006）的研究結果一致，她使用 HLM 分析發現，學校間的平均學測成績確實有差異；學校學生數、學校家長平均教育程度，以及學校所在地區等學校因素愈高，會增加學校的平均學測成績，進而增加學生的學測成績。O'Dwyer（2005）研究 23 個參與 TIMSS 1995 及 TIMSS 1999 的國家和地區後的發現，與本研究一樣；該研究指出，1995 年 23 個國家的學生平均家庭背景變項（包括雙親教育程度與家中圖書數）對於學習成就都有正向顯著的影響力，其中澳洲、紐西蘭及以色列的平均背景因素，可以解釋學習成就的變異量各有 73.4%、79.9%及 85.7%。而本研究也與 Marjoribanks（2002）認為，家庭背景、家庭結構與家庭教育資本（educational capital）、學生特質（student characteristics）等脈絡情境，對於學習成果會有影響的論點一致。

　　上述發現說明了，學校平均自我期望與平均文化資本等脈絡變項，對於學習成就有正向顯著的影響，也代表學校集體脈絡效應是不可以被忽視的重要因素。

第三節　總體層次組織變項的結果與討論 ⋯→

壹、組織變項的分析結果

　　從隨機效果的單因子變異數分析模式發現，台灣國二學生參加 TIMSS 2007 的各所學校平均學習成就差異達到統計的顯著水準，其中由學校所造成的變異量有 23.0%，可見還有其他變項可以解釋校際之間的學習成就差異。因此，以下的分析是運用階層一方程式之各組平均數（即各校平均數），作為階層二方程式的結果變項之迴歸模式。本節要檢定研究假設四（H_{4b}），納入總體層次變項，包括：學校規模、學校所在的城鄉、學校學生家庭富裕比率、學校氣氛、教學資源，以及學生就學情形等變項。這些都是總體層次的組織變項，運用這些變項來分析，以解釋各所學校學習成就的差異情形。其階層線性模式如下：

　　階層一模式：$Y_{ij}=\beta_{0j}+\varepsilon_{ij}$　　$\varepsilon_{ij} \sim N(0, \sigma^2)$
　　階層二模式：$\beta_{0j}=\gamma_{00}+\gamma_{01}Z_j+u_{0j}$　　$u_{0j} \sim N(0, \tau_{00})$　　$Cov(\varepsilon_{ij}, u_{0j})=0$

　　式中：Y_{ij} 代表第 j 所學校第 i 位學生的學習成就、β_{0j} 為第 j 所學校的平均學習成就、ε_{ij} 為階層一之隨機誤差、Z_j 為第 j 所學校的總體層次之組織變項、γ_{00} 為各所學校平均學習成就的平均數、γ_{01} 為學校的組織變項對各所學校平均學習成就的影響力、u_{0j} 為第 j 所學校之學習成就與整體平均學習成就之間的差異，其變異數為 τ_{00}。

一、學校所在的城鄉對於學習成就的影響

　　經過估計之後，如表 8-4 所示。學校所在的城鄉對各校平均學習成就有正向（$\gamma_{01} > 0$）影響，這代表愈在城市的學校，該校學生的學習成就愈高。如果與零

模型（如表 7-5 所示）比較，本模式可以解釋的變異量百分比為（.200-.155）／.200＝22.5%，學校所在的城鄉因素可以解釋各校平均學習成就差異有 22.5%的變異量。此外，τ_{00}＝.155，df＝120，χ^2＝699.43，達到 .001 的顯著水準，此代表除了學校所在的城鄉因素外，各校平均學習成就的差異，還有其他變項可以來解釋。本模式也解決了隨機效果的單因子變異數分析模式之隨機效果（u_{0j}）的顯著情形，從內在組別相關係數 ρ＝.155／（.155+.686）＝.184（18.4%），這數值與零模型（如表 7-5 所示）的 ρ 相比較，代表階層二的自變項，可以讓內在組別相關係數由 22.6%降為 18.4%。

表 8-4 以平均數為結果的迴歸模型（學校所在的城鄉）

固定效果	係數	估計標準誤	t 值
階層二　學校平均學習成就之平均數 γ_{00}	-.641	.138	-4.64**
學校所在的城鄉對各校平均學習成就影響 γ_{01}	.202	.037	5.52**
隨機效果	變異數	df	χ^2
階層二　校間的平均學習成就分數 $u_{0j}(\tau_{00})$	.155	120	699.43***
階層一　校內的平均學習成就分數 $\varepsilon_{ij}(\sigma^2)$	.686		
離異係數（-2LL）	6487.36		

** $p < .01$; *** $p < .001$

二、學校規模對於學習成就的影響

經過估計之後，如表 8-5 所示。學校規模對各校平均學習成就有顯著的正向（$\gamma_{01} > 0$）影響，此代表學校規模愈大，該校學生的學習成就愈高。與零模型（如表 7-5 所示）比較，它可以解釋的變異量百分比為（.200-.167）／.200＝16.5%，也就是說，學校規模可以解釋 16.5%的變異量，但是當去除了學校規模可以解釋的變異量之後，τ_{00}＝.167，df＝120，χ^2＝739.41，達到 .001 的顯著水準，此代表除了學校規模的因素之外，各校平均學習成就的差異，還有其他變項可以來解釋。從內在組別相關係數 ρ＝.167／（.167+.686）＝.196（19.6%），這數值與零模型（如表 7-5 所示）的 ρ 相比較，代表階層二的自變項，可以讓內在組別相關係數由 22.6%降為 19.6%。

表 8-5	以平均數為結果的迴歸模型（學校規模）			
固定效果		係數	估計標準誤	t 值
階層二　學校平均學習成就之平均數 γ_{00}		-.196	.074	-2.64**
學校規模對各校平均學習成就影響 γ_{01}		.000	.000	4.57**
隨機效果		變異數	df	χ^2
階層二　校間的平均學習成就分數 $u_{0j}(\tau_{00})$		.167	120	739.41***
階層一　校內的平均學習成就分數 $\varepsilon_{ij}(\sigma^2)$		.686		
離異係數（-2LL）		6508.99		

** $p < .01$; *** $p < .001$

三、教學資源對於學習成就的影響

經過估計之後，如表 8-6 所示。教學資源對各校平均學習成就沒有達到統計的顯著水準，此代表學校教學資源的多寡，不會影響該校學生的學習成就。

表 8-6	以平均數為結果的迴歸模型（教學資源）			
固定效果		係數	估計標準誤	t 值
階層二　學校平均學習成就之平均數 γ_{00}		.268	.191	1.404
教學資源對各校平均學習成就影響 γ_{01}		-.078	.080	-.098
隨機效果		變異數	df	χ^2
階層二　校間的平均學習成就分數 $u_{0j}(\tau_{00})$		.200	120	867.61***
階層一　校內的平均學習成就分數 $\varepsilon_{ij}(\sigma^2)$		.686		
離異係數（-2LL）		6511.89		

*** $p < .001$

四、學校氣氛對於學習成就的影響

經過估計之後，如表 8-7 所示。學校氣氛對各校平均學習成就有顯著正向（ γ_{01} ＞ 0）影響，此代表學校氣氛愈好，該校學生的學習成就愈高。與零模型（如表 7-5 所示）比較，本模式可以解釋的變異量百分比為（.200-.189）／.200 = 5.5%，即學校氣氛可以解釋 5.5% 的變異量。同時模式中的 τ_{00} =.189， df=120， χ^2

=815.26，達到 .001 的顯著水準，此代表除了學校氣氛之外，各校平均學習成就的差異，還有其他變項可以來解釋。從內在組別相關係數 ρ=.189／（.189+.686）= .216（21.6%），這數值與零模型（如表 7-5 所示）的 ρ 相比較，代表階層二的自變項，可以讓內在組別相關係數由 22.6%降為 21.6%。

表 8-7　以平均數為結果的迴歸模型（學校氣氛）

固定效果	係數	估計標準誤	t 值
階層二　學校平均學習成就之平均數 γ_{00}	-.426	.201	-2.12*
學校氣氛對各平均學習成就影響 γ_{01}	.204	.078	2.61**
隨機效果	**變異數**	***df***	**χ^2**
階層二　校間的平均學習成就分數 $u_{0j}(\tau_{00})$	.189	120	815.26***
階層一　校內的平均學習成就分數 $\varepsilon_{ij}(\sigma^2)$	.686		
離異係數（-2LL）	6506.24		

** $p < .05$; ** $p < .01$; *** $p < .001$

五、學生就學情形對於學習成就的影響

經過估計之後，如表 8-8 所示。學生就學情形對各校的平均學習成就沒有顯著影響，雖然 γ_{01} > 0，但是沒有達到統計的顯著水準，此代表學生就學情形沒有顯著影響學生的學習成就。

表 8-8　以平均數為結果的迴歸模型（學生就學情形）

固定效果	係數	估計標準誤	t 值
階層二　學校平均學習成就之平均數 γ_{00}	-.161	.162	-.99
學生就學情形對各校平均學習成就影響 γ_{01}	.099	.068	1.45
隨機效果	**變異數**	***df***	**χ^2**
階層二　校間的平均學習成就分數 $u_{0j}(\tau_{00})$	.200	120	857.41***
階層一　校內的平均學習成就分數 $\varepsilon_{ij}(\sigma^2)$	.686		
離異係數（-2LL）	6511.24		

*** $p < .001$

六、學校學生家庭富裕比率對學習成就的影響

經過估計之後，如表 8-9 所示。學校學生家庭富裕比率對各校平均學習成就有顯著正向（$\gamma_{01} > 0$）的影響，此代表學校學生家庭富裕比率愈多者，該校學生的學習成就愈高。與零模型比較（如表 7-5 所示），本模式可以解釋的變異量百分比為（.200-.170）／.200 = 15%，即學校學生家庭富裕比率可以解釋 15% 的變異量。模式中的 τ_{00} =.170，df =120，χ^2 =743.65，達 .001 的顯著水準，此代表除了學校學生家庭富裕比率之外，各校平均學習成就的差異，還有其他變項可以來解釋。從內在組別相關係數 ρ =.170 ／（.170+.686）=.199（19.9%），這數值與零模型（如表 7-5 所示）的 ρ 相比較，代表階層二的自變項，可以讓內在組別相關係數由 22.6% 降為 19.9%。

表 8-9　以平均數為結果的迴歸模型（學校學生家庭富裕比率）

固定效果		係數	估計標準誤	t 值
階層二　學校平均學習成就之平均數 γ_{00}		-.215	.082	-2.62**
學校學生家庭富裕比率對各校平均學習成就影響 γ_{01}		.185	.043	4.26**
隨機效果		變異數	df	χ^2
階層二　校間的平均學習成就分數 $u_{0j}(\tau_{00})$		.170	120	743.65***
階層一　校內的平均學習成就分數 $\varepsilon_{ij}(\sigma^2)$		.686		
離異係數（-2LL）		6497.08		

** p < .01; *** p < .001

七、全部總體層次的學校變項對學習成就的影響

全部總體層次的組織變項對學習成就的影響在估計之後，如表 8-10 所示。由表中可以看出，學校規模（γ_{01}）、學校學生家庭富裕比率（γ_{02}）、學校所在的城鄉（γ_{03}）、教學資源（γ_{04}）對各校的平均學習成就有顯著影響，其中 γ_{01}、γ_{02}、γ_{03} >0，代表學校規模愈大，學校學生家庭富裕比率愈高，以及愈是城市學校，該校學生的學習成就愈高。然而，教學資源則相反，教學資源愈多，卻無法

提高學習成就。這些結果與上述的組織變項逐一投入的結果大致一樣，僅有在教學資源之變項不相同。

表 8-10　以平均數為結果的迴歸模型（全部組織變項）

固定效果	係數	估計標準誤	t 值
階層二　學校平均學習成就之平均數 γ_{00}	-.851	.215	-3.97**
學校規模對各校平均學習成就影響 γ_{01}	.000	.000	3.53**
學校學生家庭富裕比率對各校平均學習成就影響 γ_{02}	.096	.043	2.25*
學校所在的城鄉對各校平均學習成就影響 γ_{03}	.139	.038	3.67**
教學資源對各校平均學習成就影響 γ_{04}	-.152	.062	-2.46*
學校氣氛對各校平均學習成就影響 γ_{05}	.068	.065	1.05
學生就學情形對各校平均學習成就影響 γ_{06}	.113	.058	1.95
隨機效果	變異數	df	χ^2
階層二　校間的平均學習成就分數 $u_{0j}(\tau_{00})$	.126	115	556.62***
階層一　校內的平均學習成就分數 $\varepsilon_{ij}(\sigma^2)$	.686		
離異係數（-2LL）	6498.29		

$*p < .05; ** p < .01; *** p < .001$

　　如果與隨機效果的單因子變異數分析模式的零模型相比較（如表 7-5 所示）。本模式可以解釋的變異量百分比為（.200-.126）／.200＝37%，也就是說，將全部的學校變項投入之後，可以解釋 37% 的變異量。模式中的 τ_{00} =.126，df=115，χ^2=556.62，達到 .001 的顯著水準，此代表除了這 6 個變項之外，各校平均學習成就的差異，還有其他變項來解釋。本模式改善了隨機效果的單因子變異數分析模式之隨機效果（u_{0j}）情形，從內在組別相關係數 ρ =.126 ／（.126+.686）=.155（15.5%），這數值與零模型（如表 7-5 所示）的 ρ 相比較，代表階層二的自變項，可以讓內在組別相關係數由 22.6% 降為 15.5%。

貳、組織變項結果的討論

一、不可以忽視多元共線性的問題

　　從總體層次的組織變項對於學習成就的影響分析發現，如果是以每一個變項逐一投入模式來檢定，學校所在的城鄉、學校規模、學校氣氛及學校學生家庭富裕比率，均對於學習成就有顯著影響，其解釋力各為 22.5%、16.5%、22.5%及15%；而如果將所有的組織變項都投入模型一次估計，則達顯著的變項對於學習成就的解釋力為 37%。就模型的解釋力來說，全部的組織變項投入解釋力，比起每一個變項個別投入的還要高，然而如果把各個組織變項的解釋力加總，又比起全部組織變項投入還高。同時也發現，學校氣氛在單獨投入模型是有達顯著差異，而在全部組織變項都投入之後，則沒有達到顯著水準。此外，教學資源從單獨投入模型沒有達到顯著差異，而在全部組織變項投入同一個模型之後，卻變成對於學習成就有相反的關係。這也說明了這些組織變項可能有多元共線性的問題，以及自變項之間有相互壓抑的情形。

二、組織變項對於學習成就的重要性

　　本研究以總體層次的組織變項對學習成就的影響，經過估計之後，學校規模、學校學生家庭富裕比率、學校所在的城鄉，對各校平均學習成就有正向顯著的影響，此代表學校規模愈大、學校學生家庭富裕比率愈高，以及愈是在城市的學校，該校學生的學習成就愈高。但教學資源則相反，教學資源愈多，卻無法提高學生的學習成就。它與零模型（如表 7-5 所示）相比，本模式將全部學校變項投入後可以解釋 37%的變異量。關於這方面的發現，討論如下。

　　首先，在學校規模方面，陶韻婷（2006）研究發現，造成城市地區與鄉村地區之間的科學學習成就差異的變項，是學校規模與學生對科學的評價，此代表學校規模是重要的，但是她並沒有指出規模大小對學習成就的影響為何。而這也與Lee 等人（2005）研究波札納、肯亞、那米比亞及史瓦濟蘭的學校規模對於學習

成就有負向顯著影響，其代表學校規模愈大，學習成就愈不好的研究發現不同。同時，張芳全（2008b）以 20 個參與 TIMSS 2003 的資料分析發現，學習成就與學校規模有四種關係，學校規模人數與學生學習成就之間具「U」型關係者，僅有比利時、匈牙利及印度；台灣與南韓則是學校規模愈大，學習成就愈好，也就是說，台灣與南韓是學校規模愈大，學習成就愈高。本研究與他的研究發現是一樣的。

然而，本研究的發現也與以下研究不同，即 Chopin（2003）以及 Lee（2000）研究發現，學校規模大小與學業成就之間的關係呈現「U」型曲線，也就是說，學校太小或太大都不是一個經營的合適標準；Gardner 等人（2000）研究指出，學校規模不一定愈大，學業成就就會愈好；Melvin 和 Roy（2003）研究指出，學校規模與學業成就間的關係研究有矛盾；其他有些研究發現，學校規模與學業成就呈現正相關，但有些則呈現負相關。可見，本研究所發現，學校規模愈大，學習成就表現愈好，但是並沒有考量學校規模與學習成就是否具有「U」型關係，也就是本研究在 HLM 分析時，沒有將學校規模視為二次方程式（平方）進行處理，這也是未來研究可以思考的方向。

其次，就學校所在的城鄉來說，本研究與以下的研究發現是一致的，即陳家如（2006）使用 HLM 分析發現，台北市學校的學測成績比台北縣及宜蘭縣的學校高；王家通（1993）對台灣地區國小學生學業成就調查發現，都會區國小學生的學業成就及學術性向大致都比鄉鎮地區好；O'Dwyer（2005）研究 23 個參與 TIMSS 1995 及 TIMSS 1999 年的國家和地區發現，在 1995 年，澳洲、比利時、加拿大、香港、匈牙利、荷蘭、紐西蘭、羅馬尼亞、美國等，都是愈都會地區的學校，學生學習成就愈好，不過俄羅斯、捷克、以色列及斯洛伐克則相反；此外，Alfinio（2007）研究發現，因為文化不利地區欠缺較多的教育資源，學生表現出來的學業成就，也比起都會地區的學生差距很大；Lee 等人（2005）研究指出，波札納、賴索托、那米比亞、南非及尚比亞的學校如果愈是在都會地區，學生的學習成就愈好。因此，本研究的發現與上述研究一致，這項發現支持了城鄉教育差異理論，也證實了台灣學生的學習成就受到學校所在的城鄉因素所影響。

第三，就學校學生家庭富裕比率來說，本研究發現該變項比率愈高，學習成

就愈好。社會階層化理論認為，具有高教育程度或社會階層較高的學生會進入較好的學校（謝雨生、黃毅志，2003；Sirin, 2005）。Meighan（1993）認為，社會階級會影響教育成敗，他認為社會階級和父母的教育態度會影響學習成就，因為中產階級的父母會比較積極，具有較高的動機，以尋求學校成功的機會。以台灣來說，很多私立國中及明星國中就是如此，高社會階層家長會將子女送到明星學區就讀，如此在無形中就形成了物以類聚效應，讓較高社會階層的子女集中在同一所學校；相對的，較低社會階層者也會群聚在某些學校，這也就是多層次模型所強調的巢套特性。O'Dwyer（2005）研究 23 個參與 TIMSS 1995 及 TIMSS 1999 的國家和地區，運用 HLM 分析發現，兩個年度的學生家庭背景（雙親教育程度與圖書量）與學習成就有正向影響，與本研究發現一致。換言之，學校學生家庭富裕比率愈高，學習成就愈好，而學校學生家庭富裕比率愈高，代表有較高的社會階層者之子女入學，因而造成學校的脈絡效應存在，這支持了社會階層理論的論點。

　　第四，就教學資源來說，本研究發現，學校教學資源愈多，對於學生的學習成就反而較低，這與陳美好（2006）、Baker 等人（2002）、Cervini（2009），以及 Fuller（1987）的發現不一樣。陳美好研究發現，教學資源多寡對班級的科學平均成績無顯著差異；Fuller 認為，學校教學品質及經費投入對學業成就有顯著正向影響；而 Baker 等人研究發現，學校教育經費及更多教學器材，對學生的科學及數學都有顯著正向影響。然而，O'Dwyer（2005）研究 23 個參與 TIMSS 1995 及 TIMSS 1999 的國家和地區發現，1995 年的各國學校教學資源對於學習成就影響各有不同情形，在加拿大、比利時、紐西蘭及新加坡為正向顯著關係，而在以色列、泰國、南韓及澳洲則為負向顯著關係。本研究則發現為負向關係，也就是教學資源愈少的學校，其學生的學習成就愈好，而較多教學資源的學校，學生的學習成就則沒有比較好。這很可能的原因是教學資源使用的效率問題，也就是較多教學資源的學校，不一定能有效率的使用，因而讓學生的學習效果無法明顯提升；相對的，教學資源較少的學校，沒有因為較少而受到影響。可以確定的是，學校宜思考教學資源運用效率的問題。

第九章　跨層級變項的交互作用與討論

　　本章針對影響台灣國二學生學習成就之跨層級變項的交互作用檢定結果進行說明，同時也對研究結果進行討論。本章共有兩節：第一節說明跨層級變項的交互作用效果，第二節則是對於跨層級變項的交互作用進行討論。

第一節　跨層級變項的交互作用效果

　　為了檢定影響台灣國二學生學習成就與其他跨層級解釋變項的交互作用，本研究以完整模型來回答上述問題（即研究假設六）。其模式設定是以截距項與斜率為結果的迴歸模型分析，讓階層一與階層二都成為完整模型。

　　本研究檢定影響台灣國二學生學習成就因素之跨層級解釋變項的交互作用，將階層一的解釋變項，轉換為階層二的脈絡變項，以作為階層二的解釋變項，同時再以階層二的解釋變項，分別逐一地加入總體層次的解釋變項，即組織變項，例如：學校所在的城鄉、學校規模、教學資源、學校氣氛、學生就學情形、學校學生家庭富裕比率。關於交互作用的確認，必須要在兩個變項的交互作用係數達到統計的顯著水準，以及與其所對應的自變項也要達到統計的顯著水準，才可以確定其具有交互作用的效果。本研究的完整模型之階層線性模式如下：

階層一模式：$Y_{ij}=\beta_{0j}+\beta_{1j}X_{1ij}+\beta_{2j}X_{2ij}+\beta_{3j}X_{3ij}+\beta_{4j}X_{4ij}+\beta_{5j}X_{5ij}+\beta_{6j}X_{6ij}+\beta_{7j}X_{7ij}+\beta_{8j}X_{8ij}+\varepsilon_{ij}$

$\quad\quad\quad\quad\quad \varepsilon_{ij} \sim N(0,\sigma^2)$

階層二模式：$\beta_{0j}=\gamma_{00}+\gamma_{01}Z_1+\gamma_{02}Z_2+\gamma_{03}Z_3+\gamma_{04}Z_4+\gamma_{05}Z_5+\gamma_{06}Z_6+\gamma_{07}Z_7+\gamma_{08}Z_8+\gamma_{09}W_j$

$\quad\quad\quad\quad\quad +u_{0j} \quad u_{0j} \sim N(0,\tau_{00}) \quad Cov(\varepsilon_{ij},u_{0j})=0$

$$\beta_{1j}=\gamma_{10}+\gamma_{11}W_j+u_{1j}$$

$$\beta_{2j}=\gamma_{20}+\gamma_{21}W_j+u_{2j}$$

$$\beta_{3j}=\gamma_{30}+\gamma_{31}W_j+u_{3j}$$

$$\beta_{4j}=\gamma_{40}+\gamma_{41}W_j+u_{4j}$$

$$\beta_{5j}=\gamma_{50}+\gamma_{51}W_j+u_{5j}$$

$$\beta_{6j}=\gamma_{60}+\gamma_{61}W_j+u_{6j}$$

$$\beta_{7j}=\gamma_{70}+\gamma_{71}W_j+u_{7j}$$

$$\beta_{8j}=\gamma_{80}+\gamma_{81}W_j+u_{8j}$$

混合模型： $Y_{ij}=\gamma_{00}+\gamma_{01}Z_1+\gamma_{02}Z_2+\gamma_{03}Z_3+\gamma_{04}Z_4+\gamma_{05}Z_5+\gamma_{06}Z_6+\gamma_{07}Z_7+\gamma_{08}Z_8+\gamma_{10}X_{1ij}+$

$\gamma_{20}X_{2ij}+\gamma_{30}X_{3ij}+\gamma_{40}X_{4ij}+\gamma_{50}X_{5ij}+\gamma_{60}X_{6ij}+\gamma_{70}X_{7ij}+\gamma_{80}X_{8ij}+\gamma_{11}X_{1ij}W_j+$

$\gamma_{21}X_{2ij}W_j+\gamma_{31}X_{3ij}W_j+\gamma_{41}X_{4i}W_j+\gamma_{51}X_{5ij}W_j+\gamma_{61}X_{6ij}W_j+\gamma_{71}X_{7i}W_j+\gamma_{81}X_{8ij}W_j+$

$u_1X_{1ij}+u_2X_{2ij}+u_3X_{3ij}+u_4X_{4ij}+u_5X_{5ij}+u_6X_{6ij}+u_7X_{7ij}+u_8X_{8ij}+\varepsilon_{ij}$

　　式中的 $X_{ij}W_j$ 代表個體層次變項（其順序見表中的內容）與組織變項（依投入順序而定，本研究先投入學校所在的城鄉，依序加入學校規模、學校學生家庭富裕比率、學校氣氛、教學資源、學生就學情形），γ_{11} 為交互作用的迴歸係數。

壹、加入學校所在的城鄉之完整模型分析

　　為了檢定學校所在的城鄉對於學習成就的跨層級交互作用（H_{6a}），階層一為個體層次的解釋變項，階層二的結果變項為階層一的迴歸係數，並在階層二加上總體層次之學校所在的城鄉，再進行以截距項與斜率為結果的迴歸模型分析。經過檢定之後，由表 9-1 可以看出，在固定效果之中，學校所在的城鄉與其他解釋變項的交互作用都沒有達到 .01 的顯著水準。

　　在隨機效果中，各校之間的平均學習成就變異數 $u_0(\tau_{00})=158.81$，$df=105$，達到 .001 的顯著水準，表示各校學生的學習成就明顯不同。與上述脈絡模型（如表 8-3 所示）相比，各校間的平均學習成就變異數由 .215 降為 .205，代表在階層一

<table>
<thead>
<tr><th colspan="4">**表 9-1**　影響學生學習成就因素之完整模型分析（加入學校所在的城鄉）</th></tr>
<tr><th>固定效果</th><th>係數</th><th>估計標準誤</th><th>t 值</th></tr>
</thead>
<tbody>
<tr><td>β_0</td><td></td><td></td><td></td></tr>
<tr><td>階層二　學校平均學習成就之平均數 γ_{00}</td><td>-1.827</td><td>.290</td><td>-6.300**</td></tr>
<tr><td>脈絡變項斜率</td><td></td><td></td><td></td></tr>
<tr><td>學校所在的城鄉對學習成就影響 γ_{01}</td><td>.182</td><td>.058</td><td>3.130**</td></tr>
<tr><td>各校平均母親教育程度對學習成就影響 γ_{02}</td><td>-.120</td><td>.092</td><td>-1.308</td></tr>
<tr><td>各校平均父親教育程度對學習成就影響 γ_{03}</td><td>.116</td><td>.092</td><td>1.261</td></tr>
<tr><td>各校平均自我期望對學習成就影響 γ_{04}</td><td>.247</td><td>.072</td><td>3.439**</td></tr>
<tr><td>各校平均文化資本對學習成就影響 γ_{05}</td><td>.155</td><td>.073</td><td>2.107*</td></tr>
<tr><td>各校平均回家作業對學習成就影響 γ_{06}</td><td>.036</td><td>.049</td><td>.737</td></tr>
<tr><td>各校平均學習興趣對學習成就影響 γ_{07}</td><td>.120</td><td>.090</td><td>1.327</td></tr>
<tr><td>各校平均數學自信對學習成就影響 γ_{08}</td><td>-.025</td><td>.131</td><td>-.192</td></tr>
<tr><td>β_1</td><td></td><td></td><td></td></tr>
<tr><td>性別（男=1，女=0）對學習成就影響 γ_{10}</td><td>-.044</td><td>.101</td><td>-.440</td></tr>
<tr><td>學校所在的城鄉之於性別對學習成就影響 γ_{11}</td><td>-.022</td><td>.027</td><td>-.797</td></tr>
<tr><td>父親教育程度對學習成就影響 γ_{20}</td><td>.056</td><td>.073</td><td>.763</td></tr>
<tr><td>學校所在的城鄉之於父親教育程度對學習成就影響 γ_{21}</td><td>-.007</td><td>.018</td><td>-.403</td></tr>
<tr><td>母親教育程度對學習成就影響 γ_{30}</td><td>-.117</td><td>.055</td><td>-2.150*</td></tr>
<tr><td>學校所在的城鄉之於母親教育程度對學習成就影響 γ_{31}</td><td>.021</td><td>.015</td><td>1.452</td></tr>
<tr><td>自我期望對學習成就影響 γ_{40}</td><td>.179</td><td>.056</td><td>3.215**</td></tr>
<tr><td>學校所在的城鄉之於自我期望對學習成就影響 γ_{41}</td><td>.013</td><td>.015</td><td>.889</td></tr>
<tr><td>文化資本對學習成就影響 γ_{50}</td><td>.122</td><td>.058</td><td>2.107*</td></tr>
<tr><td>學校所在的城鄉之於文化資本對學習成就影響 γ_{51}</td><td>-.005</td><td>.015</td><td>-.297</td></tr>
<tr><td>回家作業對學習成就影響 γ_{60}</td><td>.172</td><td>.083</td><td>2.065*</td></tr>
<tr><td>學校所在的城鄉之於回家作業對學習成就影響 γ_{61}</td><td>-.032</td><td>.022</td><td>-1.399</td></tr>
<tr><td>學習興趣對學習成就影響 γ_{70}</td><td>.180</td><td>.084</td><td>2.151*</td></tr>
<tr><td>學校所在的城鄉之於學習興趣對學習成就影響 γ_{71}</td><td>-.020</td><td>.022</td><td>-.929</td></tr>
<tr><td>數學自信對學習成就影響 γ_{80}</td><td>.400</td><td>.077</td><td>5.138**</td></tr>
<tr><td>學校所在的城鄉之於數學自信對學習成就影響 γ_{81}</td><td>-.001</td><td>.021</td><td>-.067</td></tr>
<tr><td>**隨機效果**</td><td>**變異數**</td><td>***df***</td><td>χ^2</td></tr>
<tr><td>階層二　校間的平均學習成就分數 $u_{0j}(\tau_{00})$</td><td>.205</td><td>105</td><td>158.81***</td></tr>
<tr><td>校間的平均性別分數 $u_{1j}(\tau_{11})$</td><td>.019</td><td>112</td><td>118.49</td></tr>
<tr><td>校間的平均父親教育程度分數 $u_{2j}(\tau_{22})$</td><td>.004</td><td>112</td><td>131.88</td></tr>
<tr><td>校間的平均母親教育程度分數 $u_{3j}(\tau_{33})$</td><td>.005</td><td>112</td><td>112.55</td></tr>
<tr><td>校間的平均自我期望分數 $u_{4j}(\tau_{44})$</td><td>.006</td><td>112</td><td>135.32</td></tr>
<tr><td>校間的平均文化資本分數 $u_{5j}(\tau_{55})$</td><td>.009</td><td>112</td><td>133.41</td></tr>
<tr><td>校間的平均回家作業分數 $u_{6j}(\tau_{66})$</td><td>.018</td><td>112</td><td>150.26**</td></tr>
<tr><td>校間的平均學習興趣分數 $u_{7j}(\tau_{77})$</td><td>.007</td><td>112</td><td>131.93</td></tr>
<tr><td>校間的平均數學自信分數 $u_{8j}(\tau_{88})$</td><td>.012</td><td>112</td><td>153.54**</td></tr>
<tr><td>階層一　校內的平均學習成就分數 $\varepsilon_{ij}(\sigma^2)$</td><td>.381</td><td>112</td><td></td></tr>
<tr><td>離異係數（-2LL）</td><td>5151.64</td><td></td><td></td></tr>
</tbody>
</table>

加入解釋變項之後，能解釋學生學習成就變異量的百分比有（.215-.205）／.215＝4.7%；校內的平均學習成就變異數 $\varepsilon_{ij}(\sigma^2)$ 均為 .381，表示在階層一加入解釋變項之後，無法解釋學生的學習成就。離異係數由脈絡模型的 5108.6 反增為 5151.64，表示加入城鄉因素之後，對於影響台灣國二學生學習成就因素的解釋，無法比脈絡模型的適配度好。

貳、加入學校規模之完整模型分析

為了檢定學校規模對於學習成就的跨層級交互作用（H_{6b}），在模式設定上，階層一為個體層次的解釋變項，階層二的結果變項為階層一的迴歸係數，並在階層二加上總體層次的學校規模，再進行以截距項與斜率為結果的迴歸模型分析。經過檢定之後，由表 9-2 可以看出，在固定效果之中，學校規模與其他解釋變項的交互作用都沒有達到 .01 的顯著水準。

在隨機效果中，各校之間的平均學習成就變異數 $u_{0j}(\tau_{00})$＝159.25，df＝105，達到 .001 的顯著水準，表示各校學生的學習成就明顯不同。與上述脈絡模型相比，各校間平均學習成就變異數由 .215 降為 .211，代表在階層一加入解釋變項之後，能解釋學生學習成就變異數的百分比僅（.215-.211）／.215＝1.9%；校內的平均學習成就變異數 $\varepsilon_{ij}(\sigma^2)$ 由 .381 略增為 .382，表示在階層一加入解釋變項之後，無法解釋學生的學習成就。離異係數由脈絡模型的 5108.6 反增為 5289.43，這表示加入學校規模之後，對於影響台灣國二學生學習成就因素的解釋，無法比脈絡模型的適配度好。

表 **9-2**　影響學生學習成就因素之完整模型分析（加入學校規模）

固定效果	係數	估計標準誤	t 值
β_0			
階層二　學校平均學習成就之平均數 γ_{00}	-1.344	.213	-6.310**
脈絡變項斜率			
學校規模對學習成就影響 γ_{01}	.000	.000	.177
各校平均母親教育程度對學習成就影響 γ_{02}	-.113	.095	-1.189
各校平均父親教育程度對學習成就影響 γ_{03}	.153	.099	1.549
各校平均自我期望對學習成就影響 γ_{04}	.202	.074	2.749**
各校平均文化資本對學習成就影響 γ_{05}	.226	.078	2.900**
各校平均回家作業對學習成就影響 γ_{06}	.038	.050	.743
各校平均學習興趣對學習成就影響 γ_{07}	.107	.093	1.146
各校平均數學自信對學習成就影響 γ_{08}	-.013	.133	-.098
β_1			
性別（男=1，女=0）對學習成就影響 γ_{10}	-.114	.047	-2.407*
學校規模之於性別對學習成就影響 γ_{11}	.000	.000	-.160
父親教育程度對學習成就影響 γ_{20}	.015	.029	.521
學校規模之於父親教育程度對學習成就影響 γ_{21}	.000	.000	.642
母親教育程度對學習成就影響 γ_{30}	-.043	.027	-1.623
學校規模之於母親教育程度對學習成就影響 γ_{31}	.000	.000	.161
自我期望對學習成就影響 γ_{40}	.227	.028	8.195**
學校規模之於自我期望對學習成就影響 γ_{41}	.000	.000	-.109
文化資本對學習成就影響 γ_{50}	.130	.026	4.929**
學校規模之於文化資本對學習成就影響 γ_{51}	.000	.000	-1.047
回家作業對學習成就影響 γ_{60}	.093	.040	2.326*
學校規模之於回家作業對學習成就影響 γ_{61}	.000	.000	-1.137
學習興趣對學習成就影響 γ_{70}	.102	.038	2.700**
學校規模之於學習興趣對學習成就影響 γ_{71}	.000	.000	.191
數學自信對學習成就影響 γ_{80}	.436	.039	11.120**
學校規模之於數學自信對學習成就影響 γ_{81}	.000	.000	-1.520

隨機效果	變異數	df	χ^2
階層二　校間的平均學習成就分數 $u_{0j}(\tau_{00})$	.211	105	159.25***
校間的平均性別分數 $u_{1j}(\tau_{11})$	.016	112	118.20
校間的平均父親教育程度分數 $u_{2j}(\tau_{22})$	.005	112	130.92
校間的平均母親教育程度分數 $u_{3j}(\tau_{33})$	.006	112	113.95
校間的平均自我期望分數 $u_{4j}(\tau_{44})$	.006	112	134.61
校間的平均文化資本分數 $u_{5j}(\tau_{55})$	.008	112	131.10
校間的平均回家作業分數 $u_{6j}(\tau_{66})$	.018	112	150.74**
校間的平均學習興趣分數 $u_{7j}(\tau_{77})$	.007	112	132.65
校間的平均數學自信分數 $u_{8j}(\tau_{88})$	.009	112	151.15**
階層一　校內的平均學習成就分數 $\varepsilon_{ij}(\sigma^2)$	.382	112	
離異係數（-2LL）	5289.43		

* $p < .05$; ** $p < .01$; *** $p < .001$

參、加入學校學生家庭富裕比率之完整模型分析

　　為了檢定學校學生家庭富裕比率對於學習成就的跨層級交互作用（H_{6c}），在模式中階層一為個體層次的解釋變項，階層二的結果變項為階層一的迴歸係數，並在階層二加上總體層次的學校學生家庭富裕比率，再進行以截距項與斜率為結果的迴歸模型分析。經過檢定之後，由表 9-3 可以看出，在固定效果之中，學校學生家庭富裕比率與其他解釋變項的交互作用都沒有達到 .01 的顯著水準。

　　在隨機效果中，各校之間的平均學習成就變異數 $u_{0j}(\tau_{00})=160.86$，$df=105$，達到 .001 的顯著水準，表示各校學生的學習成就明顯不同。與上述脈絡模型相比，各校間的平均學習成就變異數由 .215 降為 .211，代表在階層一加入解釋變項之後，能解釋學生學習成就變異數的百分比僅（.215-.211）／.215=1.9%；校內的平均學習成就變異數 $\varepsilon_{ij}(\sigma^2)$ 由 .381 略增為 .382，表示在階層一加入解釋變項之後，無法解釋學生的學習成就。離異係數由脈絡模型的 5108.6 反增為 5157.17，這表示加入學校學生家庭富裕比率之後，對於影響台灣國二學生學習成就因素的解釋，無法比脈絡模型的適配度好。

肆、加入學校氣氛之完整模型分析

　　為了檢定學校氣氛對於學習成就的跨層級交互作用（H_{6d}），其模式中階層一為個體層次的解釋變項，階層二的結果變項為階層一的迴歸係數，並在階層二加上總體層次的學校氣氛，再進行以截距項與斜率為結果的迴歸模型分析。經檢定之後，由表 9-4 可以看出，在固定效果之中，「學校氣氛」與「數學自信對學習成就」的交互作用達 .01 的顯著水準。因為「數學自信對學習成就影響」（γ_{80}）達到顯著，其迴歸係數為 .621，t 值為 6.345，且達到顯著水準；同時在總體層次的解釋變項「學校氣氛」對「數學自信對學習成就影響」（γ_{80}）之影響情形，其 γ_{81} 的迴歸係數為 -.091，t 值為 -2.434，並達到 .05 的顯著水準；兩者都達到顯著

| 表 9-3 | 影響學生學習成就因素之完整模型分析（加入學校學生家庭富裕比率） | | |

固定效果	係數	估計標準誤	t 值
β_0			
階層二　學校平均學習成就之平均數 γ_{00}	-1.377	.233	-5.900**
脈絡變項斜率			
學校學生家庭富裕比率對學習成就影響 γ_{01}	.012	.072	.171
各校平均母親教育程度對學習成就影響 γ_{02}	-.107	.097	-1.094
各校平均父親教育程度對學習成就影響 γ_{03}	.151	.103	1.463
各校平均自我期望對學習成就影響 γ_{04}	.198	.076	2.590**
各校平均文化資本對學習成就影響 γ_{05}	.227	.077	2.960**
各校平均回家作業對學習成就影響 γ_{06}	.033	.052	.630
各校平均學習興趣對學習成就影響 γ_{07}	.144	.098	1.472
各校平均數學自信對學習成就影響 γ_{08}	-.042	.135	-.313
β_1			
性別（男=1，女=0）對學習成就影響 γ_{10}	-.184	.056	-3.285**
學校學生家庭富裕比率之於性別對學習成就影響 γ_{11}	.038	.027	1.382
父親教育程度對學習成就影響 γ_{20}	.039	.030	1.260
學校學生家庭富裕比率之於父親教育程度對學習成就影響 γ_{21}	-.005	.019	-.283
母親教育程度對學習成就影響 γ_{30}	-.044	.034	-1.305
學校學生家庭富裕比率之於母親教育程度對學習成就影響 γ_{31}	.002	.020	.011
自我期望對學習成就影響 γ_{40}	.240	.033	7.180**
學校學生家庭富裕比率之於自我期望對學習成就影響 γ_{41}	-.011	.018	-.603
文化資本對學習成就影響 γ_{50}	.080	.037	2.164*
學校學生家庭富裕比率之於文化資本對學習成就影響 γ_{51}	.016	.021	.719
回家作業對學習成就影響 γ_{60}	.089	.045	1.933
學校學生家庭富裕比率之於回家作業對學習成就影響 γ_{61}	-.020	.025	-0.775
學習興趣對學習成就影響 γ_{70}	.129	.038	3.434**
學校學生家庭富裕比率之於學習興趣對學習成就影響 γ_{71}	-.012	.017	-.706
數學自信對學習成就影響 γ_{80}	.436	.039	11.160**
學校學生家庭富裕比率之於數學自信對學習成就影響 γ_{81}	-.027	.022	-1.190

隨機效果	變異數	df	χ^2
階層二　校間的平均學習成就分數 $u_{0j}(\tau_{00})$	.211	105	160.86***
校間的平均性別分數 $u_{1j}(\tau_{11})$	.014	112	115.26
校間的平均父親教育程度分數 $u_{2j}(\tau_{22})$	.004	112	131.00
校間的平均母親教育程度分數 $u_{3j}(\tau_{33})$	.006	112	114.15
校間的平均自我期望分數 $u_{4j}(\tau_{44})$	.006	112	134.81
校間的平均文化資本分數 $u_{5j}(\tau_{55})$	.009	112	132.16
校間的平均回家作業分數 $u_{6j}(\tau_{66})$	.020	112	153.58**
校間的平均學習興趣分數 $u_{7j}(\tau_{77})$	.007	112	131.78
校間的平均數學自信分數 $u_{8j}(\tau_{88})$	.010	112	151.09**
階層一　校內的平均學習成就分數 $\varepsilon_{ij}(\sigma^2)$	.382	112	
離異係數（ $-2LL$ ）	5157.17		

* $p < .05$; ** $p < .01$; *** $p < .001$

表 9-4　影響學生學習成就因素之完整模型分析（加入學校氣氛）

固定效果	係數	估計標準誤	t 值
β_0			
階層二　學校平均學習成就之平均數 γ_{00}	-1.421	.370	-3.840**
脈絡變項斜率			
學校氣氛對學習成就影響 γ_{01}	.093	.117	.800
各校平均母親教育程度對學習成就影響 γ_{02}	-.129	.093	-1.382
各校平均父親教育程度對學習成就影響 γ_{03}	.176	.100	1.769
各校平均自我期望對學習成就影響 γ_{04}	.209	.074	2.820**
各校平均文化資本對學習成就影響 γ_{05}	.230	.079	2.930**
各校平均回家作業對學習成就影響 γ_{06}	.036	.051	.705
各校平均學習興趣對學習成就影響 γ_{07}	.131	.093	1.403
各校平均數學自信對學習成就影響 γ_{08}	-.028	.132	-.208
β_1			
性別（男=1，女=0）對學習成就影響 γ_{10}	.075	.110	.679
學習氣氛之於性別對學習成就影響 γ_{11}	-.079	.044	-1.780
父親教育程度對學習成就影響 γ_{20}	.085	.081	1.039
學習氣氛之於父親教育程度對學習成就影響 γ_{21}	-.021	.030	-.709
母親教育程度對學習成就影響 γ_{30}	-.085	.084	-1.035
學習氣氛之於母親教育程度對學習成就影響 γ_{31}	.018	.031	.057
自我期望對學習成就影響 γ_{40}	.219	.069	3.190**
學習氣氛之於自我期望對學習成就影響 γ_{41}	.002	.026	.096
文化資本對學習成就影響 γ_{50}	.106	.075	1.405
學習氣氛之於文化資本對學習成就影響 γ_{51}	.001	.029	.017
回家作業對學習成就影響 γ_{60}	.176	.100	1.750
學習氣氛之於回家作業對學習成就影響 γ_{61}	-.046	.038	-1.239
學習興趣對學習成就影響 γ_{70}	-.135	.087	-1.553
學習氣氛之於學習興趣對學習成就影響 γ_{71}	-.096	.033	2.909**
數學自信對學習成就影響 γ_{80}	.621	.098	6.345**
學習氣氛之於數學自信對學習成就影響 γ_{81}	-.091	.037	-2.434*

隨機效果	變異數	df	χ^2
階層二　校間的平均學習成就分數 $u_{0j}(\tau_{00})$	.215	105	162.92***
校間的平均性別分數 $u_{1j}(\tau_{11})$	.015	112	118.51
校間的平均父親教育程度分數 $u_{2j}(\tau_{22})$	.005	112	130.48
校間的平均母親教育程度分數 $u_{3j}(\tau_{33})$	.006	112	113.80
校間的平均自我期望分數 $u_{4j}(\tau_{44})$	.007	112	135.27
校間的平均文化資本分數 $u_{5j}(\tau_{55})$	.009	112	132.94
校間的平均回家作業分數 $u_{6j}(\tau_{66})$	.019	112	153.95**
校間的平均學習興趣分數 $u_{7j}(\tau_{77})$	.006	112	130.60
校間的平均數學自信分數 $u_{8j}(\tau_{88})$	.010	112	149.18**
階層一　校內的平均學習成就分數 $\varepsilon_{ij}(\sigma^2)$	.381	112	
離異係數（ -2LL ）	5144.99		

* $p < .05$; ** $p < .01$; *** $p < .001$

水準，因此可以確定「學校氣氛」具有調節「數學自信對學習成就影響」之作用。而「學校氣氛」調節「學習興趣對學習成就影響」（γ_{70}），雖然γ_{71}的迴歸係數為 -.096，t 值為 2.909，達到 .01 的統計顯著水準，但是「學習興趣對學習成就影響」（r_{70}）卻沒有達到統計的顯著水準，所以也不具有調節作用。

在隨機效果中，各校之間的平均學習成就變異數 $u_{0j}(\tau_{00})$=162.92，df=105，達到 .001 的顯著水準，表示各校學生的學習成就明顯不同。與上述脈絡模型相比，各校間的平均學習成就變異數一樣是 .215，代表在階層一加入解釋變項之後，無法解釋學生學習成就變異數的百分比，因為（.215-.215）／.215=0%；校內平均學習成就變異數 $\varepsilon_{ij}(\sigma^2)$ 也均為 .381，表示在階層一加入解釋變項之後，無法解釋學生學習成就的變異量。離異係數由脈絡模型的 5108.6 反增為 5144.99。上述資料顯示，加入學校氣氛之後，影響台灣國二學生學習成就的因素具有跨層級的交互作用，但是此模型與脈絡模型的適配度相當。

以完整模型加入學校氣氛之後的結果，以座標圖來呈現，更可以了解它們的交互作用情形，如圖 9-1 所示。由圖中可以看出，「學校氣氛」會調節「數學自信對學習成就影響」之作用，所以在「數學自信對學習成就影響」的斜率有所變動。圖中還可以看出，愈是高分組的學生斜率較平（原版為綠色線條），表示解釋力較弱，而較中、低分組的學生斜率較高（原版為藍色及紅色線），也就是解釋力較強。

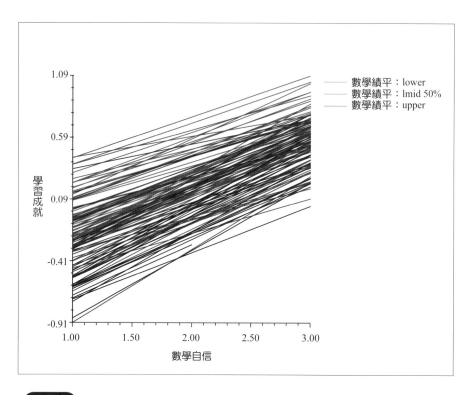

數學績平：lower
數學績平：lmid 50%
數學績平：upper

圖 9-1 以截距項與斜率為結果變項的迴歸模型分析（加入學校氣氛）

伍、加入教學資源之完整模型分析

為了檢定教學資源對於學習成就的跨層級交互作用（H_{6e}），階層一為個體層次的解釋變項，階層二的結果變項為階層一的迴歸係數，並在階層二加上總體層次的教學資源，再進行以截距項與斜率為結果的迴歸模型分析。經過檢定之後，由表 9-5 可以看出，在固定效果之中，「教學資源」與「回家作業對學習成就影響」的交互作用達到 .01 的顯著水準，在總體層次的「教學資源」調節「回家作業對學習成就影響」（r_{60}），γ_{61} 的迴歸係數為 -.080，t 值為 2.156，達到顯著水準，但是「回家作業對學習成就影響」（γ_{60}）沒有達到統計的顯著水準，所以不

表 **9-5**　影響學生學習成就因素之完整模型分析（加入教學資源）

固定效果	係數	估計標準誤	t 值
β_0			
階層二　學校平均學習成就之平均數 γ_{00}	-1.077	.333	-3.240**
脈絡變項斜率			
教學資源對學習成就影響 γ_{01}	-.049	.108	-.453
各校平均母親教育程度對學習成就影響 γ_{02}	-.114	.096	-1.194
各校平均父親教育程度對學習成就影響 γ_{03}	.151	.102	1.480
各校平均自我期望對學習成就影響 γ_{04}	.200	.072	2.750**
各校平均文化資本對學習成就影響 γ_{05}	.240	.077	3.110**
各校平均回家作業對學習成就影響 γ_{06}	.035	.050	.770
各校平均學習興趣對學習成就影響 γ_{07}	.123	.090	1.370
各校平均數學自信對學習成就影響 γ_{08}	-.020	.130	-.152
β_1			
性別（男=1，女=0）對學習成就影響 γ_{10}	-.001	.109	-.011
教學資源之於性別對學習成就影響 γ_{11}	-.052	.050	-.107
父親教育程度對學習成就影響 γ_{20}	.033	.093	.351
教學資源之於父親教育程度對學習成就影響 γ_{21}	-.002	.037	-.044
母親教育程度對學習成就影響 γ_{30}	-.049	.082	-.602
教學資源之於母親教育程度對學習成就影響 γ_{31}	.003	.034	.111
自我期望對學習成就影響 γ_{40}	.203	.073	2.808**
教學資源之於自我期望對學習成就影響 γ_{41}	.008	.031	.264
文化資本對學習成就影響 γ_{50}	.083	.066	1.247
教學資源之於文化資本對學習成就影響 γ_{51}	.010	.027	.372
回家作業對學習成就影響 γ_{60}	-.127	.090	-1.408
教學資源之於回家作業對學習成就影響 γ_{61}	-.080	.037	2.156*
學習興趣對學習成就影響 γ_{70}	.255	.076	3.347**
教學資源之於學習興趣對學習成就影響 γ_{71}	-.063	.033	-1.920
數學自信對學習成就影響 γ_{80}	.380	.085	4.457**
教學資源之於數學自信對學習成就影響 γ_{81}	.006	.035	.171

隨機效果	變異數	df	χ^2
階層二　校間的平均學習成就分數 $u_{0j}(\tau_{00})$	.220	105	162.95***
校間的平均性別分數 $u_{1j}(\tau_{11})$	.016	112	116.75
校間的平均父親教育程度分數 $u_{2j}(\tau_{22})$	.005	112	131.53
校間的平均母親教育程度分數 $u_{3j}(\tau_{33})$	.006	112	114.37
校間的平均自我期望分數 $u_{4j}(\tau_{44})$	.007	112	135.09
校間的平均文化資本分數 $u_{5j}(\tau_{55})$	.009	112	132.61
校間的平均回家作業分數 $u_{6j}(\tau_{66})$	.017	112	151.23**
校間的平均學習興趣分數 $u_{7j}(\tau_{77})$	.006	112	131.19
校間的平均數學自信分數 $u_{8j}(\tau_{88})$	.010	112	153.72**
階層一　校內的平均學習成就分數 $\varepsilon_{ij}(\sigma^2)$	.381	112	
離異係數（ $-2LL$ ）	5144.42		

* $p < .05$; ** $p < .01$; *** $p < .001$

具有調節作用。

在隨機效果中,各校之間的平均學習成就變異數 $u_{0j}(\tau_{00})=162.95$, $df=105$,達到 .001 的顯著水準,表示各校學生的學習成就明顯不同。與脈絡模型相比,各校間的平均學習成就變異數由 .215 反而增加為 .220,代表在階層一加入解釋變項之後,無法解釋學生的學習成就變異數百分比,因為(.215-.220)/.215=0%;校內平均學習成就變異數 $\varepsilon_{ij}(\sigma^2)$ 也都在 .381,表示在階層一加入解釋變項之後,無法解釋學生學習成就的變異量。離異係數由脈絡模型的 5108.6 反增為 5144.42。上述資料顯示,加入教學資源之後,對於影響台灣國二學生學習成就的因素,仍無法有效解釋,此模型不會比脈絡模型的適配度好。

陸、加入學生就學情形之完全模型分析

為了檢定學生就學情形對於學習成就的跨層級交互作用(H_{6f}),階層一為個體層次的解釋變項,階層二的結果變項為階層一的迴歸係數,同時階層二還要加上總體層次的學生就學情形,再進行以截距項與斜率為結果的迴歸模型分析。

經過檢定之後,由表 9-6 可以看出,在隨機效果中,各校之間的平均學習成就變異數 $u_{0j}(\tau_{00})=162.77$, $df=105$,達到 .000 的顯著水準,表示各校學生的學習成就明顯不同。與脈絡模型相比,各校間的平均學習成就變異數由 .215 降為 .210,代表在階層一加入解釋變項之後,能夠解釋學生學習成就變異數的百分比僅有(.215-.210)/.215=2.3%;校內平均學習成就變異數 $\varepsilon_{ij}(\sigma^2)$ 均為 .381,表示在階層一加入解釋變項之後,無法解釋學生的學習成就。離異係數由脈絡模型的 5108.6 反而增加為 5149.99,這表示加入學生就學情形成為完整模型之後,對於影響台灣國二學生學習成就因素的解釋,無法比脈絡模型的適配度好。

| 表 9-6 | 影響學生學習成就因素之完整模型分析（加入學生就學情形） |

固定效果	係數	估計標準誤	t 值
β_0			
階層二　學校平均學習成就之平均數 γ_{00}	-1.229	.354	-3.470**
脈絡變項斜率			
各校平均學生就學情形對學習成就影響 γ_{01}	.018	.115	.156
各校平均母親教育程度對學習成就影響 γ_{02}	-.134	.098	-1.363
各校平均父親教育程度對學習成就影響 γ_{03}	.172	.102	1.691
各校平均自我期望對學習成就影響 γ_{04}	.209	.076	2.731**
各校平均文化資本對學習成就影響 γ_{05}	.241	.078	3.077**
各校平均回家作業對學習成就影響 γ_{06}	.033	.053	.630
各校平均學習興趣對學習成就影響 γ_{07}	.121	.097	1.248
各校平均數學自信對學習成就影響 γ_{08}	-.015	.137	-.108
β_1			
性別（男=1，女=0）對學習成就影響 γ_{10}	-.025	.102	-.248
學生就學情形之於性別對學習成就影響 γ_{11}	-.039	.043	-.902
父親教育程度對學習成就影響 γ_{20}	.058	.065	.883
學生就學情形之於父親教育程度對學習成就影響 γ_{21}	-.012	.027	-.427
母親教育程度對學習成就影響 γ_{30}	-.089	.067	-1.319
學生就學情形之於母親教育程度對學習成就影響 γ_{31}	.020	.028	.722
自我期望對學習成就影響 γ_{40}	.236	.072	3.267**
學生就學情形之於自我期望對學習成就影響 γ_{41}	-.005	.029	-.162
文化資本對學習成就影響 γ_{50}	.199	.071	2.820**
學生就學情形之於文化資本對學習成就影響 γ_{51}	-.038	.028	-1.326
回家作業對學習成就影響 γ_{60}	.029	.099	.296
學生就學情形之於回家作業對學習成就影響 γ_{61}	.012	.037	.314
學習興趣對學習成就影響 γ_{70}	.027	.096	.285
學生就學情形之於學習興趣對學習成就影響 γ_{71}	.033	.037	.893
數學自信對學習成就影響 γ_{80}	.524	.107	4.879**
學生就學情形之於數學自信對學習成就影響 γ_{81}	-.053	.041	-1.289

隨機效果	變異數	df	χ^2
階層二　校間的平均學習成就分數 $u_0(\tau_{00})$	.210	105	162.77***
校間的平均性別分數 $u_{1j}(\tau_{11})$	.015	112	117.59
校間的平均父親教育程度分數 $u_{2j}(\tau_{22})$	.001	112	131.26
校間的平均母親教育程度分數 $u_{3j}(\tau_{33})$	.006	112	113.81
校間的平均自我期望分數 $u_{4j}(\tau_{44})$	.007	112	134.99
校間的平均文化資本分數 $u_{5j}(\tau_{55})$	.008	112	129.68
校間的平均回家作業分數 $u_{6j}(\tau_{66})$	.020	112	153.25**
校間的平均學習興趣分數 $u_{7j}(\tau_{77})$	.007	112	131.69
校間的平均數學自信分數 $u_{8j}(\tau_{88})$	.010	112	150.58**
階層一　校內的平均學習成就分數 $\varepsilon_{ij}(\sigma^2)$	.381	112	
離異係數（-2LL）	5149.99		

** $p < .01$; *** $p < .001$

第二節　跨層級變項的交互作用討論

　　本研究發現，總體層次變項僅有學校氣氛與個體層次因素在交互作用係數上達到顯著水準，而學校所在的城鄉、學校規模、教學資源、學生就學情形、學校學生家庭富裕比率，則都沒有達到顯著水準。「學校氣氛」與「數學自信對學習成就影響」的交互作用達顯著水準，「學校氣氛」具有調節「數學自信對學習成就影響」之作用，依據該發現，兩個變項會調節的討論是：學校屬於低氣氛者（本研究區分為高、中、低三類），數學自信對學習成就的影響較大。從這項研究發現來看，低氣氛的學校，數學自信仍然對學習成就有正向顯著的影響，這代表了台灣國二學生的數學自信還算是不錯，學生仍然可以在學校氣氛較低的情形下，學習成就依然有好的表現，這是值得肯定的現象。

　　其實，學校氣氛好，容易讓學校師生及家長的認同感高，教職員或學生對於學校的接受程度較高，學校師生接受其環境、認同學校文化或學生接受教師的教學觀念，學生的學習成就與學校效能會愈高（Hoy & Miskel, 1987）。陳美妤（2006）研究發現，學習氣氛愈好，班級的科學平均成績愈高，也就是說，家長對學生成就支持、對學校活動的參與度愈高，班級的科學平均成績愈高；家長支持對班級的科學平均成績最具有預測力因素。然而，本研究發現卻與上述研究不太一致。

　　不過，Maeyer等人（2007）研究發現，教育領導對於學術氣氛有正向的顯著影響，但是對於學生的數學及閱讀學習成就不一定有正向助益，則與本研究的發現頗為接近，也就是說，台灣國二學生的數學自信不錯，學生仍然可以在學校氣氛較低的情形下，學習成就依然有好的表現，這更應肯定了台灣國二學生的數學自信沒有受到學校氣氛的影響。然而，從這個發現也應思考，為何學校氣氛不好呢？吾人期待的是良好的學校氣氛，儘管學生數學自信對於學習成就的影響，不

受學校氣氛的影響，但是學生能在良好的學校氣氛學習，應該會有更好的表現才是。至於學校規模與其他變項沒有跨層級的交互作用發現，與 Keeves 等人（2005）研究學校規模大小與算術的學習成就有正向顯著影響，與其他層級有交互作用效果存在的發現不一樣。

　　總之，從上述的研究發現來看，影響台灣國二學生學習成就之跨層級因素的交互作用，僅有「學校氣氛」對於「數學自信對學習成就影響」之作用，其餘的學校組織變項對於「中介變項對學習成就影響」並沒有交互作用。從結果來看，台灣國二學生的數學自信算不錯，學生可以在學校氣氛較低的情形之下，學習成就依然有好的表現，這是值得可喜的現象。

第十章　間接效果的檢定與討論

　　本研究分析至此，對於影響台灣國二學生學習成就的直接效果，已透過模型分析予以掌握，自我期望、文化資本、回家作業、學習興趣、數學自信等個人變項，以及總體層次的脈絡變項，皆是影響學習成就的重要因素。接下來，要繼續檢定間接效果的研究假設。本研究以自我期望、文化資本、回家作業、學習興趣、數學自信等變項達到統計的顯著水準者，將它視為依變項，再以脈絡變項及個人背景變項進行隨機效果的單因子變異數分析、隨機係數的迴歸模型與脈絡模型分析，也就是在模型中分別以未加入解釋變數、加入個人解釋變項、加入總體解釋變項、加入個體層次及總體層次的解釋變項進行估計，做為模型適配度的比較。

第一節　中介變項的效果檢定與討論

壹、中介效果檢定的零模型

　　本節以具有隨機效果的單因子變異數分析模式，進行分析台灣國二學生參與TIMSS 2007 的學習成就因素，以個體層次的各校平均學生文化資本、自我期望、學習興趣、數學自信、回家作業為變項，檢定各校之間在這些變項是否具有差異，同時也從估計的總變異量中，了解有多少變異量是由校際之間的變異量所造成，以提供相關資訊，做為與其他模式比較的依據。

　　在第三章的研究架構中，文化資本、自我期望、學習興趣、數學自信、回家作業為影響學習成就的中介變項，為找出總體層次變項是否會透過這些中介變項，因而影響學習成就。因此，這些變項在本模式分析時，需以依變項來處理，接續再依不同模型的設定進行估計，來比較估計模型的適配度情形。

　　經過隨機效果的單因子變異數分析模式（零模型）的檢定之後，結果如表10-1所示。

表 10-1　中介變項之隨機效果的單因子變異數分析模式

	自我期望：固定效果	係數	估計標準誤	t值
階層二	學校平均自我期望之平均數γ_{00}	.018	.036	.51
	自我期望：隨機效果	**變異數**	***df***	χ^2
階層二	校間的平均自我期望分數$u_{0j}(\tau_{00})$	.116	121	493.99***
階層一	校內的平均自我期望分數$\varepsilon_{ij}(\sigma^2)$	.844		
離異係數（-2LL）		6967.13		
	文化資本：固定效果	**係數**	**估計標準誤**	t值
階層二	學校平均文化資本之平均數γ_{00}	.069	.037	1.34
	文化資本：隨機效果	**變異數**	***df***	χ^2
階層二	校間的平均文化資本分數$u_{0j}(\tau_{00})$	.133	121	557.98***
階層一	校內的平均文化資本分數$\varepsilon_{ij}(\sigma^2)$	.787		
離異係數（-2LL）		6809.20		
	學習興趣：固定效果	**係數**	**估計標準誤**	t值
階層二	學校平均學習興趣之平均數γ_{00}	2.013	.028	70.77***
	學習興趣：隨機效果	**變異數**	***df***	χ^2
階層二	校間的平均學習興趣分數$u_{0j}(\tau_{00})$	.063	121	338.58***
階層一	校內的平均學習興趣分數$\varepsilon_{ij}(\sigma^2)$	.743		
離異係數（-2LL）		6603.39		
	數學自信：固定效果	**係數**	**估計標準誤**	t值
階層二	學校平均數學自信之平均數γ_{00}	1.89	.026	73.80***
	數學自信：隨機效果	**變異數**	***df***	χ^2
階層二	校間的平均數學自信分數$u_{0j}(\tau_{00})$	.048	121	307.31***
階層一	校內的平均數學自信分數$\varepsilon_{ij}(\sigma^2)$	.663		
離異係數（-2LL）		6301.00		
	回家作業：固定效果	**係數**	**估計標準誤**	t值
階層二	學校平均回家作業之平均數γ_{00}	2.067	.036	57.20***
	回家作業：隨機效果	**變異數**	***df***	χ^2
階層二	校間的平均回家作業分數$u_{0j}(\tau_{00})$	.140	121	1086.94***
階層一	校內的平均回家作業分數$\varepsilon_{ij}(\sigma^2)$	.384		
離異係數（-2LL）		5057.36		

*** $p < .001$

由表中可以看出，122 所學校學生自我期望的平均數（γ_{00}）為 .018，標準誤為 .036，沒有達到明顯差異。從 HLM 的原始報表可以看出，平均自我期望的信度估計（reliability estimate）指標為 .732，表示以各校學生平均數估計值，做為真實各校學生平均數指標的可信度是相當高的。階層二隨機效果的 χ^2 值為 493.99，df=121，達到 .001 的顯著水準，說明了各校學生自我期望之間的差異有明顯不同。

在階層二的組間平均自我期望的變異數 τ_{00}=.116，組內平均的學習成就變異數 σ^2=.844，內在組別相關係數 ρ=.116／（.116+.844）=.121（或 12.1%），$\rho > .059$ 代表是中等相關程度。而文化資本的內在組別相關係數 ρ=.133／（.133+.787）= .145；學習興趣的內在組別相關係數 ρ=.063／（.063+.743）=.078；數學自信的內在組別相關係數 ρ=.048／（.048+.663）=.068；回家作業的內在組別相關係數 ρ=.140／（.140+.384）=.267。

由上述研究結果可以看出，文化資本、自我期望、學習興趣、數學自信、回家作業等變項，在內在組別相關係數都高於 .059 的標準，這表示造成依變項的組間變異量是不可忽略的，即依變項在組間分布仍有明顯差異，必須要把各校之間的可能變項納入階層線性模式進行估計。所以，文化資本、自我期望、學習興趣、數學自信、回家作業等變項，可以繼續進行隨機係數的迴歸模型與脈絡模型之分析。

貳、中介變項之隨機係數的迴歸模型分析

為了驗證間接效果的假設二，本研究進行台灣國二學生的文化資本、自我期望、學習興趣、數學自信、回家作業之隨機係數的迴歸模型分析。茲將相關的研究結果說明如下。

一、以文化資本為結果變項的分析

由表 10-2 可以看出，性別、父親與母親教育程度對文化資本都達到 .01 的顯著水準。性別（γ_{10}）為負值，代表女生在文化資本上明顯高於男生；父親教育程度對文化資本影響（γ_{20}）為 .122 的意義是，每增加一個單位父親教育程度，學生文化資本會增加 0.122 分；而每增加母親教育程度一個單位，也可以增加學生文化資本 0.102 分，可見父親教育程度對於文化資本的影響高於母親。

在隨機效果中，校間的平均文化資本變異數 $u_{0j}(\tau_{00})$=425.04，df=121，達到 .001 的顯著水準，表示各校學生的文化資本有明顯不同，這與上述的隨機效果的單因子變異數分析之結果一樣（如表 10-1 所示）。然而，校間的平均文化資本變異數，由 .133 降為 .089，代表在階層一加入解釋變項之後，能解釋校間的平均文化資本變異數之百分比為（.133-.089）／.133 = 33.08%；而校內的平均文化資本變異數 $\varepsilon_{ij}(\sigma^2)$ 由 .787 降為 .765，表示在階層一加入解釋變項之後，能解釋校內的平均文化資本變異數之百分比為（.787-.765）／.787 = 2.80%。離異係數由零模型（如表 10-1 所示）的 6809.20 降為 6716.90，已減少 92.30，這表示隨機係數的迴歸模型適配度比起零模型還要好。

表 10-2　國二學生之隨機係數的迴歸模型分析（以文化資本為依變項）

固定效果	係數	估計標準誤	t值
β_0			
階層二　學校平均文化資本之平均數γ_{00}	.146	.037	3.95**
β_1			
性別（男=1，女=0）對文化資本影響γ_{10}	-.148	.036	-4.05**
父親教育程度對文化資本影響γ_{20}	.122	.023	5.16**
母親教育程度對文化資本影響γ_{30}	.102	.024	4.26**
隨機效果	變異數	df	χ^2
階層二　校間的平均文化資本分數$u_{0j}(\tau_{00})$	.089	121	425.04***
階層一　校內的平均文化資本分數$\varepsilon_{ij}(\sigma^2)$	.765		
離異係數（-2LL）	6716.90		

** $p < .01$; *** $p < .001$

二、以自我期望為結果變項的分析

　　由表 10-3 可以看出，父親教育程度對自我期望達到顯著水準，母親教育程度接近 .05 的顯著水準，而性別在自我期望中沒有明顯不同。父親教育程度對自我期望影響（ γ_{20} ）的意義是，每增加一個單位的父親教育程度，自我期望會增加 0.100 分；而母親教育程度每增加一個單位，也可以增加學生自我期望 0.048 分。

　　在隨機效果中，校間的平均自我期望 $u_0(\tau_{00})$ =414.12， df =121，達到 .001 的顯著水準，表示各校學生的自我期望有明顯不同，這與上述隨機效果的單因子變異數分析之結果一樣（如表 10-1 所示）。校間的平均自我期望變異數，由 .116 降為 .091，代表在階層一加入解釋變項之後，能解釋校間的平均自我期望變異數之百分比為（.116-.091）／.116＝21.55%；校內的平均自我期望變異數 $\varepsilon_{ij}(\sigma^2)$ 由 .844 降為 .840，表示在階層一加入解釋變項之後，幾乎無法解釋校內的平均自我期望變異數之百分比，因為（.844-.840）／.844＝0.5%，幾乎等於 0。而離異係數由零模型（如表 10-1 所示）的 6967.13 降為 6940.40，已減少 26.73。從上述來看，離異係數減少，且隨機效果的解釋力為 21.55%，這表示隨機係數的迴歸模型適配度比零模型還要好。

表 10-3　國二學生之隨機係數的迴歸模型分析（以自我期望為依變項）

固定效果	係數	估計標準誤	t 值
β_0			
階層二　學校平均自我期望之平均數 γ_{00}	.023	.033	.60
β_1			
性別（男=1，女=0）對自我期望影響 γ_{10}	-.005	.033	-.12
父親教育程度對自我期望影響 γ_{20}	.100	.028	4.04**
母親教育程度對自我期望影響 γ_{30}	.048	.026	1.92
隨機效果	變異數	df	χ^2
階層二　校間的平均自我期望分數 $u_0(\tau_{00})$	.091	121	414.12***
階層一　校內的平均自我期望分數 $\varepsilon_{ij}(\sigma^2)$	.840		
離異係數（-2LL）	6940.40		

$**p < .01; *** \ p < .001$

三、以學習興趣為結果變項的分析

由表 10-4 可以看出，僅有性別達到 .01 的顯著水準，性別（γ_{10}）為正數代表女生學習興趣明顯低於男生；父親與母親教育程度對學習興趣沒有明顯影響。在隨機效果中，校間的平均學習興趣 $u_{0j}(\tau_{00})$=299.55，df=121，達到 .001 的顯著水準，表示各校學生的學習興趣有明顯不同。然而，校間的平均學習興趣變異數，由 .063 降為 .050，表示階層一加入解釋變項之後，能解釋校間的平均學習興趣變異數之百分比為（.063-.050）／.063 = 20.63%；校內的平均學習興趣變異數 $\varepsilon_{ij}(\sigma^2)$，由 .743 降為 .722，表示在階層一加入解釋變項之後，能解釋校內的平均學習興趣變異數之百分比為（.743-.722）／.743 = 2.8%。離異係數由零模型（如表 10-1 所示）的 6603.39 降為 6529.27，已減少 74.12，這表示隨機係數的迴歸模型適配度比零模型還要好。

表 10-4　國二學生之隨機係數的迴歸模型分析（以學習興趣為依變項）

固定效果	係數	估計標準誤	t值
β_0			
階層二　學校平均學習興趣之平均數γ_{00}	1.855	.032	58.34**
β_1			
性別（男=1，女=0）對學習興趣影響γ_{10}	.319	.035	9.90**
父親教育程度對學習興趣影響γ_{20}	.110	.023	.48
母親教育程度對學習興趣影響γ_{30}	.320	.023	1.39
隨機效果	**變異數**	***df***	χ^2
階層二　校間的平均學習興趣分數$u_{0j}(\tau_{00})$	.050	121	299.55***
階層一　校內的平均學習興趣分數$\varepsilon_{ij}(\sigma^2)$	.722		
離異係數（-2LL）	6529.27		

** $p < .01$; *** $p < .001$

四、以數學自信為結果變項的分析

　　由表 10-5 可以看出，僅有性別達到 .01 顯著水準，$\gamma_{10} > 0$ 代表女生的數學自信明顯低於男生；父親與母親教育程度對數學自信沒有明顯影響。在隨機效果中，校間的平均數學自信 $u_{0j}(\tau_{00})=258.15$，$df=121$，達到 .001 的顯著水準，表示各校學生的數學自信有明顯不同。然而，校間的平均數學自信變異數，由 .048 降為 .034，此為階層一加入解釋變項之後，能解釋校間的平均數學自信變異數之百分比為（.048-.034）／.048＝29.17%。校內的平均數學自信變異數 $\varepsilon_{ij}(\sigma^2)$ 由 .663 降為 .637，表示在階層一加入解釋變項之後，能解釋校內的平均數學自信變異數之百分比為（.663-.637）／.663＝3.92%。離異係數由零模型（如表 10-1 所示）的 6301.00 降為 6190.87，已減少 110.13，這表示隨機係數的迴歸模型適配度比零模型還要好。

表 10-5　國二學生之隨機係數的迴歸模型分析（以數學自信為依變項）

固定效果	係數	估計標準誤	t值
β_0			
階層二　學校平均數學自信之平均數 γ_{00}	1.710	.028	58.34**
β_1			
性別（男=1，女=0）對數學自信影響 γ_{10}	.361	.033	9.90**
父親教育程度對數學自信影響 γ_{20}	.031	.021	.48
母親教育程度對數學自信影響 γ_{30}	.012	.022	1.39
隨機效果	**變異數**	***df***	χ^2
階層二　校間的平均數學自信分數 $u_{0j}(\tau_{00})$	.034	121	258.15***
階層一　校內的平均數學自信分數 $\varepsilon_{ij}(\sigma^2)$	.637		
離異係數（-2LL）	6190.87		

** $p < .01$; *** $p < .001$

五、以回家作業為結果變項的分析

　　由表 10-6 可以看出，模式中沒有自變項達到 .01 的顯著水準，這代表性別、父親與母親教育程度對回家作業沒有明顯影響。在隨機效果中，校間的平均回家作業 $u_{0j}(\tau_{00})$=1075.98，df=121，達到 .001 的顯著水準，表示各校學生的回家作業有明顯不同。校間的平均回家作業變異數，零模型與本模式都是 .140，代表在階層一加入解釋變項之後，無法解釋校間的平均回家作業變異數之百分比。而校內的平均回家作業變異數 $\varepsilon_{ij}(\sigma^2)$ 在零模型（如表 10-1 所示）與本模式都是 .384，表示在階層一加入解釋變項之後，無法解釋校內的平均回家作業變異數之百分比。離異係數由零模型（見表 10-1）的 5057.36 反增為 5072.47，增加了 15.11，這表示隨機係數的迴歸模型適配度比零模型還要不好。

表 10-6　國二學生之隨機係數的迴歸模型分析（以回家作業為依變項）

固定效果	係數	估計標準誤	t值
β_0			
階層二　學校平均回家作業之平均數γ_{00}	2.079	.038	54.11**
β_1			
性別（男=1，女=0）對回家作業影響γ_{10}	-.020	.026	-.75
父親教育程度對回家作業影響γ_{20}	.016	.017	.95
母親教育程度對回家作業影響γ_{30}	-.004	.017	-.24
隨機效果	變異數	df	χ^2
階層二　校間的平均回家作業分數$u_{0j}(\tau_{00})$	.140	121	1075.98**
階層一　校內的平均回家作業分數$\varepsilon_{ij}(\sigma^2)$	.384		
離異係數（-2LL）	5072.47		

** $p < .01$

參、個體層次之中介變項的脈絡模型分析

為驗證本研究所提的研究假設五之間接效果，本研究以個體層次之中介變項（文化資本、自我期望、學習興趣、數學自信、回家作業）的脈絡模型進行分析，檢定結果說明如下。

一、以文化資本為結果的脈絡模型分析

從表 10-7 可以看出，在固定效果之中，各校學生的平均父親教育程度（ γ_{02} ）、平均自我期望（ γ_{03} ）、性別（女生）（ γ_{10} ）、父親教育程度（ γ_{20} ）與母親教育程度（ γ_{30} ）對文化資本影響都達到 .01 的顯著水準。 γ_{02} 為正數代表各校

表 10-7　國二學生之脈絡模型分析（以文化資本為依變項）

固定效果	係數	估計標準誤	t值
β_0			
階層二　學校平均文化資本之平均數 γ_{00}	-.004	.204	-.02
脈絡變項斜率			
各校平均母親教育程度對文化資本影響 γ_{01}	-.055	.129	-.42
各校平均父親教育程度對文化資本影響 γ_{02}	.384	.123	3.14**
各校平均自我期望對文化資本影響 γ_{03}	.406	.084	4.82**
各校平均回家作業對文化資本影響 γ_{04}	.011	.064	.19
各校平均學習興趣對文化資本影響 γ_{05}	-.083	.121	-.68
各校平均數學自信對文化資本影響 γ_{06}	.159	.142	1.12
β_1			
性別（男=1，女=0）對文化資本影響 γ_{10}	-.148	.038	-3.89**
父親教育程度對文化資本影響 γ_{20}	.099	.026	3.83**
母親教育程度對文化資本影響 γ_{30}	.081	.025	3.22**
隨機效果	**變異數**	***df***	χ^2
階層二　校間的平均文化資本分數 $u_{0j}(\tau_{00})$	.021	115	178.91***
階層一　校內的平均文化資本分數 $\varepsilon_{ij}(\sigma^2)$	.764		
離異係數（-2LL）	6630.98		

** $p < .01$; *** $p < .001$

學生平均父親教育程度愈高，學生平均文化資本愈高，而各校學生平均自我期望愈高，代表學生平均文化資本愈高，這是學校下的脈絡結果；由此說明了，各校學生的平均父親教育程度愈高者，學習成就愈高，也確實明顯高於愈低者。此外，如果整個學校學生的平均自我期望愈高，學生擁有的平均文化資本也愈高。上述兩個變項均達到 .01 的統計水準，影響力不小。γ_{10} 為負值，代表女生在文化資本上顯著高於男生；父親教育程度對文化資本影響（γ_{20} = .099）的意義是，每增加一個單位的父親教育程度，文化資本會增加 0.099 分；而每增加一個單位的母親教育程度，也可以增加文化資本 0.081 分，可見父親教育程度對於文化資本的影響力高於母親。

在隨機效果中，校間的平均文化資本 $u_0(\tau_{00})$=178.91，df=115，達到 .001 的顯著水準，表示各校學生的文化資本有明顯不同，這與上述隨機係數的迴歸模型之結果一樣。然而，校間的平均文化資本變異數，由 .089 降為 .021，代表在階層一加入解釋變項之後，能解釋校間的平均文化資本變異數之百分比為（.089-.021）／.089 = 76.4%，解釋力相當高；而校內的平均文化資本變異數 $\varepsilon_{ij}(\sigma^2)$ 由 .765 降為 .764，表示在階層一加入解釋變項之後，能解釋校內的平均文化資本變異數之百分比為（.765-.764）／.765= 0.1%。離異係數由隨機係數的迴歸模型之 6716.90 降為 6630.98，減少了 85.92，這表示脈絡模型的適配度比隨機係數的迴歸模型還要好。

二、以自我期望為結果的脈絡模型分析

以自我期望為結果的脈絡模型之檢定結果，如表 10-8 所示。在固定效果之中，各校學生的平均文化資本（γ_{03}）、平均回家作業（γ_{04}）、父親教育程度（γ_{20}）對自我期望影響都達到 .01 的顯著水準。γ_{03} 為正值，代表各校學生的平均文化資本愈高，學生平均自我期望愈高；而各校學生平均回家作業愈高，代表學生平均自我期望愈高，也就是學校平均的學生自我期望愈高（集體脈絡效果），這說明了各校學生平均文化資本愈高，其學生平均自我期望也愈高。同時，學校學生平均回家作業愈高，學生平均自我期望會愈高。γ_{20} 為正值，代表父親教育程

| 表 10-8 | 國二學生之脈絡模型分析（以自我期望為依變項） |

固定效果	係數	估計標準誤	t值
β_0			
階層二 學校平均自我期望之平均數γ_{00}	-.889	.160	-5.57**
脈絡變項斜率			
各校平均母親教育程度對自我期望影響γ_{01}	.195	.112	1.75
各校平均父親教育程度對自我期望影響γ_{02}	-.168	.113	-1.14
各校平均文化資本對自我期望影響γ_{03}	.436	.068	6.45**
各校平均回家作業對自我期望影響γ_{04}	.218	.060	3.63**
各校平均學習興趣對自我期望影響γ_{05}	.022	.117	.19
各校平均數學自信對自我期望影響γ_{06}	.234	.138	1.70
β_1			
性別（男=1，女=0）對自我期望影響γ_{10}	-.001	.032	-.31
父親教育程度對自我期望影響γ_{20}	.080	.028	2.90**
母親教育程度對自我期望影響γ_{30}	.031	.026	1.19
隨機效果	變異數	df	χ^2
階層二 校間的平均自我期望分數$u_{0j}(\tau_{00})$	.017	115	162.98***
階層一 校內的平均自我期望分數$\varepsilon_{ij}(\sigma^2)$	.838		
離異係數（-2LL）	6854.57		

** $p < .01$; *** $p < .001$

度對自我期望影響（γ_{20} = .080）的意義是，每增加一個單位的父親教育程度，自我期望會增加 0.080 分，可見父親教育程度對於自我期望的影響力。

在隨機效果中，校間的平均自我期望變異數 $u_{0j}(\tau_{00})$ =162.98，df=115，達到 .001 的顯著水準，表示各校學生的自我期望明顯不同，這與上述隨機係數的迴歸模型之結果一樣。然而，校間的平均自我期望變異數，由 .091 降為 .017，代表在階層一加入解釋變項之後，能解釋校間的平均自我期望變異數之百分比為（.091- .017）／.091＝81.3%，解釋力相當高。校內的平均自我期望變異數 $\varepsilon_{ij}(\sigma^2)$，由 .840 降為 .838，表示在階層一加入解釋變項之後，能解釋校內的平均自我期望變異數之百分比僅（.840-.838）／.840＝0.2%。離異係數由隨機係數的迴歸模型之 6940.40 降為 6854.57，已減少 85.83，這表示脈絡模型的適配度比隨機係數的迴歸模型還要好。

三、以學習興趣為結果的脈絡模型分析

以學習興趣為結果的脈絡模型之檢定結果，如表 10-9 所示。在固定效果之中，僅有各校學生的平均數學自信（γ_{06}）、性別（男生）（γ_{10}）對學習興趣影響達到 .01 的顯著水準。γ_{06} 為正值，表示各校學生的平均數學自信愈高，學生平均學習興趣愈高，這是學校的脈絡結果，這也說明了各校學生平均學習興趣愈高，學生平均學習興趣也愈高。γ_{10} 為正值，代表男生的學習興趣明顯高於女生；各校學生每增加一個單位的平均數學自信，也可以增加學生平均學習興趣 0.763 分的效果。

表 10-9　國二學生之脈絡模型分析（以學習興趣為依變項）

固定效果	係數	估計標準誤	t值
β_0			
階層二　學校平均學習興趣之平均數γ_{00}	.332	.183	1.81
脈絡變項斜率			
各校平均母親教育程度對學習興趣影響γ_{01}	.028	.101	.27
各校平均父親教育程度對學習興趣影響γ_{02}	.015	.099	.15
各校平均自我期望對學習興趣影響γ_{03}	-.014	.082	-.17
各校平均文化資本對學習興趣影響γ_{04}	-.022	.073	-.30
各校平均回家作業對學習興趣影響γ_{05}	.068	.060	1.31
各校平均數學自信對學習興趣影響γ_{06}	.763	.078	9.76**
β_1			
性別（男=1，女=0）對學習興趣影響γ_{10}	.288	.037	7.88**
父親教育程度對學習興趣影響γ_{20}	-.001	.023	-.04
母親教育程度對學習興趣影響γ_{30}	.019	.022	.87
隨機效果	變異數	df	χ^2
階層二　校間的平均學習興趣分數$u_{0j}(\tau_{00})$	.005	115	130.45
階層一　校內的平均學習興趣分數$\varepsilon_{ij}(\sigma^2)$	.721		
離異係數（-2LL）	6449.90		

** $p < .01$

在隨機效果中，校間的平均學習興趣變異數 $u_{0j}(\tau_{00})=130.45$，$df=115$，未達到 .001 的顯著水準，表示各校學生的平均學習興趣沒有明顯不同，這與上述隨機係數的迴歸模型分析之結果不一樣。然而，校間的平均學習興趣變異數，由 .050 降為 .005，代表在階層一加入解釋變項之後，能解釋校間的平均學習興趣變異數之百分比為（.050-.005）／.050＝90.0%，解釋力相當高；校內的平均學習興趣變異數 $\varepsilon_{ij}(\sigma^2)$ 由 .722 降為 .721，表示在階層一加入解釋變項之後，能解釋校內的平均學習興趣變異數之百分比為（.722-.721）／.722＝0.1%。離異係數由隨機係數的迴歸模型之 6529.27 降為 6449.90，已減少 79.37，這表示脈絡模型的適配度比隨機係數的迴歸模型還要好。

四、以數學自信為結果的脈絡模型分析

以數學自信為結果的脈絡模型之檢定結果，如表 10-10 所示。在固定效果之中，各校學生的平均學習興趣（γ_{04}）、性別（男生）（γ_{10}）對數學自信影響達到 .01 的顯著水準。γ_{04} 為正值，代表各校學生的平均學習興趣愈高，其學生平均數學自信愈高，這是學校的群體學生或巢套所形成的情形，它說明了學校學生平均學習興趣愈高，其學生平均數學自信也愈高。γ_{10} 為正值，代表男生的數學自信明顯高於女生；而每增加學生一個單位的平均學習興趣，可以增加學生平均數學自信 0.588 分。

在隨機效果中，校間的平均數學自信變異數 $u_{0j}(\tau_{00})=74.01$，$df=115$，未達到 .001 的顯著水準，表示各校學生的平均數學自信沒有明顯不同，這與上述隨機係數的迴歸模型之結果不一樣。校間的平均數學自信變異數，由 .034 降為 .0004，代表在階層一加入解釋變項之後，能解釋校間的平均數學自信變異數之百分比為（.034-.0004）／.034＝98.8%，解釋力相當高；校內的平均數學自信變異數 $\varepsilon_{ij}(\sigma^2)$ 由 .637 降為 .626，表示在階層一加入解釋變項之後，能解釋校內的平均數學自信變異數之百分比為（.637-.626）／.637＝1.7%。離異係數由隨機係數的迴歸模型之 6190.87 降為 6073.57，已減少 117.30，這表示脈絡模型的適配度比隨機係數的迴歸模型還要好。

表 10-10　國二學生之脈絡模型分析（以數學自信為依變項）

固定效果	係數	估計標準誤	t值
β_0			
階層二　學校平均數學自信之平均數γ_{00}	1.578	.087	18.23**
脈絡變項斜率			
各校平均母親教育程度對數學自信影響γ_{01}	-.046	.078	-.59
各校平均父親教育程度對數學自信影響γ_{02}	.009	.072	.12
各校平均自我期望對數學自信影響γ_{03}	.071	.055	1.29
各校平均學習興趣對數學自信影響γ_{04}	.588	.046	12.85**
各校平均回家作業對數學自信影響γ_{05}	-.018	.061	-.30
各校平均文化資本對數學自信影響γ_{06}	.068	.042	1.63
β_1			
性別（男=1，女=0）對數學自信影響γ_{10}	.328	.031	10.55**
父親教育程度對數學自信影響γ_{20}	.019	.020	.94
母親教育程度對數學自信影響γ_{30}	-.001	.021	-.07
隨機效果	變異數	df	χ^2
階層二　校間的平均數學自信分數$u_{0j}(\tau_{00})$	.0004	115	74.01
階層一　校內的平均數學自信分數$\varepsilon_{ij}(\sigma^2)$	.626		
離異係數（-2LL）	6073.57		

** $p < .01$

五、以回家作業為結果的模型分析

以回家作業為結果的脈絡模型之檢定結果，如表 10-11 所示。在固定效果之中，各校學生的平均自我期望（γ_{03}）對回家作業影響達到 .01 的顯著水準，代表各校學生的平均自我期望愈高，對學生平均回家作業影響力愈高，其中每增加一個單位的學生平均自我期望，可以增加學生平均回家作業 0.425 分的效果。

在隨機效果中，校間的平均回家作業變異數 $u_{0j}(\tau_{00})$ =726.98，df=115，達到 .001 的顯著水準，表示各校學生的回家作業有明顯不同，這與上述隨機係數的迴歸模型之結果一樣。校間的平均回家作業變異數，由 .140 降為 .098，代表在階層一加入解釋變項之後，能解釋校間的平均回家作業變異數之百分比為（.140-.098）／.140 = 30%；校內的平均回家作業變異數 $\varepsilon_{ij}(\sigma^2)$ 與隨機係數的迴歸模型一樣為

.384，表示在階層一加入解釋變項之後，無法解釋校內的學生平均回家作業變異數之百分比，因為（.384-.384）／.384 = 0%。離異係數由隨機係數的迴歸模型之5072.47 降為 5042.47，已減少 30.00，這表示脈絡模型的適配度比隨機係數的迴歸模型還要好。

表 10-11 國二學生之脈絡模型分析（以回家作業為依變項）

固定效果	係數	估計標準誤	t值
β_0			
階層二　學校平均回家作業之平均數γ_{00}	2.119	.632	3.35**
脈絡變項斜率			
各校平均母親教育程度對回家作業影響γ_{01}	-.210	.145	-1.45
各校平均父親教育程度對回家作業影響γ_{02}	.134	.155	.87
各校平均自我期望對回家作業影響γ_{03}	.425	.120	3.55**
各校平均學習興趣對回家作業影響γ_{04}	.155	.276	.57
各校平均文化資本對回家作業影響γ_{05}	.113	.149	.76
各校平均數學自信對回家作業影響γ_{06}	-.015	.347	-.04
β_1			
性別（男=1，女=0）對回家作業影響γ_{10}	-.025	.029	-.84
父親教育程度對回家作業影響γ_{20}	.010	.018	.53
母親教育程度對回家作業影響γ_{30}	-.008	.017	-.46
隨機效果	**變異數**	**df**	**χ^2**
階層二　校間的平均回家作業分數$u_{0j}(\tau_{00})$	.098	115	726.98***
階層一　校內的平均回家作業分數$\varepsilon_{ij}(\sigma^2)$	.384		
離異係數（-2LL）	5042.47		

** $p < .01$; *** $p < .001$

肆、討論

　　本研究在討論影響各校學生的中介變項（文化資本、自我期望、學習興趣、數學自信、回家作業）差異分析，以這些中介變項先視為依變項，接著進行HLM檢定。經由HLM的零模型與脈絡模型分析發現，學習成就同時受到總體層次（文化資本、自我期望、學習興趣、數學自信、回家作業、脈絡變項）與個體層次（背景變項與中介變項）的跨層級影響。

　　從表10-1的中介變項之隨機效果的單因子變異數分析模式來看，文化資本、自我期望、學習興趣、數學自信與回家作業，在內在組別相關係數都高於.059的標準，這表示造成依變項的組間變異量不可忽略，因此應該進行後續的分析，同時分析的方法亦不可以運用多元迴歸模式，因其沒有考慮兩層之間的結構關係，將會造成型Ⅰ誤差（type I error）過於膨脹，並容易發生分析結果解釋的偏誤（Raudenbush & Bryk, 2002）。接續，本研究以學習成就為結果變項，透過脈絡模型來分析發現，總體層次的脈絡變項與個體層次的背景變項與中介變項對於學習成就有顯著的影響，此代表中介變項的效果是存在的，只是效果量大小而已。對於上述的發現，討論如下。

　　首先，本研究的發現與謝亞恆（2007）的研究一樣，其以「台灣教育長期追蹤調查資料庫」（TEPS）的國中生資料為依據，區分為學生層次與學校層次，經由 HLM 檢定發現：學生階層的學生背景、學習態度、家庭社經地位、家庭教育資源，對學生的學業成就成長量都有顯著影響，而男生的學習成就成長量會較高；學生學習態度愈認真、家庭社經地位愈佳，學習成就成長量會愈高。這與本研究發現，學生的學習成就受到家長教育程度及學習興趣、數學自信和文化資本影響的發現有類似的情形。

　　其次，以個體層次的變項，即以影響學習成就的中介變項來看，本研究的發現與許多研究的發現一致（巫有鎰，1999；李文益、黃毅志，2004；黃毅志，2002；謝孟穎，2003），這些研究將文化資本、社會資本與財務資本視為影響學

習成就的中介變項，來解釋家庭背景因素透過中介變項，對學習成就有著正向影響，其中張善楠、黃毅志（1999）的分析發現：家庭社經地位對學業成績的影響，透過教育資源的中介變項，例如：家庭教育設施、父母教育期望、父母對子女教育事務投入（如陪伴子女做功課）的間接影響。其實上述的發現，在個體層次的中介變項中已有討論。

最後，學生背景影響中介變項，再由中介變項影響學習成就。本研究在個體層次的變項發現，家長教育程度影響中介變項，再由中介變項影響學習成就。這樣的發現與許多研究一致，即父母社經地位愈高，子女居住處所的教育設施愈佳，也就是子女能擁有自己的書桌、書櫃與書房，都有助於提高子女的學業成績（孫清山、黃毅志，1996；Khattab, 2002; Sewell et al., 1969; Teachman, 1987）。此外，張芳全（2006c）以社經地位與文化資本為投入變項，再以教育期望為中介變項，研究結果發現，社經地位與文化資本對學習成就有正向影響；張芳全（2009）研究證實，影響學生科學學習成就的中介變項存在，家長教育程度會透過文化資本、學習興趣正向顯著影響科學學習成就之外，並透過文化資本影響科學學習成就。上述研究均可說明，本研究證實文化資本（教育資源）、自我期望、學習興趣、數學自信、回家作業，為影響學業成就的中介變項。

第二節　間接效果的分析與討論

壹、檢定公式

經由上述對於影響台灣國二學生學習成就的直接效果（即影響學習成就的脈絡模型）與間接效果（個體層次之中介變項的脈絡模型）分析發現，個體層次的性別、父親教育程度、母親教育程度、文化資本、自我期望、學習興趣、數學自信、回家作業，在直接效果與間接效果都達到顯著水準；總體層次的解釋變項，即平均文化資本、平均自我期望、平均學習興趣、平均數學自信、平均回家作業

的直接效果與間接效果都達到顯著水準。當模式的自變項與依變項之直接與間接效果達顯著水準，則應考慮模式是否有中介變項存在。本研究以 Sobel（1982）所提出的直接路徑係數與間接路徑係數，以及其各自的標準誤來計算 t 檢定量，以了解間接效果是否達到統計的顯著水準。其相關研究與檢測中介效果的統計檢定力，可見林淑君（2010）、溫福星、邱皓政（2009）、MacKinnon、Lockwood、Hoffman、West 和 Sheets（2002），以及 Raudenbush 和 Sampson（1999）的研究，以上之研究皆認為，Sobel 在檢定路徑的間接效果具有不錯效率。因此，本研究以 Sobel 的統計公式進行檢定，公式如下：

$$t = \frac{a \times b}{\sqrt{(a \times SE_b)^2 + (b \times SE_a)^2}}$$

式中：a、b 各代表路徑係數、SE_a 與 SE_b 各代表 a 與 b 路徑係數的估計標準誤。以下針對本研究對個體層次與總體層次，在上述模式檢定之後，已達到顯著水準的變項進行估算。

貳、估計結果

一、以文化資本為中介變項之間接效果

經過計算之後，由表 10-12 可以看出，以文化資本為中介變項，學習成就為依變項，其中個體層次的父親教育程度、母親教育程度對於文化資本有正向影響，對學習成就的間接效果量分別為 -.0157、.0105 及 .0086；性別有負向顯著影響，表示女生透過文化資本對於學習成就影響的間接效果比男生還多。而總體層次的平均父親教育程度與平均自我期望，對於文化資本有正向顯著影響，對學習成就的間接效果量分別為 .0407 及 .0430，代表兩個變項透過文化資本影響到他們的學習成就。從數值可以看出，這兩個脈絡變項的影響力以平均自我期望較大。

表 10-12　影響學習成就之文化資本的中介效果檢定摘要

項目	文化資本		學習成就		t 值	效果量
	a 路徑係數	a 標準誤	b_1 路徑係數	b_1 標準誤		
個體層次						
性別（1=男，0=女）a_1	-.148	.038	.106	.016	-.36**	-.0157
父親教育程度 a_2	.099	.026	.106	.016	3.30**	.0105
母親教育程度 a_3	.081	.025	.106	.016	2.90**	.0086
總體層次						
平均母親教育程度 a_4	×	×				
平均父親教育程度 a_5	.384	.122	.106	.016	2.84**	.0407
平均自我期望 a_6	.384	.084	.106	.016	3.90**	.0430
平均回家作業 a_7	×	×				
平均學習興趣 a_8	×	×				
平均數學自信 a_9	×	×				

註：1. ** $p < .01$

　　2. ×代表沒有達到顯著水準，所以不用估計。

二、以自我期望為中介變項之間接效果

　　經過計算之後，由表 10-13 可以看出，以自我期望為中介變項，學習成就為依變項，其中個體層次的父親教育程度對於自我期望有正向顯著影響，並影響其學習成就，間接效果量為 .018。而總體層次的平均文化資本與平均回家作業對於自我期望有正向顯著影響，代表了平均文化資本愈高，學習成就就愈高，其間接效果量為 .098；同時學校學生有練習較多的回家作業，會對於學生的學習成就有正向顯著影響，其間接效果量為 .049。上述也可以看出，平均文化資本之間接效果明顯高於平均回家作業，可見學校學生的平均文化資本（即脈絡的集體效果）會比平均回家作業的效果還要高。

表 10-13　影響學習成就之自我期望的中介效果檢定摘要

項目	自我期望		學習成就		t值	效果量
	c 路徑係數	c 標準誤	b_2路徑係數	b_2標準誤		
個體層次						
性別（1=男，0=女）c_1	×	×				
父親教育程度 c_2	.080	.028	.225	.016	2.80**	.018
母親教育程度 c_3	×	×				
總體層次						
平均母親教育程度 c_4	×	×				
平均父親教育程度 c_5	×	×				
平均文化資本 c_6	.436	.068	.225	.016	4.83**	.098
平均回家作業 c_7	.218	.060	.225	.016	3.52**	.049
平均學習興趣 c_8	×	×				
平均數學自信 c_9	×	×				

註：1. ** $p < .01$
　　2. ×代表沒有達到顯著水準，所以不用估計。

三、以學習興趣為中介變項之間接效果

　　以學習興趣為中介變項，學習成就為依變項，經過計算之後，由表 10-14 可以看出，個體層次的性別對學習興趣有正向顯著影響，再透過它影響學習成就；因為估計數為正值，代表男生的學習興趣對於學習成就的影響力比女生還大，其間接效果量為 .0314。而總體層次的平均數學自信對學習興趣有正向顯著影響，代表各校平均數學自信愈高，學習興趣愈高，對學生學習成就有正向顯著影響，其間接效果量為 .0832。這說明了學校平均數學自信愈高，會帶動學生的學習興趣，也代表著學校集體的數學自信會正向影響學習成就（脈絡效果）。

| 表 10-14 | 影響學習成就之學習興趣的中介效果檢定摘要 | | | | | |

項目	數學興趣		學習成就		t值	效果量
	d 路徑係數	d 標準誤	b_3路徑係數	b_3標準誤		
個體層次						
性別（1=男，0=女）d_1	.288	.037	.109	.020	4.46**	.0314
父親教育程度 d_2	×	×				
母親教育程度 d_3	×	×				
總體層次						
平均母親教育程度 d_4	×	×				
平均父親教育程度 d_5	×	×				
平均自我期望 d_6	×	×				
平均文化資本 d_7	×	×				
平均回家作業 d_8	×	×				
平均數學自信 d_9	.763	.078	.109	.020	4.76**	.0832

註：1. ** $p < .01$

　　2. ×代表沒有達到顯著水準，所以不用估計。

四、以數學自信為中介變項之間接效果

以數學自信為中介變項，學習成就為依變項，經過計算之後，由表 10-15 可以看出，個體層次的性別對數學自信有正向顯著影響，再影響學習成就，因為計算出來為正值，代表男生的數學自信對學習成就的影響力比女生還大，其間接效果量為 .1289。而總體層次的平均回家作業對數學自信有正向顯著影響，代表了各校學生的平均回家作業愈高，會提升他們的數學自信，因而對學生的學習成就有正向顯著影響，其間接效果量為 .2311。

| 表 10-15 | 影響學習成就之數學自信的中介效果檢定摘要 |

項目	數學自信		學習成就		t值	效果量
	e 路徑係數	e 標準誤	b_4路徑係數	b_4標準誤		
個體層次						
性別（1=男，0=女）e_1	.328	.031	.393	.022	9.10**	.1289
父親教育程度 e_2	×	×				
母親教育程度 e_3	×	×				
總體層次						
平均母親教育程度 e_4	×	×				
平均父親教育程度 e_5	×	×				
平均自我期望 e_6	×	×				
平均學習興趣 e_7	×	×				
平均文化資本 e_8	×	×				
平均回家作業 e_9	.763	.078	.109	.020	4.76**	.2311

註：1. ** $p < .01$
　　2. ×代表沒有達到顯著水準，所以不用估計。

五、以回家作業為中介變項之間接效果

　　以回家作業為中介變項，學習成就為依變項，經過計算之後，由表 10-16 可以看出，個體層次變項沒有達到顯著水準。而總體層次的平均自我期望對回家作業有正向顯著影響，代表各校的平均自我期望愈高，會對於回家作業有正向影響，因而讓他們的學習成就有正向顯著影響，其間接效果量為 .0509。

| 表 10-16 | 影響學習成就之回家作業的中介效果檢定摘要 |

項目	回家作業		學習成就		t 值	效果量
	f 路徑係數	f 標準誤	b_5 路徑係數	b_5 標準誤		
個體層次						
性別（1=男，0=女）f_1	×	×				
父親教育程度 f_2	×	×				
母親教育程度 f_3	×	×				
總體層次						
平均母親教育程度 f_4	×	×				
平均父親教育程度 f_5	×	×				
平均自我期望 f_6	.4251	.1198	.0574	.0245	4.08**	.0509
平均學習興趣 f_7	×	×				
平均文化資本 f_8	×	×				
平均數學自信 f_9	×	×				

註：1. ** p < .01
　　2. ×代表沒有達到顯著水準，所以不用估計。

貳、討論

　　為了讓上述的五個中介變項檢定結果清楚呈現，繪製如圖 10-1 所示。圖中 a、c、d、e、f 的符號分別代表個人背景變項對學習成就的直接效果，而各個 a、c、d、e、f 的下標符號分別代表中介變項對文化資本、自我期望、學習興趣、數學自信、回家作業間接效果的影響情形，例如：a_3 代表母親教育程度對於學習成就具有間接效果，依此類推；而 b 則表示中介變項對於學習成就的直接效果。

　　本研究在總體層次與個人背景變項透過個體層次的中介變項，因而影響學習成就，而其間接效果的討論如下。

　　首先，在個體層次背景變項方面，女生透過文化資本對於學習成就的影響較男生高，這與孫清山、黃毅志（1996）研究指出，在台灣早期，家庭子女較多，為了讓男性子弟有就學機會，因而家庭提供子女教育機會之選擇常有保男捨女的現象不同；但是他們在推論上也強調，這種情形在後來的年度已有改善。換言之，

個體層次

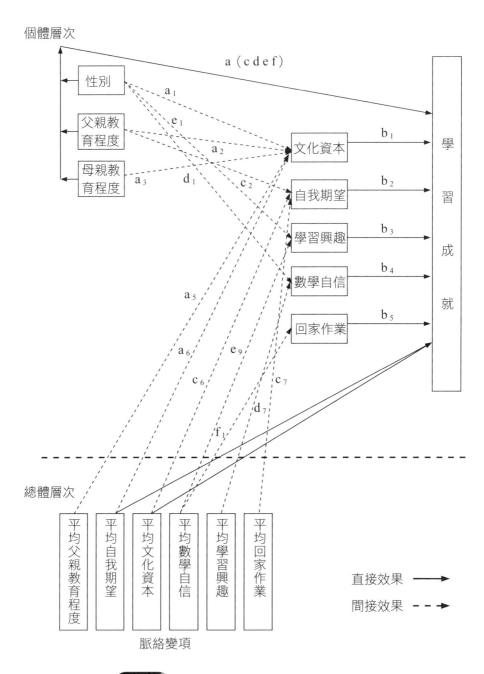

總體層次

脈絡變項

直接效果 ——→

間接效果 - - →

圖 10-1   台灣國二學生學習成就的中介效果

女生的文化資本不一定會比男生少,這是與本研究結果有接近之處。本研究發現,女生透過學習興趣及數學自信對於學習成就的影響低於男生,可見男生的學習興趣與數學自信是明顯高於女生,此發現與陳麗妃(2005)以 TIMSS 2003 的小四學生為對象發現,男生的科學學習興趣與自信皆優於女生的發現一樣;同時也與 Marjoribanks(2004, 2005)以澳洲青年進行的蹤貫性分析發現,男生的自我概念對教育取得與學習成就之影響力明顯高於女生的發現是一樣的。此外,父親教育程度會透過文化資本與數學自信影響學習成就;母親教育程度會透過文化資本正向影響學習成就,這與張芳全(2009)的研究發現一致,其研究指出,子女雙親的教育程度愈高,家庭文化資本愈豐富;同時家長教育程度愈高,家庭學習資源會愈多,家長教育程度與科學學習成就有正向關聯。

其次,在整體層次的平均父親教育程度與學生平均自我期望的脈絡變項方面,會透過文化資本影響學習成就。這與林俊瑩(2006)以「台灣教育長期追縱調查資料庫」(TEPS)的資料,用 HLM 分析學校層次學業成就模式的研究發現一致,也就是學校教育資源對學習成就影響方面,優良校風會透過學生教育期望、學生學習態度的間接作用,對學習成就有正向影響。同時 Driessen(2002)研究影響荷蘭的小學生學習成就因素發現,學校之間的學習成就差異,有 12.5% 來自於家長教育程度及年齡(脈絡變項)的發現一樣,可見脈絡變項對學習成就的影響頗為重要。此外,O'Dwyer(2005)研究 23 個參與 TIMSS 1995 及 TIMSS 1999 的國家和地區發現,1999 年的澳洲、比利時、捷克、匈牙利、以色列、伊朗、南韓、俄羅斯聯邦、斯洛伐克、美國及泰國等,都是平均的學生家庭背景(雙親教育程度)愈高,學習成就愈好,這些國家和地區的發現與本研究一致。而本研究也與 Luyten、Peschar 和 Coe(2008)提到,學校學生家長的平均職業等級(轉換為分數)愈高,學生閱讀成就愈好的發現頗為接近。上述的研究發現,都支持了學生平均父親教育程度的學校脈絡變項正向影響學習成就。

第三,在整體層次的平均文化資本脈絡變項,會透過自我期望正向影響學習成就,這與胡鎰麗(2010)以家庭資源、家中藏書量與學習成就進行 HLM 分析後,家庭資源與學習成就有正向影響的發現一致,也與 Caldas 和 Bankston

（1997）以及 O'Dwyer（2005）的研究有相近發現，也就是脈絡變項，尤其是與家庭文化資源有關者，會透過學生的學習態度再對學習成就產生影響。

第四，平均數學自信會透過學習興趣與回家作業影響學習成就，平均學習興趣會透過數學自信正向影響學習成就。上述兩個變項是以學習興趣與學習自信相互的影響，這與張嘉玳（2008）以資料庫運用 HLM 分析數學課自我效能（部分是學習興趣與自信）與學習成就，有正向顯著影響的發現一致。本研究也與 O'Dwyer（2005）研究 23 個參與 TIMSS 1995 及 TIMSS 1999 的國家和地區發現一樣，也就是他在這兩年所研究的 23 個國家和地區（其中以香港與俄羅斯聯邦的影響力最大）中，學生平均學習態度（動機與興趣）對學習成就有正向影響。

第五，平均回家作業（包括教師提供的次數及回家作業撰寫時間）透過自我期望正向影響學習成就。這與 O'Dwyer（2005）研究 23 個參與 TIMSS 1995 及 TIMSS 1999 的國家和地區發現，1999 年學校平均教師回家作業次數對於學習成就有正向影響的國家，例如：比利時、捷克、以色列、荷蘭、新加坡、泰國及美國等有正向影響是一樣；但是也與澳洲、加拿大、伊朗、拉脫維亞、羅馬尼亞、斯洛伐克的結果是不一樣的。而洪川富（2007）以 TIMSS 2003 的台灣數學資料庫，使用 HLM 探討小四及國二學生數學家庭作業完成時間與教師指派數學家庭作業頻率發現，對學生數學學習成就皆有正向影響。簡言之，上述研究與本研究的發現大致上是一樣的。

第十一章　多層次模型比較與假設驗證結果

　　經由前面幾章的研究假設檢定，並深入的討論，本研究仍需要整理出究竟所建立的 HLM 模型，哪一個較為適配，同時本研究所提出的研究假設，經過檢定之後的結果也是本章要說明的部分。本章第一節說明影響台灣國二學生的學習成就因素之多層次模型比較，第二節說明本研究在研究假設的檢定結果。

第一節　學習成就因素之多層次模型比較

　　本研究經由 HLM 來分析影響台灣國二學生學習成就因素的直接效果、間接效果、中介效果，以及跨層級變項的交互作用，茲將上述幾項檢定之後的模型結果加以整理，進一步從各項數值了解各模型的適配情形。由表 11-1 可以看出，零模型的階層一及階層二的變異數與離異係數都最高，如果依序加入解釋變項，模型在變異數及離異係數即會逐漸減少。變異數減少可以視為資料結構與模型之間的改良程度；而離異係數可以視為資料結構與模型的適配程度（Raudenbush & Bryk, 2002），它也是要與後來設定較複雜的模型所計算出來的數值，來與先前模型的數值相比較，如果數值縮小則代表模型適配度較好。如以上述標準來看，階層一模型的變異數由零模型的 .686，算是最高，在脈絡模型與完整模型為 .381，算是最低；階層二模型的變異數由零模型的 .200，算是最高，在脈絡模型與完整模型為 .215，算是最低；而離異係數則由零模型的 6511.48，降為最低的脈絡模型之 5108.60。因此，資料結構與模型之間的適配程度應依序為脈絡模型、完整模型、隨機係數的迴歸模型、隨機效果的單因子共變數分析模式、平均數為結果變

項模型，以及零模型。

表 11-1　影響學生學習成就的多層次模型之比較

模型	固定效果		隨機效果		χ^2值	離異係數	排序
	γ_{00}值	t值	階層一變異數ε_{ij}	階層二變異數u_{0j}			
零模型	.0858	1.96*	.686	.200	873.93	6511.48	6
平均數為結果變項模型	-.851	-3.97**	.686	.126	556.62	6498.29	5
隨機效果的單因子共變數分析模式	-1.033	-13.21**	.419	.058	464.97	5228.55	4
隨機係數的迴歸模型	-.999	-12.89**	.383	.376	191.45	5157.46	3
脈絡模型	-1.190	-6.20**	.381	.215	162.88	5108.60	1
完整模型	-1.421	-3.84**	.381	.215	162.92	5144.49	2

* $p < .05$; ** $p < .01$

第二節　研究假設的檢定結果

經過統計分析之後，本研究的研究假設之檢定結果如表 11-2 所示，說明如下。

壹、直接效果的假設檢定

研究假設一：本研究以隨機係數的迴歸模型來回答研究假設一，其檢定結果為：性別、父親教育程度與母親教育程度各有負向、正向及負向的顯著影響，也就是 H_{1a}、H_{1b} 及 H_{1c} 獲得驗證。

研究假設三：從隨機係數的迴歸模型發現，影響台灣國二學生個體層次之中介變項，也就是文化資本、自我期望、學習興趣、數學自信、回家作業都明顯地正向影響學習成就，研究假設三也獲得驗證。其中影響學習成就最大的因素為數學自信，其次為自我期望，第三是文化資本，第四為性別，最後一項為母親教育程度。

表 11-2	影響台灣國二學生學習成就因素的研究假設檢定結果	
類型	研究假設	檢定結果
直接效果	H_1：台灣國二學生個人層級的背景變項（即性別、父親與母親教育程度）明顯影響學習成就。	H_{1a}性別獲得驗證。 H_{1b}母親教育程度獲得驗證。 H_{1c}父親教育程度獲得驗證。
	H_3：台灣國二學生個體層次之中介變項（文化資本、自我期望、學習興趣、數學自信、回家作業）明顯影響學習成就。	H_{3a}文化資本獲得驗證。 H_{3b}自我期望獲得驗證。 H_{3c}學習興趣獲得驗證。 H_{3d}數學自信獲得驗證。 H_{3e}回家作業獲得驗證。
	H_4：台灣的學校總體層次變項（即聚合脈絡變項、組織變項：學校所在的城鄉、學校規模、學校學生家庭富裕比率、教學資源、學校氣氛、學生就學情形）顯著影響學習成就。	H_{4a}聚合變項（父母親教育程度對文化資本、父親教育程度對自我期望、男生對學習興趣與數學自信）獲得部分驗證。 H_{4b}組織變項獲得部分驗證。
間接效果	H_2：台灣國二學生的背景變項，透過學生個體層次的中介變項（文化資本、自我期望、學習興趣、數學自信、回家作業）明顯影響學習成就。	H_{2a}性別、父母親教育程度透過文化資本影響學習成就獲得證實。 H_{2b}父母親教育程度透過自我期望影響學習成就獲得證實。 H_{2c}性別透過自我期望影響學習成就獲得證實。 H_{2d}性別透過數學自信影響學習成就獲得證實。
	H_5：台灣的學校總體層次變項，透過學生個體層次的中介變項（文化資本、自我期望、學習興趣、數學自信、回家作業）顯著影響學習成就。	H_{5a}父親教育程度與自我期望透過文化資本影響學習成就。 H_{5b}文化資本與回家作業透過自我期望影響學習成就。 H_{5c}學習興趣透過數學自信影響學習成就。 H_{5d}學習興趣透過數學自信影響學習成就。 H_{5e}數學自信透過回家作業影響學習成就。
交互作用效果	H_6：台灣的學校總體層次變項，對學生個體層次之背景變項（如性別與家長教育程度），以及中介變項（文化資本、自我期望、學習興趣、數學自信、回家作業）明顯影響學習成就。	H_6學校氣氛加入完整模型之後，在跨層級的交互作用具顯著效果（H_{6d}），其他組織變項則沒有獲得證實，因此獲得部分證實。

　　研究假設四：由表 8-3 的脈絡模型可以了解，台灣國二學生的總體層次之聚合脈絡變項，僅有平均自我期望與平均文化資本為正向影響學習成就，因此屬於部分證實。而以平均數為結果變項的模型發現，學校所在的城鄉、學校規模、學

校學生家庭富裕比率、教學資源、學校氣氛均顯著影響學習成就，其中教學資源與學習成就為反向關係，其餘為正向影響。因此，在總體層次的組織變項為部分證實。

貳、間接效果的檢定結果

研究假設二：本研究在研究假設二檢定，從隨機係數的迴歸模型發現，性別（女生文化資本明顯高於男生）、父親教育程度與母親教育程度對文化資本有正向顯著影響；父親教育程度對自我期望有正向顯著影響；男生在學習興趣與數學自信明顯高於女生；個人背景變項對回家作業則沒有顯著影響。因此研究假設二獲得部分驗證。

研究假設五：本研究由脈絡模型分析可以了解，總體層次之脈絡變項對個體層次中介變項的影響情形，即平均父親教育程度與平均自我期望對於個體層次的文化資本為正向顯著影響；平均文化資本與平均回家作業對於個體層次的自我期望為正向顯著影響；平均學習興趣對於個體層次的數學自信有正向顯著影響；總體層次的平均數學自信對個體層次的學習興趣有正向顯著影響；總體層次的平均自我期望對於個體層次的回家作業有正向顯著影響。因此研究假設五獲得部分驗證。

對於研究假設五，本研究還以總體層次變項對於中介變項，以及個體層次變項對於中介變項的效果分析。本研究採用Sobel（1982）提出的檢定方法，來了解總體層次與個人背景變項，是否會透過個體層次的中介變項，因而影響學生的學習成就。經過計算結果如下。

第一，在個體層次方面，性別會透過文化資本、學習興趣及數學自信影響學習成就；父親教育程度會透過文化資本與數學自信影響學習成就；母親教育程度會透過文化資本正向影響學習成就。

第二，在整體層次方面，平均父親教育程度與平均自我期望會透過文化資本影響學習成就；平均文化資本會透過自我期望正向影響學習成就；平均數學自信

會透過學習興趣與回家作業正向影響學習成就；平均學習興趣會透過數學自信正向影響學習成就；平均回家作業會透過自我期望正向影響學習成就。

參、跨層級交互作用的檢定結果

研究假設六：本研究以截距項與斜率為結果的迴歸分析模式來檢定後發現，此模型中加入學校氣氛之後，數學自信對於學習成就有明顯的影響（H_{6d}）。也就是說，個體層次（數學自信對學習成就）與總體層次（學校氣氛）具有跨層級的交互作用，其餘的組織變項沒有達到顯著水準，即 H_{6a}、H_{6b}、H_{6c}、H_{6e}、H_{6f}沒有獲得支持，這代表在研究假設六僅有部分獲得證實。也就是學校所在的城鄉、學校規模、教學資源、學校學生家庭富裕比率等因素，並沒有跨層級的交互作用存在。

肆、討論

本研究經由 HLM 分析影響台灣國二學生學習成就的因素發現，零模型的變異數與離異係數都最高；本研究在依序加入不同的解釋變項之後，模型的變異數及離異係數逐漸減少。變異數減少，可以視為資料結構與模型之間的改良程度；離異係數可以視為資料結構與模型的適配程度（Raudenbush & Bryk, 2002）。由上述標準來看，階層一模型的變異數為零模型最高，完整模型最低；階層二模型的變異數為零模型最高，完整模型最低；離異係數在零模型最高，在脈絡模型最低。資料結構與模型之間的適配程度依序為脈絡模型、完整模型、隨機係數的迴歸模型、隨機效果的單因子共變數分析模式、平均數為結果變項模型，以及零模型。針對上述的情形討論如下。

在社會與教育情境中，同一群體的樣本有其相近的特徵或經驗，因而容易產生個體在相同脈絡或情境下，樣本具有相依性，亦即物以類聚的情形。教育情境有很多類似這樣的情形，若能以 HLM 來分析，即更能掌握全貌。傳統的線性模

型將所得到的樣本數不論多少,以及樣本屬性的分配,僅以估計少數幾條迴歸方程式來進行,並沒有考量到所抽取分析的樣本具有巢套特性,也就是具有共同特徵,因而即進行估計與推論,這就很容易產生估計偏差。相對的,HLM 之分析會考量資料結構的特性,更可以分析不同層次或跨層級因素的交互作用情形。因此,以 HLM 來分析社會與教育現象中,如樣本具有巢套特性,就更能完整掌握其資料結構之變項關係;而 TIMSS 2007 的資料就具有這樣的特性,很適合以此方法來分析,這也就是 Broeck 等人(2003)、Cervini(2009)、Gary(2010)、Keeves 等人(2005)、Lee 等人(2005),以及 O'Dwyer(2005)的研究,會以 HLM 來分析影響學習成就因素的原因了。

最後,HLM 並非以單一模式考量因素之間的關係,它係依據理論推導的模式,再依資料結構屬性需求來建立模式,從不同模式的適配度變化,找出最好的模式。從各種模式的比較,以相關指標來篩選模式,更可以找出較適合的模式來解說教育現象,而本研究以 TIMSS 2007 的資料來進行分析,是對台灣國二學生學習成就因素研究的一種分析方式。不過這種分析方式帶給筆者的啟發是,如能考量不同的層次因素,更考慮跨層級因素,更重要的是考量資料結構的特性,其分析就更能完整掌握影響台灣學生學習成就的因素。這從各章節的論述可以深入掌握與體會。

第五篇

結論與建議——
結論應用篇

　　本研究經由對影響台灣國二學生學習成就因素的多層次模型之研究目的及研究問題的建構，接著蒐集國內外的相關理論、研究與報告，歸納出本研究所要檢定的兩層級影響學習成就的研究架構，再依據研究問題提出研究假設。接著運用 HLM 統計方法，搭配本研究所提出的研究假設，依檢定假設的需求，設定 HLM 的模式。經由檢定程序，對於資料結構的先期檢查，並依據各模型所設定的參數，接著進行參數估計。再以本研究所得到的結果進行討論，最後歸納結論，並提出相關的建議，供未來的研究及實務參考。

第十二章　主要發現、結論與建議

　　本章將就研究中所提出的研究假設，以及經過 HLM 檢定之後所得到的結果進行說明，最後並提出未來在實務及學理上的應用。茲將研究的主要發現、研究結果與建議，說明如下。

第一節　主要研究發現

壹、本研究的特色

　　近年來，國際上陸續建置了許多大型資料庫，提供各國及各研究者能以更便捷的方式取得資料，進行研究。尤其資料庫龐大、樣本數多、研究工具設計嚴謹，在學生學習成就的表現施測上，具有標準化評量的特性，讓學生的學習表現可以進行跨國性或跨校的比較，這種資料具有客觀性、科學性、系統性與可比較性。本研究就是在此基礎上，以台灣參與 TIMSS 2007 的施測之後，IEA 所釋出的資料進行分析。基於 TIMSS 2007 對於學生抽樣是以叢集式，也就是以學校為單位，樣本屬性具有共同經驗或具有巢套特性，因此適合運用 HLM 進行分析。

　　本研究探討影響台灣國二學生學習成就因素的多層次模型，旨在找出影響學生學習成就的個體層次與總體層次之重要影響因素，以及這兩個層級因素之間可能的交互作用情形。本研究針對此議題，蒐集國內外相關的理論、研究報告及文獻，經過歸納分析與批判之後，建立了研究架構。本研究在個體層次上，以社會階層理論、文化資本理論，以及學習動機理論為基礎；而總體層次則以城鄉教育差異理論與學校管理理論為依據，歸納出分析的研究架構，並運用多層次模型來完整分析影響台灣學生學習成就的因素。

在研究架構中，嚴格的區分個體層次與總體層次，並依據理論將資料庫選取適合於個體層次與總體層次的變項納入分析架構之中，更將個體層次與總體層次之可能交互影響學習成就的因素進行檢定。同時也一併檢定跨層級的中介效果，即總體層次變項透過個體層次因素，來對學生學習成就的影響，以及估算其直接效果、間接效果與中介效果。簡言之，本研究具有以下幾項特色。

首先，以 HLM 檢定影響台灣國二學生學習成就在個體及總體層次的重要因素，並檢定影響學習成就因素的跨層級交互作用。這種研究設計為台灣過去在 TIMSS 的研究，所沒有考量的部分。

其次，考量抽測學生的資料具巢套特性與模式的合理性，HLM 模式的建立都有理論依據。在個體層次中，依據社會階層理論、文化資本理論、學習動機理論（包括學生個人的興趣與自信、自我期望、回家作業等）與實證研究，找出影響學生學習成就的中介變項（文化資本、自我期望、學習興趣、數學自信、回家作業），並以這些變項聚合為脈絡變項，來掌握這些脈絡變項對於學習成就的影響情形，這也是台灣過去在 TIMSS 2007 的研究所沒有考量的部分。

第三，TIMSS 2007 的抽樣是以學校為單位，所抽取的樣本很可能受到學校所在位置與學校組織的因素，而影響學生的學習成就，例如：學校所在的城鄉、學校規模、學校學生家庭富裕比率、學校氣氛、教學資源等，這在城鄉教育差異理論以及學校管理理論等相關理論都有論及。本研究在文獻探討已有專章說明，因此本研究將總體層次的組織因素，也就是學校因素納入分析，這也是台灣過去在 TIMSS 的相關研究所沒有探討的部分。

第四，運用多層次模型的跨層級交互作用，來檢定總體層次因素對於個體層次因素是否有交互影響或相互調節現象。過去的研究常以橫斷面資料來分析，也就是單以個體面，或單以整體面來分析影響學習成就的因素。然而，個體層次的個人因素是鑲嵌於整體層次之中，也就是附屬在其中，很難加以區隔。因而，在影響學習成就的因素中，若僅以單一層面來分析，而沒有以跨層級的因素進行檢定，則在研究發現解釋時會有其侷限性。因此，本研究以多層次模型的跨層級交互作用，來檢定總體層次與個體層次因素對學習成就的影響是否有交互作用為研

究特色之一。本研究是以階層一加入解釋變項，以及階層一解釋變項的平均值作為階層二的截距項之解釋變項，再加上總體層次的解釋變項，例如：學校所在的城鄉、學校規模、學校學生家庭富裕比率、教學資源、學校氣氛、學生就學情形，這也是本研究的特色。

第五，關於影響學習成就的中介變項，傳統上是以個人背景因素，例如：性別、職業、經濟所得等，各研究依設定的架構，選定適當的變項作為中介機制，例如：文化資本、自我期望等，再對這些變項檢定影響學習成就的因素。然而，在多層次模型中，可以檢定總體層次變項對個體層次之中介變項的影響程度，再考量對學習成就的影響。本研究考量組織中的變項，會影響其中介機制，因此將這種方式納入分析，而這也是台灣過去在這方面研究所沒有探討的部分。

最後，本研究在跨層級變項檢定之後，更能依據理論及相關研究所設定的模型，針對檢定結果與模型的適配度進行討論，並依據跨層級產生的直接效果、間接效果與中介效果進行估算，這也是台灣過去在 TIMSS 2007 的研究所沒有探討的部分。

基於上述，本研究在研究資料基礎上，以 HLM 檢定影響台灣國二學生學習成就因素的研究方式及其研究發現，算是拋磚引玉，未來期待能有更多以 TIMSS 資料庫或其他資料庫的研究結果出現。

貳、台灣國二學生的學習成就與影響因素在各校之間的差異不宜被忽視

本研究以 HLM 的零模型檢定台灣參與 TIMSS 2007 的 122 所學校學生的學習成就發現，各校之間的學習成就存在差異，代表在解釋影響台灣國二學生的學習成就因素，有 22.6%是由各校差異所造成。TIMSS 2007 的資料係調查台灣參與施測校際之間學習成就的差異性，不能只用傳統的迴歸分析模式，必須考慮校際之間的差異。

　　本研究也發現，總體層次組織變項，即學校所在的城鄉、學校規模、學校氣氛與學校學生家庭富裕比率，各校間也存在明顯差異，其內在相關係數均高於5.9%，此表示各校之間在上述變項都有明顯不同，因此分析時必須要考量學校之間的差異。如果使用傳統線性迴歸分析，沒有考慮兩層級之間的結構關係，將會造成型Ⅰ誤差（type I error）過於膨脹。基於 TIMSS 2007 對學生抽樣為叢集式，以學校為單位來抽取，施測學生具有共同經驗、學習經驗或環境相似性。本研究以 HLM 來分析影響台灣國二學生的學習成就因素，主要發現如圖 12-1 所示。

　　圖中的意義如下：個人背景變項（性別與雙親教育程度）對於學習成就都有顯著影響，圖中實線的部分，代表為直接效果，而個人背景變項透過中介變項影響學習成就者不少，如性別與雙親教育程度會透過文化資本，而影響到學習成就，此代表它們對於學習成就有中介影響效果。而脈絡變項均透過中介變項影響學習成就，此代表這些脈絡變項對於學習成就也有中介效果，只是它們透過具有影響力的中介變項不同而已，例如：平均文化資本就會透過自我期望而影響到學習成就。由圖中還可以看出，平均自我期望與平均文化資本會直接影響學習成就，代表它們有直接效果。在組織變項中，學校所在的城鄉、學校規模、學校學生家庭富裕比率以及教學資源等，都會直接影響學習成就。更重要的是，「學習氣氛」對「學習自信對學習成就影響」具有交互作用，換言之，模式中的因素具有跨層級的交互作用存在。

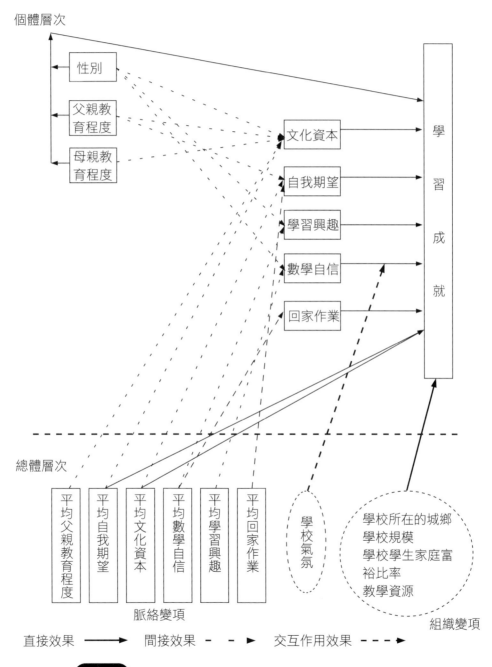

圖 12-1　影響台灣國二學生學習成就的重要因素及效果

參、個體層次——數學自信、自我期望、學習興趣、文化資本、回家作業、雙親教育程度、性別為影響學習成就的重要因素

　　本研究以隨機效果的單因子共變數分析模型和隨機係數的迴歸模型，在個體層次變項對學習成就影響的相同發現是：女生的學習成就明顯高於男生；母親教育程度對學習成就影響愈高，學習成就反而愈低；父親教育程度對學習成就影響愈高，學習成就愈好；自我期望、文化資本、回家作業、學習興趣、數學自信愈高，對學習成就影響愈高，學習成就愈好。其中，數學自信影響學習成就最高，其次為自我期望，第三為文化資本，最後是母親教育程度。

　　隨機效果的單因子共變數分析模型，在各校間解釋學習成就變異數的百分比為 71%；校內的平均學習成就變異數能解釋學習成就的變異數為 38.9%。隨機係數的迴歸模型在階層一將隨機變數納入之後，無法解釋學習成就變異數的百分比；校內的平均學習成就變異量，能解釋學習成就變異數的百分比為 8.6%；同時 122 所學校學生的自我期望、回家作業、數學自信對學習成就的影響力有明顯差異。

肆、總體層次的脈絡變項——自我期望與文化資本顯著影響學習成就

　　本研究以脈絡模型來檢定總體層次的脈絡變項對於學生學習成就影響發現，僅有各校學生平均自我期望與平均文化資本對學習成就有正向顯著影響；其他五個脈絡變項雖在隨機係數的迴歸模型達到統計顯著水準，在脈絡模型則沒有明顯影響，這表示在控制所有變項之後，學生平均自我期望與平均文化資本是影響學習成就的最重要因素。這更可見學校學生具有共同經驗或相近特性，很值得後續研究與實務的重視。

伍、跨層級——完整模型加入學校氣氛具跨層級的交互作用

　　本研究檢定影響台灣國二學生學習成就因素的跨層級變項之交互作用發現，僅有學校氣氛達到顯著水準，而學校所在的城鄉、學校規模、教學資源、學生就學情形、學校學生家庭富裕比率都沒有達到顯著水準；「學校氣氛」與「數學自信對學習成就影響」的交互作用達顯著水準。其條件需要：數學自信對於學習成就的影響達到顯著，同時在總體層次的「學校氣氛」對「數學自信對學習成就影響」達到顯著水準。上述兩個條件均具備，因此，本研究確定「學校氣氛」具有調節「數學自信對學習成就影響」的作用，其估計值為負向，代表學校氣氛愈弱，學生數學自信對學習成就的影響愈大。

陸、總體層次的組織因素——學校規模愈大、學校學生家庭富裕比率愈多，愈都會地區學校對學習成就愈有正向影響，學校教學資源愈多則否

　　本研究發現，總體層次變項對學習成就的影響中，學校規模、學校學生家庭富裕比率、學校所在的城鄉與教學資源對各校平均學習成就有顯著影響，其中前三項為正向，代表學校規模愈大、學校學生家庭富裕比率愈高，以及愈在都會地區學校，該校學生的學習成就愈高；而教學資源則相反，教學資源愈多，卻無法提高學習成就。總體層次的組織因素納入分析的模式與零模型相比，可以解釋的百分比為37%，代表將全部組織變項投入之後，可以解釋學習成就變異量37%。此外，內在組別相關係數為15.5%，表示總體層次的變項在各校間的差異不可忽略。

柒、跨層級交互作用——學習成就同時受到總體層次與個體層次之背景變項與中介變項的影響

本研究以影響各校學生的中介變項（文化資本、自我期望、學習興趣、數學自信、回家作業）為依變項，並以總體層次的脈絡變項（即平均父親與母親教育程度與上述中介變項之聚合）為自變項納入模型之後發現，自我期望、文化資本、學習興趣、數學自信、回家作業的內在組別相關係數都高於 5.9%的標準，代表上述變項在各校之間具有明顯差異，它提供本研究可以進行中介效果檢定的依據。接著，運用上述的變項在脈絡模型分析發現，學習成就同時受到總體層次（包括：平均父親教育程度、平均文化資本、平均自我期望、平均學習興趣、平均數學自信，以及平均回家作業）與個體層次變項之背景變項與中介變項的影響，這代表背景變項與學習成就之間存在中介變項。

捌、影響台灣國二學生學習成就的中介效果達統計的顯著水準

本研究結果的發現，區分為兩個層面來說明。

首先，在個體層次方面，性別會透過文化資本、學習興趣及數學自信影響學習成就，其中介效果達顯著，其中女生在上述三個變項分別是明顯高於、低於、低於男生；父親教育程度會透過文化資本與數學自信正向影響學習成就，其中介效果達顯著；母親教育程度會透過文化資本正向影響學習成就，其中介效果達顯著。

其次，在整體層次方面，平均父親教育程度愈高與平均自我期望愈高，會透過文化資本正向影響學習成就，其中介效果達顯著；平均文化資本愈多，會透過自我期望正向影響學習成就，其中介效果達顯著；平均數學自信愈高，會透過學習興趣與回家作業正向影響學習成就，其中介效果達顯著；平均學習興趣愈高，會透過數學自信正向影響學習成就，其中介效果達顯著；平均回家作業愈高，會透過自我期望正向影響學習成就，其中介效果達顯著。

玖、多層次模型較能完整分析影響台灣學生學習成就的因素

　　本研究經由 HLM 以零模型、隨機效果的單因子共變數分析模式、平均數為結果變項模型、隨機係數的迴歸模型、脈絡模型，以及完整模型等，分析影響台灣國二學生學習成就因素的直接效果、間接效果、中介效果，以及跨層級之間變項的交互作用發現，零模型的階層一及階層二的變異數與離異係數最高；如果依序在模型中加入解釋變項，模型的變異數及離異係數會逐漸減少。因此，資料結構與模型之間的適配程度應依序為脈絡模型、完整模型、隨機係數的迴歸模型、隨機效果的單因子共變數分析模式、平均數為結果變項模型，以及零模型，其中脈絡模型與完整模型較能完整說明影響台灣國二學生學習成就的因素。

第二節　結論 ⋯⋯➡

壹、各校之間的學習成就及其影響因素存在明顯變異不宜忽略

　　本研究分析台灣參與 TIMSS 2007 的 122 所學校學生學習成就發現，各校之間的學習成就存在明顯差異，有 22.6% 是由各校差異所造成。同時，總體層次之學校所在的城鄉、學校規模、學校氣氛與學校學生家庭富裕比率，各校之間也存在差異性，其內在相關係數均高於 .059；這表示總體層次變項，在各校之間有明顯不同，必須要考量學校間的差異。一方面代表台灣參與 TIMSS 2007 施測校際之間的學習成就差異性，在資料處理上不能只使用傳統的迴歸分析，必須考慮校際之間的差異性；另一方面也代表總體層次的個體具有脈絡的共同經驗、學習經驗或環境相似性，不可以忽視學校之脈絡變項的影響。

貳、個體層次──家庭背景（性別）為顯著影響因素，而個人特質、文化資本與回家作業為影響學習成就的重要中介因素

本研究發現，各校女生的學習成就明顯比男生好；母親教育程度愈高，學生的學習成就反而愈低；父親教育程度愈高，其學習成就愈好；基本上，本研究證實社會階層理論與文化資本理論。此外，自我期望、文化資本、回家作業、學習興趣、數學自信愈高，其學習成就愈好，其中數學自信影響學習成就最高，其次為自我期望，第三為文化資本，最後是母親教育程度。各校間解釋學習成就變異數的百分比為 71%；校內的平均學習成就變異數能解釋學生學習成就變異數為38.9%。在隨機係數的迴歸模型中，階層一將變數納入之後，無法解釋學習成就變異數百分比；校內的平均學習成就變異數能解釋學習成就變異數的百分比為8.6%。此外，122 所學校學生的自我期望、回家作業、數學自信對學習成就的影響力有明顯差異。

參、總體層次──自我期望與文化資本的集體脈絡效果正向影響學習成就

本研究結果發現，各校學生平均自我期望與平均文化資本對學習成就有顯著影響，而平均數學自信、平均學習興趣、平均回家作業、平均父親教育程度與平均母親教育程度的脈絡變項，在隨機係數的迴歸模型中達顯著，但是在脈絡模型則不具顯著性。這表示，在控制個體層次與總體層次變項之後，僅有自我期望與文化資本具有正向顯著效果。

肆、跨層級交互作用──學校氣氛能調節數學自信對學習成就影響

　　本研究以完整模型檢定發現，影響台灣國二學生學習成就與其他跨層級解釋變項的交互作用發現，僅有學校氣氛達到顯著水準，而學校所在的城鄉、學校規模、教學資源、學生就學情形、學校學生家庭富裕比率等，都沒有達到顯著水準。加入學校氣氛之後，具有跨層級的交互作用，代表了總體層次中的「學校氣氛」對於「數學自信對學習成就影響」具有調節效果，估計值為負向，代表學校氣氛愈弱，數學自信對學習成就的影響愈大。

伍、總體層次──學校規模愈大、社經地位愈高與都會地區學校，學習成就愈好；教學資源愈多，學習成就不一定愈好

　　本研究以總體層次變項對學習成就的影響發現，學校規模、學校學生家庭富裕比率、學校所在的城鄉對平均學習成就有正向顯著影響。這表示，學校規模愈大、學校學生家庭富裕比率愈高，以及愈在都會地區的學校，學生的學習成就愈高。而教學資源與學習成就有負向顯著影響，代表教學資源愈多，並無法提高學生的學習成就。

陸、學習成就受背景變項、脈絡變項與中介變項之多元及多層級因素的影響

　　本研究結果發現，台灣國二學生的學習成就同時受到個人背景及中介變項（個體層次因素）與脈絡變項（總體層次因素）的影響。本研究在影響各校學生的中介變項（文化資本、自我期望、學習興趣、數學自信、回家作業）上，文化資本、

自我期望、學習興趣、數學自信、回家作業的內在組別相關係數都高於 .059 的標準，提供檢定中介效果的依據。本研究以上述中介變項為依變項，以脈絡變項與個人背景變項（性別與家長教育程度）分析發現，個體層次有性別、雙親教育程度影響中介變項；總體層次的脈絡變項也會影響中介變項，同時總體層次的組織變項也是重要的因素（如上述結論的第伍項）。這表示，影響台灣國二學生學習成就的因素為多元與跨層級，並會透過中介變項來影響學習成就。

柒、影響學習成就之中介效果明顯——平均自我期望透過文化資本、平均文化資本透過自我期望、平均數學自信透過學習興趣與回家作業、平均學習興趣透過數學自信、平均回家作業透過自我期望正向影響學習成就

本研究結果發現，影響學習成就之中介效果明顯：

1. 在個體層次上，性別透過文化資本、學習興趣及數學自信影響學習成就的中介效果明顯；父親教育程度透過文化資本與數學自信影響學習成就的中介效果明顯；母親教育程度透過文化資本正向影響學習成就的中介效果明顯。

2. 在整體層級上，平均父親教育程度與平均自我期望，透過文化資本正向影響學習成就的中介效果明顯；平均文化資本透過自我期望正向影響學習成就的中介效果達顯著；平均數學自信透過學習興趣與回家作業正向影響學習成就的中介效果達顯著；平均學習興趣透過數學自信正向影響學習成就的中介效果明顯；平均回家作業透過自我期望正向影響學習成就的中介效果明顯。

捌、個體層次以社會階層理論、文化資本理論與學習動機理論為基礎，而總體層次以城鄉教育差異理論與學校管理理論為依據，以多層次模型分析能完整掌握影響學生學習成就的因素

本研究的個體層次係依據社會階層理論、文化資本理論與學習動機理論，而總體層次則以城鄉教育差異理論、學校管理理論以及相關研究文獻，考量 TIMSS 2007 的資料結構具有巢套特性，因此以 HLM 來分析。本研究以五個 HLM 模型分析影響台灣國二學生學習成就的因素，以及跨層級之間變項的交互作用發現，零模型的階層一與階層二的變異數與離異係數最高，如依序加入解釋變項，模型的變異數及離異係數會逐漸減少。因此，資料結構與模型之間的適配程度應依序為脈絡模型、完整模型、隨機係數的迴歸模型、隨機效果的單因子共變數分析模型、平均數為結果變項模型，以及零模型，其中脈絡模型與完整模型較為適配，代表其可較完整地說明影響台灣國二學生學習成就的因素。

第三節　未來建議

針對上述的研究結果，本研究提出相關的建議，供未來研究及實務參考。

壹、教師及學校對於學生的學習，宜掌握學校或班級的集體因素對於學生學習成就的影響

本研究發現，各校之間的學習成就存在差異，有 22.6% 是由各校成分所造成。同時，總體層次的學校所在的城鄉、學校規模、學校氣氛與學校學生家庭富裕比率，各校也存在著差異性；而總體層次變項，在各校之間有明顯不同，必須要考

量學校間的差異。上述結論代表著台灣參與 TIMSS 2007 施測校際之間的學習成就差異性，因學校個體具有共同經驗、學習經驗或環境相似性，因此無法忽視學校的脈絡因素。筆者建議，政府及學校或教師，甚至未來的研究，在掌握學生學習成就的差異時，應考量各校之間的差異，否則便無法完整掌握影響學習成就因素的全貌。

貳、學校、教師及家長宜強化學生的學習興趣與數學自信，鼓勵適當撰寫回家作業

本研究在個體層次發現，性別與雙親教育程度是影響學習成就的背景因素，而數學自信、自我期望、學習興趣、文化資本、回家作業等是影響學習成就的重要中介因素。學生性別及雙親教育程度是無法改變的事實，然而學生可以改變的是學習興趣、數學自信及學習態度；因此，筆者建議，學校、教師及家長應運用正向及積極的態度鼓勵學生學習數學，增加他們對於數學的學習興趣，從學習興趣中建立數學自信，不會害怕數學，願意學習數學。同時本研究也發現，撰寫數學回家作業也是提升學習成就的因素之一，因此教師提供適當的作業是必要的。

本研究也發現，家庭文化資本是影響學習成就的重要個體層次因素，這需要家長對於家庭學習資源的建立。本研究更再一次證實，家長社經地位會影響家庭文化資本的多寡與學習成就。在學生學習成就影響因素方面，家庭文化資本是不可或缺的，這有賴於家長對於家庭文化資本及學習資源的建立，同時學校及教師也應關心學生的家庭文化資本及學習資源，如此可以更能準確掌握學生的學習表現。

參、學校、教師及家長宜正視學生自我期望與文化資本的脈絡變項對學生學習成就的影響

本研究結果發現，各校學生平均自我期望與平均文化資本正向顯著影響學習

成就。這表示，總體層次之脈絡變項，即學生平均自我期望與平均文化資本對於學習成就的影響，為正向重要之因素。本研究以台灣國二學生的學習成就在多層次模型之分析，其總體層次對於個體層次因素（含依變項）具有顯著影響的意義是，在抽測學校中的平均學生自我期望與平均文化資本具有正向影響學習成就的效果，也就是學校學生在自我期望與文化資本的集體效應或脈絡效應是影響學習成就的重要因素。因此筆者建議，學校或班級宜正向鼓勵學生自我期望，讓學生在同儕相互觀摩的社會學習中，讓同學之間可以耳濡目染，而能有較好的自我期望，透過學生彼此自我期望的共同經驗，來提高學生、班級與學校的學習成就表現。在文化資本方面，它是以學校的平均文化資本為估算，代表學校文化資本有其巢套特性。若擁有較多文化資本者聚集在同一所學校與班級，就可以提升學生的學習成就，因此，學校及教師宜掌握學生的家庭文化資本對於學習成就的重要影響，尤其學校可以適時的調查學生的家庭文化資本，適當提供協助，這可以讓教師掌握他們的文化資本擁有情形，因為它對於學習成就有正向影響。

肆、學校宜營造良好的學校氣氛，提高學生的學習成就

本研究在影響台灣國二學生的學習成就與其他跨層級解釋變項的交互作用發現，僅有學校氣氛達到顯著水準，而學校所在的城鄉、學校規模、教學資源、學生就學情形、學校學生家庭富裕比率等，都沒有達到顯著水準。也就是說，總體層次的「學校氣氛」對「數學自信對學習成就影響」具有調節效果；雖然，本研究估計值為負向，代表學校氣氛愈弱，數學自信對學習成就的影響愈大，這也代表學校氣氛是影響學習成就的重要因素。尤其，它對於數學自信對學習成就的影響較大，某種程度也代表，學校氣氛的良好營造可以讓學生的數學自信提高，因而提高其學習成就表現。因為本研究在此問卷的題目為：「校方對於教師、家長及學生的信任感及相關態度滿意與支持情形」，它更說明了這些人員對於學校氣氛建立的重要。因此筆者建議，學校應提升對於教師、學生及家長的信任感，讓教師及家長更了解學校目標，支持學校，而校方也能信任家長及教師，以營造更

好的學校氣氛。

伍、政府及學校宜正視學校規模愈大、社經地位愈高與都會地區的學校，學生的學習成就愈好的教育機會均等意涵，加強學校教學資源的使用

本研究以總體層次變項對學習成就的影響發現，學校規模、學校學生家庭富裕比率、學校所在的城鄉、教學資源對各校平均學習成就有正向顯著影響，此代表學校規模愈大、學校學生家庭富裕比率愈高，以及愈在都會地區的學校，該校學生的學習成就愈高；某種程度來說，這是教育機會不均等的現象。城市學校規模愈大，學生的家庭社經地位也愈高，所擁有的教育資源也愈多，相對於鄉村學校可能有教育機會不均等的情形。

在政策建議上，對於規模較小的學校，可以依其社會及學校經營需求，適時的整併，使學校規模不要過小，而影響學生的學習成就。同時，愈都會地區的學校，可能學生來源的社會階層較高，所以學生家庭富裕比率也相對於鄉村學校來得高，因而他們的學習成就相對較好；這背後的意義是，鄉村學校學生來自家庭富裕比率較少，學生的學習已有家庭背景的限制，因此，鄉村學校及教師更應對學生有更多的關懷學生學習情形，政府更應注意他們的學習狀況，長期追蹤他們的學習表現。

而在總體層次的教學資源則相反，教學資源愈多的學校，卻無法必然提高學生的學習成就，這很可能是學校教學資源使用的效率問題，此時應加強學校對於教學資源的使用效率。當然也有可能是學校教學資源多，但未能運用在教學之中，以致學生無法獲得較高的學習成就，這就更應檢討教學資源的使用效率。

陸、學校及教師宜了解台灣國二學生的學習成就，受到背景、集體的脈絡效應與中介因素的多元及多層級影響

本研究發現，學生的學習成就同時受到個人背景變項、脈絡變項與中介變項的影響。個人層次的變項影響學習成就已如上述結論所述，而個人層次還包括影響學習成就的中介變項，包括：文化資本、自我期望、學習興趣、數學自信、回家作業。為掌握這些中介變項是否仍受到總體層次之脈絡變項的影響，本研究以這些變項為依變項，而以脈絡變項為自變項發現，自我期望、文化資本、學習興趣、數學自信、回家作業的內在組別相關係數都高於 .059 的標準，提供進行估算影響學習成就之中介效果依據。上述發現說明了影響台灣學生的學習成就，在個體層次上不僅有背景變項與中介變項，而總體層次中的脈絡變項也是可能影響的變項之一。換言之，影響台灣國二學生學習成就的因素複雜，並非僅能以單一層級或因素就能說明，因此學校及教師如在輔導學生學習時宜加以掌握，不僅學生的學習成就受到家庭或個人背景因素之影響，而且還受到文化資本、自我期望、學習興趣、數學自信、回家作業的中介因素影響，更重要的是，脈絡變項會透過個體中介變項影響學習成就。可見，影響學生學習成就的因素是多元與多層級。

柒、正視集體脈絡效果（如自我期望、文化資本、學習興趣、數學自信、回家作業）會透過個體層次之中介變項（文化資本、自我期望、數學自信、學習興趣、回家作業）對學習成就影響

本研究結果發現，影響台灣國二學生的學習成就在個體與總體層次之中介效果相當明顯。在個體層次方面，性別透過文化資本、學習興趣及數學自信顯著影響學習成就；父親教育程度透過文化資本與數學自信影響學習成就；母親教育程

度透過文化資本正向影響學習成就。這方面的相關建議如上述。然而，針對整體層次方面的結論，也就是學生或環境下產生的脈絡效果，有以下的建議。

一、教師應營造正向的班級學生自我期望，共同建立良好的自我期望，透過家庭文化資本提升學習成就

本研究結果發現，平均父親教育程度與平均自我期望，會透過文化資本正向影響學習成就。因此，建議學校教師應營造正向的班級學生自我期望，共同塑造良好的自我期望，以透過學生已有的家庭文化資本來提升學習成就。

二、學校、教師及家長應了解班級學生的家庭文化資本，可以藉由提高自我期望，提升學習成就

本研究結果發現，平均文化資本會透過自我期望正向影響學習成就，建議學校、教師及家長應了解班級學生的家庭文化資本情形，如果學校平均文化資本較高，將有益於讓學生的自我期望提高，進而影響學習成就。

三、鼓勵班級學生建立學習自信，以影響學生學習興趣與樂意完成回家作業，提升學習成就

本研究結果發現，平均數學自信會透過學習興趣與回家作業正向影響學習成就，建議學校、教師及家長鼓勵班級學生建立學習自信，因為有良好的學習自信會影響學生更好的學習興趣與樂意完成回家作業，進而讓學習成就表現得更好。而學生在學習自信的建立上，宜從簡單任務完成，逐步獲得自我成就，建立學習自信，以提高自我的學習成就。

四、學校、教師及家長應鼓勵班級學生學習興趣的養成，建立良好的數學自信

本研究結果發現，平均學習興趣會透過數學自信正向影響學習成就，因此建議學校、教師及家長鼓勵班級學生養成學習興趣，例如：運用不同的獎勵方式，鼓勵學生多方面的學習數學，教師的教學也應融入生活，鼓勵學生學習數學時應

與生活加以結合，從無形中提升學習興趣，因為有良好的學習興趣會影響學習自信，進而讓學習成就表現更好。

五、教師宜有適量的回家作業，讓班級學生共同感受校外課業學習的重要，進而透過自我期望，提高學習成就

本研究結果發現，平均回家作業會透過自我期望正向影響學習成就，因此建議教師宜有適量的回家作業，尤其應讓班級的所有學生，感受到寫回家作業可以增加學習信心，同時也可以讓課業有練習效果，如此讓班級學生共同感受到校外課業學習的重要，從中讓學生獲得成就，進而透過自我期望，而影響學習成就的提升。

捌、未來研究的建議

本研究以台灣國二學生參與 TIMSS 2007 的資料為分析內容，雖然本研究發現若干的實證結果，然而在研究過程中，也發現了一些值得後續研究或改進的地方，說明如下。

一、進行影響學習成就因素之三層級的階層線性模型之可行性

TIMSS 2007 的資料區分為三種問卷來源，即學生、教師與學校。本研究考量層級數多，所納入的變項及層級也比較多，在資料解釋及模型比較上會更為複雜。不過，未來研究如果可以嘗試以三個層級的階層線性模式，來分析影響台灣學生學習成就的因素，或許可以更能完整掌握學生學習成就的問題及其影響因素。尤其，影響學生學習成就的因素非常複雜，本研究雖然已有將學校教師教學的部分因素納入模型考量，但是研究中發現，教學資源愈多，卻不一定會增加學生的學習成就。這表示，教學資源使用的效率可能要再加強，同時也說明了，也許有其他更重要的教學因素應納入模型中進行分析，這也是未來研究應考量的部分。

二、跨層級因素的交互作用仍有待後續的追蹤檢驗

本研究在完整模型中，透過逐一的納入組織變項（即學校所在的城鄉、學校規模、學校學生家庭富裕比率、教學資源、學校氣氛），以了解跨層級變項之間的交互作用，研究發現僅有「學校氣氛」對於「數學自信對學習成就影響」有調節效果，其餘組織變項則沒有，這與本研究預期的假設有些落差。本研究認為，學校所在的城鄉，乃致於學校規模、學校學生家庭富裕比率、教學資源等均可能在跨層級中產生效果。尤其本研究的過程已對總體層次的組織變項，將全部因素單獨對學習成就分析，其結果大致為正向顯著效果。照理來說，以這些變項納入完整模型之後，對學習成就的影響可能有交互作用存在，因而產生調節效果，但是本研究卻沒有這樣的發現。是否因為本研究在個體層次之中介變項過多，因而導致完整模型納入變項過多，讓分析的模型較為複雜，未來的研究可以試著找尋其他的替代變項進行檢定，或者將模型試著調整，也許可以回答本研究尚未解決的研究問題。

三、運用不同的國家資料庫來驗證模型與比較模型

TIMSS 2007 參與的國家和地區已有 50 多個，本研究是以台灣國二學生為例，未來的研究可以使用多層次模型運用於不同國家的資料庫進行模型的驗證，從跨文化的觀點，對於探討影響不同國家學生的學習成就因素。從跨國研究之中，或許可以找出解釋影響學習成就的重要因素，或許也可以對於過去在學習成就因素的研究上有重新的詮釋。尤其，亞洲國家中的亞洲四小龍，同樣是具有儒家的文化傳統，共同有學生升學競爭的壓力，也許這就是在進行影響學生學習成就時，會具有的跨文化脈絡效果產生，因此未來可以嘗試進行分析。

四、運用多層次模型追蹤台灣不同年度影響學生學習成就的因素

TIMSS的資料從 1995 年已有第一波的資料釋出，後續在 1999、2003 及 2007 年都有資料，未來在 2011 年，甚至未來每四年就有一次的大規模調查。1999 年

台灣第一次參加，其資料也已釋出，因此未來的研究可以運用本研究所建構的多層次模型之研究架構，對於 1999 年與 2003 年，或是未來在 2011 年、2015 年，以及更後續的年度，運用相同模型，長期追蹤台灣國二學生，甚至小四學生在這方面的表現及影響因素，或許長期間的觀察更能掌握影響台灣學生學習成就影響的因素，這也是未來研究可以正視的課題。

五、運用多層次模型來分析不同的大型資料庫

　　目前與學習成就有關的大型資料庫包括了 TASA、PISA、PIRLS、TEPS 以及 TIMSS，本研究是以 TIMSS 的資料作為分析的內容。其實，對於其他資料庫也是可以透過 HLM 的方法來分析，主因在於這些資料庫的問卷資料蒐集之方式，其抽樣方法是以學校或班級為單位，再以同一班級與學校學生的叢集方式取樣，因此樣本具有巢套特性。雖然，TASA 從施測至今，其資料庫並沒有完全釋出；PISA 的資料庫不是完全關注於學生的學習成就；PIRLS 以閱讀素養或閱讀成就為主，但是這些資料庫都有掌握學生的學習成就特性在其中，在資料結構上都符合 HLM 的資料分析特性。基於上述，未來的研究及應用可以用 HLM 來分析這些資料庫，以獲得相關的結果，做為未來實務或學理建立的參考。

六、階層線性模式無法處理多元共線性的問題

　　本研究在研究過程中發現，HLM 在模式建構並進行資料分析之後，會面臨因不同層級（如個體或總體層次）納入較多的變項，很可能會有多元共線性的現象。尤其是在脈絡模型中是以個體層次的變項進行聚合，再投入模式估計，這種情形最容易產生多元共線性的問題。而在 HLM 資料處理軟體上，雖然可以考量到不同層級變項對於依變項的影響，找出有多少變異量是其他層級無法解釋者，這是傳統迴歸分析所無法提供的部分；但是 HLM 也有其限制，就是如果在模型中所納入的自變項過多，在納入模型之後進行資料檢定，目前仍無法檢定出自變項之間的多元共線性問題。目前可以進行的是，先是對於原有層級的變項進行因素分析或主成分分析，萃取出因素係數，再投入 HLM 的模式；然而，因為跨層級之

中，也很難保證以先前因素分析的因素係數，就可以在跨層級之中有合宜的判斷，變項（如已萃取過的因素係數）之間就沒有多元共線性的問題。因此，對於模型估計出來的發現，在解說時仍應謹慎。

七、HLM 在學習成就分析的應用

　　從本研究的分析過程中，深切體會到 HLM 在社會科學之應用會日趨受到重視，而在教育學各領域的研究也不例外。尤其是目前的教育現象很多是在團體下完成，例如：同一所學校、同一所班級或不同地區等，接受了同一位教師的教學或共同生活在學校環境中。參與樣本很可能一開始就具有同質性（如台灣的私立國民中小學勤教嚴管升學率高，所以不少學生家長送其子女就讀私校，或是家長將子女越區就讀明星學校），或者學習者接受一段時間的教育過程之後，學習者之間耳濡目染，因而具有共同經驗而形成巢套特性。這種情形不僅是教學者對於學習者，而且也發生在學習者之間的相互學習，甚至同一所學校的行政人員及教師在相同學習環境或文化脈絡效應下，因而無形中建立起共同經驗及習性是可以預期的。若再以學生來說，學生來自的家庭環境背景，例如：高社會階層或低社會階層，他們承受的家庭文化環境與家長對於子女的教育期待，因而學生將這些原本是家庭文化及社會階層或家庭特性帶到學校與班級，後來所形成的班級或學校脈絡情境效應也是可以預期的，所以在分析學生學習成就的影響因素，這些均是不可以被忽略的重要因素。因此，未來以 HLM 來分析學習成就的因素，不能忽視班級或學校及群體所形成的脈絡效應，所以未來在教育研究及其應用上，不管是研究者自行運用問卷調查法，自行編製問卷進行研究，或運用大型資料庫進行資料分析，只要樣本具有巢套特性，以 HLM 來分析是更為適當與準確。這在本研究開宗明義就提及 HLM 在社會科學應用的重要性，同時在它運用之後，對於資料的解讀與詮釋，也較能周延與完整，更是超越傳統線性迴歸分析所無法解決的課題。然而，在分析過程中能以理論及相關研究為基礎，依研究者預期建立所要的理論模型，並提出合理的假設，蒐集資料來分析驗證，對於發現提出結論。相信這是 HLM 在資料處理所應遵循的歷程，而這也是社會科學的普遍規則。

參考文獻

中文部分

王三幸（1992）。**影響國小高年級學生數學學業成就的相關因素研究**。國立高雄師範大學教育研究所碩士論文，未出版，高雄市。

王家通（1993）。**教育機會均等調查報告**。南投縣：台灣省教育廳。

何美瑤（2001）。**國中生家庭結構、學業成就與偏差行為之研究**。國立高雄師範大學教育學系碩士論文，未出版，高雄市。

何瑞珠（1999）。家長參與子女的教育——文化資本與社會資本的闡釋。**香港中文大學教育學院教育學報，27**（1），233-261。

余民寧（2002）。**教育測驗與評量——成就測驗與教學評量**（第二版）。台北市：心理。

余民寧（2006a）。影響學習成就因素的探討。**教育資料與研究雙月刊，73**，11-24。

余民寧（2006b）。**潛在變項模式——SIMPLIS 的應用**。台北市：高等教育。

余民寧、趙珮晴、許嘉家（2009）。影響國中小女學生學業成就與學習興趣因素——以台灣國際數學與科學教育成就趨勢調查（TIMSS）資料為例。**教育資料與研究，89**，79-104。

吳元良（1996）。**不同數學課程、性別、社經地位的國小學生在數學態度及成就上比較之研究**。國立屏東師範學院國民教育研究所碩士論文，未出版，屏東市。

吳文如（2004）。**國中生空間能力與數學成就相關因素之研究**。國立台北師範學院數理教育研究所碩士論文，未出版，台北市。

吳文瑜（2007）。由 TIMSS 2003 的結果分析四年級學生課堂、課後學習、數學興趣、自信與數學成就之關係——以七國為例。國立新竹教育大學人資處數學教育碩士班碩士論文，未出版，新竹市。

吳清山（1989）。國民小學管理模式與學校效能之關係。國立政治大學教育研究所博士論文，未出版，台北市。

吳清山（1996）。學校行政（第四版）。台北市：心理。

吳清山（2004）。學校行政研究。台北市：高等教育。

吳清山、林天祐（2002）。文化不利。教育資料與研究，**45**，126。

吳清山、林天祐（2005）。文化資本。教育研究月刊，**140**，160。

吳淑珠（1997）。國小學童自我概念、數學學習動機與數學成就的關係。國立屏東師範學院國民教育研究所碩士論文，未出版，屏東市。

吳琪玉（2004）。探討我國八年級學生在 TIMSS 1999 與 TIMSS 2003 數學與科學之表現。國立台灣師範大學科學教育研究所碩士論文，未出版，台北市。

吳繡金（2005）。高中生數學學習成就之研究。私立輔仁大學應用統計學研究所碩士論文，未出版，台北縣。

巫有鎰（1999）。影響國小學生學業成就的因果機制——以台北市與台東縣做比較。教育研究集刊，**43**，212-243。

李美瑩（1993）。學齡兒童氣質、家庭氣氛與學業成績之關係。國立政治大學教育學系碩士論文，未出版，台北市。

李默英（1982）。性別、年級、數學學習態度、性別角色與數學成就之關係。國立政治大學教育研究所碩士論文，未出版，台北市。

李文益、黃毅志（2004）。文化資本、社會資本與學生成就的關聯性之研究——以台東師院為例。台東大學教育學報，**15**（2），23-58。

李敦仁、余民寧（2005）。社經地位、手足數目、家庭教育資源與教育成就結構關係模式之驗證——以 TEPS 資料庫資料為例。臺灣教育社會學研究，**5**（2），1-47。

林文達（1984）。教育經濟學。台北市：三民。

林佩蓉（2008）。**國小四年級新移民學童之家庭背景、數學自信與數學興趣對數學成就的影響——TIMSS 2003 次層次資料分析**。國立台中教育大學數學教育學系在職進修教學碩士班碩士論文，未出版，台中市。

林怡如（2003）。**綜合高中學生數學焦慮、數學自我效能與數學學業成就之關係研究**。國立雲林科技大學技術及職業教育研究所碩士論文，未出版，雲林縣。

林俊瑩（2006）。**檢視個人與家庭因素、學校因素對學生學業成就的影響——以SEM 與 HLM 分析我國國中教育階段機會均等及相關問題**。國立高雄師範大學教育學系博士論文，高雄市，未出版。

林俊瑩、黃毅志（2008）。影響臺灣地區學生學業成就的可能機制——結構方程模式的探究。**臺灣教育社會學研究，8**（1），45-88。

林原宏（1997）。教育研究資料的階層線性模式分析。**國立臺中師範學院學報，11**，489-509。

林淑君（2010）。**台灣護理科系學生職業生涯決定行為意向之多層次模型建構研究**。國立台北科技大學技術及職業教育研究所博士論文，未出版，台北市。

林淑玲、馬信行（1983）。家庭社經背景對學前教育機會的影響及學前教育對小學學業成績的影響。**教育與心理研究，6**，19-39。

林淑敏、黃毅志（2009）。原漢族群、補習教育與學業成績關聯之研究——以台東地區國中二年級生為例。**當代教育研究，17**（3），41-81。

邱天助（1998）。**布爾迪厄文化再製理論**。台北市：桂冠。

邱皓政（譯）（2006）。I. Kreft & J. de Leeuw 著。**多層次模型分析導論**（Introducing multilevel modeling）。台北市：五南。

柯淑慧（2004）。**外籍母親與本籍母親之子女學業成就之比較研究——以基隆市國小一年級學生為例**。國立台北師範學院幼兒教育學系碩士論文，未出版，台北市。

洪川富（2007）。**家庭作業完成時間與頻率對學習成就的影響之研究——TIMSS 2003 台灣數學科資料的階層線性模式分析**。國立政治大學教育學系碩士論文，未出版，台北市。

洪瑞鎂（2001）。從「第三次國際數學與科學教育成就研究後續調查」探究台灣國二學生的數學基本能力。國立台灣師範大學數學研究所碩士論文，未出版，台北市。

胡鎰麗（2010）。**PISA 2006 數學評量之學生變項與國家變項階層線性模式分析探討**。國立台中教育大學測驗統計研究所碩士論文，未出版，台中市。

孫清山、黃毅志（1996）。社會資源、文化資本與地位取得。**東海大學學報，35**，127-150。

馬信行（1985）。家庭文化背景與學業成績的關係。**政治大學學報，51**，139-165。

馬信行（1992）。**台灣地區近四十年來教育資源之分配情況**。行政院國家科學發展委員會獎助研究計畫。計畫編號 NSC-81-0301-H-004-13-JI。

高新建（1997）。階層線性模式在內屬教育資料上的應用——以數學學習機會為例。**國家科學委員會研究彙刊——人文及社會科學，7**（4），597-611。

高新建、吳幼吾（1997）。階層線性模式在內屬結構教育資料上的應用。**教育研究資訊，5**（2），31-50。

國立臺灣師範大學數學教育中心（2005）。**國際數學與數學教育成就趨勢調查**。台北市：作者。

張文斌（2006）。**學生知覺教師期望、教學信念與其學業成就關係之研究——以台北縣某國小高年級為例**。國立台北教育大學課程與教學研究所碩士論文，未出版，台北市。

張芳全（2006a）。影響數學成就因素在結構方程式模型檢定——以 2003 年台灣國二生 TIMSS 資料為例。**國立台北教育大學學報，19**（2），163-196。

張芳全（2006b）。影響數學成就因素探討——以台灣在 TIMSS 2003 年的樣本為例。**課程與教學季刊，9**（3），139-167。

張芳全（2006c）。社經地位、文化資本與教育期望對學業成就影響之結構方程模式檢定。**測驗學刊，51**（2），171-195。

張芳全（2007）。台灣、美國及日本之國二學生家庭作業與數學成就關係之比較。

教育資料集刊，**34**（3），285-316。

張芳全（2008a）。數學成就的城鄉差距探討──以 TIMSS 為例。**國民教育，48**（6），22-29。

張芳全（2008b）。**學校規模與學業成就關係分析──以 TIMSS 2003 的資料庫為例**。發表於 2008 年 10 月 25 日「2008 年中國測驗學會年會暨心理與教育測驗學術研討會」，主持人暨評論人為簡茂發，地點為國立台灣師範大學。

張芳全（2009）。家長教育程度與科學成就之關係──文化資本、補習時間與學習興趣為中介的分析。**教育研究與發展期刊，5**（4），39-76。

張春興（1989）。**張氏心理學辭典**。台北市：東華。

張殷榮（2001）。我國國中學生在國際測驗調查中科學學習成就影響因素之探討。**科學教育月刊，244**，5-10。

張善楠、黃毅志（1999）。台灣原漢族別、社區與家庭對學童教育的影響。載於洪泉湖、吳學燕（主編），**台灣原住民教育**（頁 149-178）。台北市：師大書苑。

張嘉玳（2008）。**以 HLM 探討 PISA 2003 學生數學學習與國家指標對其數學能力之影響**。國立台中教育大學教育測驗統計研究所教學碩士論文，未出版，台中市。

張翠萍（2006）。**TIMSS 2003 六國國小四年級學生在科學認知領域表現及其相關因素之研究**。國立新竹教育大學人資處課程與教學碩士班碩士論文，未出版，新竹市。

教育基本法（2000）。

教育部（2003）。**中華民國教育統計**。台北市：作者。

教育部（2004）。**中華民國教育統計**。台北市：作者。

許惠卿（2007）。**影響數學成就因素在結構方程式模型之檢定──以台灣與美國八年級學生 TIMSS 2003 資料為例**。國立台北教育大學國民教育研究所碩士論文，未出版，台北市。

郭生玉（1973）。國中低成就學生心理特質之分析研究。**教育研究所集刊，15**，

451-534。

郭為藩、林清江、蓋浙生、陳伯璋（1986）。教育機會均等理想的實現。**理論與
　　政策，1**，29-39。

陳正昌、程炳林、陳新豐、劉子鍵（2003）。**多變量分析方法──統計軟體應用**。
　　台北市：五南。

陳立琇（2005）。**我國八年級學生在 TIMSS 1999 與 TIMSS 2003 科學成就與學
　　生特質之趨勢研究──以生命科學部分為例**。國立臺灣師範大學生命科學研
　　究所碩士論文，未出版，台北市。

陳怡靖、鄭燿男（2000）。台灣地區教育階層化之變遷──檢證社會資本論、文
　　化資本論及財物資本論在台灣的適用性。**國家科學委員會研究彙刊──人文
　　及社會科學，10**（3），416-434。

陳奕奇、劉子銘（2008）。教育成就與城鄉差距──空間群聚之分析。**人口學刊，
　　37**，1-43。

陳奎熹（1991）。**教育社會學研究**。台北市：師大學苑。

陳政帆（2006）。**我國八年級學生在 TIMSS 2003 中之科學自信心、價值觀及課
　　堂活動分析**。國立台灣師範大學化學研究所碩士論文，未出版，台北市。

陳美妤（2006）。**從 TIMSS 2003 探討學習機會與學生科學學習成就之關聯**。國
　　立台灣師範大學生命科學研究所碩士論文，未出版，台北市。

陳家如（2006）。**學校因素對學生學業成就的影響**。國立台北大學社會學系碩士
　　論文，未出版，台北縣。

陳麗妃（2005）。**TIMSS 2003 國小四年級學生背景、家庭環境、科學興趣、自
　　信與科學成就關係之比較分析──以七國為例**。國立新竹教育大學進修部課
　　程與教學碩士班碩士論文，未出版，新竹市。

陳麗珠（1993）。**我國中小學教育財政公平之研究**。高雄市：復文。

陶韻婷（2006）。**國中生科學成就與學生背景、學校規模及城鄉之關聯性探
　　討──以 TIMSS 2003 為例**。國立台灣師範大學生命科學研究所碩士論文，
　　未出版，台北市。

喬麗文（2007）。**課後學習對國中生數學成就的影響——九國／地區之比較**。國立暨南國際大學比較教育研究所碩士論文，未出版，南投縣。

黃文俊（2004）。**家庭環境、文化資本與國小學生學業成就之相關研究**。國立嘉義大學國民教育研究所碩士論文，未出版，嘉義市。

黃木蘭（1998）。**原住民國小學生學校教育機會均等之研究——以花蓮縣為例**。國立花蓮師範學院國民教育研究所碩士論文，未出版，花蓮市。

黃光雄（1988）。**教學原理**。台北市：師大書苑。

黃昆輝（1972）。論教育機會均等。載於方炳林、賈馥茗（主編），**教育論叢**（頁89-109）。台北市：文景。

黃毅志（1996）。台灣地區民眾地位取得之因果機制——共變結構分析。**東吳社會學報，5**，213-248。

黃毅志（2002）。**社會階層、社會網絡與主觀意識——台灣地區不公平的社會階層體系之延續**（第二版）。台北市：巨流。

黃毅志、陳怡靖（2005）。台灣的升學問題——理論與研究之檢討。**台灣教育社會學研究，5**（1），77-118。

黃毅志、陳俊瑋（2008）。數學補習、成績表現與升學結果——以學測成績與上公立大學為例。**師大教育研究集刊，54**（1），117-149。

黃馨萱（2006）。**從 TIMSS 2003 探討國中生科學學習成效和教室教學與氣氛及教師特質之關聯**。國立台灣師範大學生命科學研究所碩士論文，未出版，台北市。

楊曉雯（1996）。**高中生閱讀行為研究——以台北市立建國中學學生為例**。私立淡江大學教育資料科學研究所碩士論文，未出版，台北縣。

溫福星（2006）。**階層線性模式——原理、方法與應用**。台北市：雙葉。

溫福星、邱皓政（2009）。組織研究中的多層次調節式中介效果——以組織創新氣氛、組織承諾與工作滿意的實證研究為例。**管理學報，26**（2），189-211。

廖榮啟（2002）。**家庭學習型態與國小資優學童多元學習成就關係之研究**。國立高雄師範大學成人教育研究所在職專班碩士論文，未出版，高雄市。

蓋浙生（1993）。**教育計劃與經濟**。台北市：五南。

劉子鍵、林原宏（1997）。階層線性模式之理論與應用──以「影響自然科成績
　　之因素的研究」為分析實例。**教育與心理研究，20**，1-22。

劉春榮（1993）。**國民小學組織結構、組織承諾與學校效能關係研究**。國立政治
　　大學教育學系博士論文，未出版，台北市。

蔡文標（2003）。**影響國小數學低成就學生數學成就的相關因素及直接教學效果
　　之研究**。國立彰化師範大學特殊教育研究所碩士論文，未出版，彰化市。

蔡佳燕（2007）。**校園安全觀感對學生學習成就之影響──以 TIMSS 2003 資料
　　庫為例**。國立暨南國際大學比較教育研究所碩士論文，未出版，南投縣。

蔡祈賢（1994）。平等思想與我國教育機會均等政策。台北市：五南。

蔡淑芳（2006）。**國中學生父母期望、自我期望與學習成就關係之追蹤研究**。私
　　立銘傳大學教育研究所碩士論文，未出版，台北市。

鄭士鴻（2005）。**由 TIMSS 2003 的結果分析各國八年級學生科學學習成就與影
　　響因素以及探討我國不同特質的班級理化課課堂活動**。國立台灣師範大學化
　　學研究所碩士論文，未出版，台北市。

鄭心怡（2004）。**教育指標與經濟指標對學業成就影響之國際比較──以 TIMSS
　　為例**。國立台北師範學院教育政策與管理研究所碩士論文，未出版，台北市。

鄭世仁（2000）。**教育社會學導論**。台北市：五南。

蕭佳純、董旭英、饒夢霞（2009）。以結構方程式探討家庭教育資源、學習態度、
　　班級互動在學習成效的作用。**教育科學研究期刊，54**（2），135-162。

賴清標（2009）。**高社經地位學校學生次級文化之個案研究**。國立台北教育大學
　　特殊教育研究所碩士論文，未出版，台北市。

駱明慶（2002）。誰是台大學生？性別、省籍與城鄉差異。**經濟論文叢刊，30**
　　（1），113-147。

駱明慶（2004）。升學機會與家庭背景。**經濟論文叢刊，32**（4），417-445。

謝文全（2007）。**教育行政學**（第三版）。台北市：高等教育。

謝君琳（2003）。**合作學習對國小四年級數學低成就學生數學學習與同儕互動之**

影響。國立彰化師範大學特殊教育研究所碩士論文，未出版，彰化市。

謝亞恆（2007）。**影響國中階段學生學業成就成長量的個人、家庭及學校因素之研究**。國立高雄師範大學教育學系博士論文，高雄市，未出版。

謝孟穎（2003）。家長社經背景與學生學業成就關聯性之研究。**教育研究集刊，49**（2），255-287。

謝雨生、黃毅志（2003）。社會階層化。載於瞿海源、王振寰（主編），**社會學與臺灣社會**（頁 161-189）。台北市：巨流。

簡茂發（1978）。父母教養態度與小學兒童生活適應之關係。**教育心理學報，11**，63-86。

羅珮華（2004）。**從「第三次國際科學與數學教育成就研究後續調查（TIMSS 1999）」結果探討國中學生學習成就與學生特質的關係——七個國家之比較**。國立台灣師範大學科學教育研究所博士論文，未出版，台北市。

蘇一如（2007）。**影響國際數學成就因素之比較——以 TIMSS 2003 台灣與美國為例**。國立台北教育大學教育政策與管理研究所碩士論文，未出版，台北市。

蘇船利、黃毅志（2009）。文化資本透過學校社會資本對台東縣國二學生學業成績之影響。**教育研究集刊，55**（3），99-129。

英文部分

Alfinio, F. (2007). Examining disparities in mathematics education: Achievement gap or opportunity gap? *High School Journal, 91*(1), 29-42.

Atkinson, J. W. (1964). *An introduction to motivation.* Princeton, NJ: Van Nostrand.

Baker, D., Goesling, B., & Letender, G. K. (2002). Socioeconomic status, school quality, and national economic development: A cross-national analysis of the Heyneman-Loxley effect on mathematics and science achievement. *Comparative Education Review, 46*(3), 291-312.

Bandura, A. (1993). Perceived self-efficacy in cognitive development and functioning.

Educational Psychologist, 28(2), 117-148.

Barton, P. E., Coley, R. J., & Goertz, M. E. (1991). *The state of inequality.* Princeton, NJ: Educational Testing Service.

Berne, R., & Stiefel, L. (1984). *The measurement of equity in school finance: Conceptual, methodological, and empirical dimensions.* Baltimore, MD: The Johns Hopkins University Press.

Block, A. W. (1983). *Effective schools: A summary of research.* Arlington, VA: Educational Research Service.

Bos, K., Kuiper, W., & Plomp, T. (2001). TIMSS results of Dutch grade 8 students on international perspective: Performance assessment and written test. *Studies in Educational Evaluation, 25*, 123-135.

Bourdieu, P. (1977). Cultural reproduction and social reproduction. In J. Karabel & A. H. Halsey (Eds.), *Power and ideology in education* (pp. 487-511). New York: Oxford University.

Bourdieu, P. (1984). *Distinction: A social critique of the judgment of taste.* Cambridge, MA: Harvard University Press.

Bourdieu, P. (1986). The forms of capital. In J. G. Richardson (Eds.), *Handbook of theory and research for the sociology of education* (pp. 241-260). CT: Greenwood.

Broeck, A. Van den., Opdenakker, M. C., Hermans, D., & Damme, Jan. Van. (2003). Socioeconomic status and student achievement in a multi-level model of Flemish TIMSS-1999 data: The importance of a parent questionnaire. *Studies in Educational Evaluation, 29*, 177-190.

Brookhart, S. M. (1997). Effects of classroom assessment environment on mathematics and science achievement. *Journal of Educational Research, 90*, 323-330.

Brown, A. L., Campione, J. C., & Day, J. D. (1981). Learning to learn: On training students to learn from texts. *Educational Research, 10*, 14-20.

Bryk, A. S., & Schneider, B. (2002). *Trust in schools: A core resource for improvement.*

New York, NY: Russell Sage Foundation.

Caldas, S., & Bankston, C. III (1997). Effect of school population socioeconomic status on individual academic achievement. *The Journal of Educational Research, 90,* 269-277.

Caldas, S., & Bankston, C. III (1999). Multilevel examination of student, school, and district-level effects on academic achievement. *The Journal of Educational Research, 93,* 91-100.

Catsambis, S. (1995). Gender, race, ethnicity, and science education in the middle grades. *Journal of Research in Science Teaching, 32,* 243-257.

Centra, J. A., & Potter, D. A. (1980). School and teacher effects: An interrelational model. *Review of Education Research, 50*(2), 273-291.

Cervini, R. A. (2009). Class, school, municipal, and state effects on mathematics achievement in Argentina: A multilevel analysis. *School Effectiveness & School Improvement, 21*(3), 267-287.

Cheng, S. K., & Seng, Q. K. (2001). Gender differences in TIMSS mathematics achievement of four Asian nations: A secondary analysis. *Studies in Educational Evaluation, 27,* 331-340.

Cheung, S. Y., & Andersen, R. (2003). Time to read: Family resources and educational outcomes in Britain. *Journal of Comparative Family Studies, 34*(3), 413-437.

Chopin, S. L. (2003). *The effect of school size, socioeconomic status, and grade-level configuration on academic achievement in Louisiana public schools.* Unpublished doctoral dissertation, Louisiana Tech University, Ruston, LA.

Cohen, J. (1988). *Statistical power analysis for the behavioral sciences* (2nd ed.). Hillsdale, NJ: Lawrence Erlbaum Associates.

Coleman, J. S. (1966). *Equality of educational opportunity.* Washington, DC: U.S. Government Printing Office.

Coleman, J. S. (1988). *Equality of educational opportunity.* NH: Ayer.

Coleman, J. S., Campbell, E., Hobson, C., McPartland, J., Mood, A., Weinfield, F., & York, R. (1966). *Equality of educational opportunity.* Washington, DC: U.S. Government Printing Office.

Cooper, H., Lindsay, J. J., Nye, B., & Greathouse, S. (1998). Relationship among attitudes about homework, amount of homework assigned and completed, and student achievement. *Journal of Educational Psychology, 90*, 70-83.

De Graff, P. M. (1986). The impact of financial and cultural resources on educational attainment in the Netherlands. *Sociology of Education, 59*, 237-246.

Deteemers, S., Trautwein, U., & Ludtke, O. (2009). The relationship between homework time and achievement is not universal: Evidence from multilevel analyses in 40 countries. *School Effectiveness and School Improvement, 20*(4), 375-405.

DiMaggio, P., & Mohr, J. (1985). Cultural capital, educational attainment, and marital selection. *American Journal of Sociology, 90*, 1231-1261.

Donna, B. Z. (2007). The gender income gap and the role of education. *Sociology of Education, 80*(1), 1-22.

Donna, D., Dennis, H., & Shirley, S. (2003). School district size and student performance. *Economics of Education Review, 22*, 193-201.

Downey, D. B. (1995). When bigger is not better: Family size, parental resources, and children's educational performance. *American Sociological Review, 60*(5), 746-761.

Doyle, A. (2008). Educational performance or educational inequality: What can we learn from PISA about France and England? *Compare, 38*(2), 205-217.

Driessen, G. (2002). School composition and achievement in primary education: A large-scale multilevel approach. *Studies in Educational Evaluation, 28*, 347-368.

Dumais, S. A. (2002). Cultural capital, gender, and school success: The role of habitus. *Sociology of Education, 75*, 44-68.

Dweck, C. (1986). Motivational process affecting learning. *American Psychologist, 41*, 1040-1048.

Eccles, J. S., & Wigfield, A. (2002). Motivation beliefs, values, and goals. In S. T. Fiske, D. L. Schacter & C. Sahn-Waxler (Eds.), *Annual review of psychology* (pp. 109-132). Palo Alto, CA: Annual Reviews.

Eitle, T. M., & Eitle, D. J. (2002). Race, cultural capital, and the educational effects of participation in sports. *Sociology of Education, 75*(1), 123-146.

Elliot, A. J. (1999). Approach and avoidance motivation and achievement goals. *Educational Psychologist, 34*, 169-189.

Fuller, B. (1987). What school factors raise achievement in the third world. *Review of Educational Research, 47*(1), 335-397.

Gardner, P., Ritblatt, S., & Beatty, J. (2000). Academic achievement and parental school involvement as a function of high school size. *High School Journal, 83*(2), 21.

Gary, M. N. (2010). What aspects of schooling are important? School effects on tertiary entrance performance. *School Effectiveness & School Improvement, 21*(3), 267-287.

Geary, D. C. (1996). Sexual selection and sex differences in mathematical abilities. *Behavioral and Brain Sciences, 19*(2), 229-284.

Gentry, K. J. (2000). *The relationship between school size and academic achievement in Georgia's public high schools*. Unpublished doctoral dissertation, University of Georgia, Athens, GA.

Gerry, J. R., & Bert, P. M. C. (2005). A comprehensive framework for effective school improvement. *School Effectiveness and School Improvement, 16*(4), 407-424.

Gillian, H-T., & Pong, S-L. (2005). Does family policy environment moderate the effect of single-parenthood on children's academic achievement? A study of 14 European countries. *Journal of Comparative Family Studies, 36*(2), 227-248.

Goddard, R. D., Tschannen-Moran, M., & Hoy, W. K. (2001). Teacher trust in students and parents: A multilevel examination of the distribution and effects of teacher trust in urban elementary schools. *Elementary School Journal, 102*(1), 3-17.

Greene, B. A., Miller, R. B., Crowson, H. M., Duke, B. L., & Akey, K. L. (2004). Predicting high school students' cognitive engagement and achievement: Contributions of classroom perceptions and motivation. *Contemporary Educational Psychology, 29*, 462-482.

Hanna, G. (2000). Decling gender differences from FIMS to TIMSS. *International Review on Mathematical Education, 32*(1), 11-17.

Hanushek, E. A. (1986). The economics of schooling: Production and efficiency in public schools. *Journal of Economic Literature, 14*, 351-338.

Harker, R., & Tymms, P. (2004). The effects of student composition on school outcome. *School Effectiveness and School Improvement, 15*(2), 177-199.

Harrison, J. A. (1998). School culture and school effectiveness in emergencies: Lessons from Israeli experience during the Gulf War. *School Effectiveness and School Improvement, 9*(2), 192-217.

Hauser, R. M. (1970). Context and consex: A cautionary tale. *American Journal of Sociology, 75*, 645-654.

Hauser, R. M. (1974). Contextual analysis revised. *Sociological Methods and Research, 2*(3), 365-375.

Ho, S. C., & Willms, J. D. (1996). Effects of parental involvement on eighth-grade achievement. *Sociology of Education, 69*, 126-141.

Horvat, E. M., & Lewis, K. S. (2003). Reassessing the "burden of 'acting white'": The importance of peer groups managing academic success. *Sociology of Education, 76*, 265-280.

House, J. D. (1993). Cognitive-motivational predictors of science achievement. *International Journal of Instructional Media, 20*, 155-162.

House, J. D. (1995a). Student motivation, previous instructional experience, and prior achievement as predictors of performance in college mathematics. *International Journal of Instructional Media, 22*, 157-167.

House, J. D. (1995b). The predictive relationship between academic self-concept, achievement expectancies, and grade performance in college calculus. *Journal of Social Psychology, 135*, 111-112.

House, J. D. (2000a). Academic background and self-beliefs as predictors of student grade performance in science, engineering, and mathematics. *International Journal of Instructional Media, 27*, 207-220.

House, J. D. (2000b). Relationships between self-beliefs, academic background, and achievement of undergraduate students in health sciences majors. *International Journal of Instructional Media, 27*, 427-438.

House, J. D. (2004). Cognitive-motivational characteristics and science achievement of adolescent students: Results from the TIMSS 1995 and TIMSS 1999 assessment. *International Journal of Instructional Media, 31*(4), 411-424.

Houtveen, A. A. M., Van de Grift, W. J. C. M., & Creemers, B. P. M. (2004). Effective school improvement in mathematics. *School Effectiveness and School Improvement, 15*(3-4), 337-376.

Hox, J. J. (1995). *Applied multilevel analysis.* Amsterdam: T T-Publikaties.

Hoy, W. K. (2002). Faculty trust: A key to student achievement. *Journal of School Public Relations, 23*(2), 88-103.

Hoy, W. K., & Miskel, C. G. (1987). *Educational administration: Theory, research and practice.* New York: Random House.

Hoy, W. K., & Tarter, C. J. (1997). *The road to open and healthy schools: A handbook for change* (2nd ed.). Thousand Oaks, CA: Corwin Press.

Hoy, W. K., Tarter, C. J., & Hoy, W. A. (2005). *Academic optimism of schools: A second-order confirmatory factor analyses.* Retrieved April 20, 2010, from http://www.coe. ohio-state.edu/whoy/currentresearch.htm

Hoy, W. K., Tarter, C. J., & Hoy, W. A. (2006). Academic optimism of schools: A force for student achievement. *American Educational Research Journal, 43*(3), 425-446.

Iatarola, P., & Stiefel, L. (2003). Intradistrict equity of public education resources and performance. *Economics of Education Review, 22*, 69-78.

Jones, M. G., Howe, A., & Rua, M. J. (2000). Gender differences in students experiences, interests, and attitudes toward science and scientists. *Science Education, 84*(2), 180-192.

Kahle, J., & Lakes, M. (1983). The myth of equality in science classrooms. *Journal of Research in Science Teaching, 20*, 131-140.

Kalmijn, M., & Kraaykamp, G. (1996). Race, culture capital, and schooling: An analysis of trends in the United States. *Sociology of Education, 69*, 22-34.

Katsillis, J., & Rubinsion, R. (1990). Cultural capital student achievement and educational reproduction: The case of Greece. *American Sociological Review, 55*, 270-279.

Keeves, J. P., Hungi, N., & Afrassa, T. (2005). Measuring value added effects across schools: Should schools be compared in performance? *Studies in Educational Evaluation, 31*(2-3), 247-266.

Keith, T. Z., & Keith, P. B. (1993). Does parental involvement affect eighth-grade student achievement? Structural analysis of national date. *School Psychology Review, 22*, 474-495.

Khattab, N. (2002). Social capital, students' perceptions and educational aspirations among palestinian students in Israel. *Research in Education, 68*, 77-88.

King, V. T., Nguyen, P. A., & Minh, N. H. (2008). Professional middle class youth in post-reform Vietnam: Identity, continuity and change. *Modern Asian Studies, 42*(4), 783-812.

Ko, H. W., & Chan, Y. L. (2009). Family factors and primary students' reading attainment: A Chinese community perspective. *Chinese Education and Society, 42*(3), 33-48.

Koehler, M. S., & Grouws, D. A. (1992). Mathematics teaching practices and their effects. In D. A. Grouws (Ed.), *Handbook of research on mathematics teaching and learning*. New York: Macmillan.

Koller, O. (2001). Mathematical world views and achievement in advanced mathematics in Germany: Findings from TIMSS population 3. *Studies in Educational Evaluation, 27*, 65-78.

Kotte, D. (1992). *Gender differences in science achievement in 10 countries 1970/71 to 1983/84*. Frankfurt: Peter Lang.

Kreft, I. G. G. (1996). *Are multilevel techniques necessary? An overview, including simulation studies*. Available at http://www.calstatela.edu/faculty/ikreft/quarterly/quarterly.html

Kreft, I., & de Leeuw, J. (1998). *Introducing multilevel modeling.* Newbury Park, CA: Sage.

Kuiper, J. M., Bos, K., & Plomp, T. (2000). The TIMSS national option mathematics test. *Studies in Educational Evaluation, 26*, 43-60.

Lareau, A. (2002). Invisible inequality: Social class and child reading in black families and white families. *American Sociological Review, 67*, 747-776.

Lauen, D. L. (2007). Contextual explanations of school choice. *Sociology of Education, 80*(3), 179-209.

Lee, B. E., & Bryk, A. S. (1989). A multilevel model of the social distribution of high school achievement. *Sociology of Education, 62*, 172-192.

Lee, J. (2004). Evaluating the effectiveness of instructional resource allocation and use: IRT and HLM analysis of NAEP teacher survey and student assessment data. *Studies in Educational Evaluation, 30*, 175-199.

Lee, T. Y. (1987). *The relationships of achievement, instruction, and family background to the elementary school science achievement in the Republic of China.* Dissertation of Ph.D., Ohio State University, Columbus, OH.

Lee, V. E. (2000). Using hierarchical linear modeling to study social contexts: The case of school effects. *Educational Psychologist, 35*(2), 125-141.

Lee, V. E., Zuze, T. L., & Ross, K. N. (2005). School effectiveness in 14 sub-Saharan African countries: Links with 6th Graders' reading achievement. *Studies in Educational Evaluation, 31*(2-3), 207-246.

Lleras, C. (2008). Race, racial concentration, and the dynamics of educational inequality across urban and suburban schools. *American Educational Research Journal, 45*(4), 886-912.

Luyten, H., Peschar, J., & Coe, R. (2008). Effect of schooling on reading performance, reading engagement, and reading activities of 15-year-olds in England. *American Educational Research Journal, 45*(2), 319-342.

Ma, L., & Ma, X. (2005). Estimating correlates of growth between mathematics and science achievement via a multivariate multilevel design with latent variables. *Studies in Educational Evaluation, 31*(1), 79-98.

Ma, X. (2000). A longitudinal assessment of antecedent course work in mathematics and subsequent mathematical attainment. *The Journal of Educational Research, 94*(1), 16-28.

Ma, X. (2005). Early acceleration of students in mathematics: Does it promote growth and stability of growth in achievement across mathematical areas? *Contemporary Educational Psychology, 30*, 439-460.

MacKinnon, D. P., Lockwood, C. M., Hoffman, J. M., West, S. G., & Sheets, V. (2002). A comparison of methods to test mediation and other intervening variable effects. *Psychological Methods, 7*, 83-104.

Maeyer, S. D., Rymenans, R., Petegem, P. V., Bergh, H. V. D., & Rijlaarsdam, G. (2007). Education leadership and pupil achievement: The choice of a valid conceptual model to test effects in school effectiveness research. *School Effectiveness and School Improvement, 18*(2), 125-145.

Marjoribanks, K. (1991). Adolescents' learning environments and aspirations: Ethnic, gender, and social-status group difference. *Perceptual and Motor Skills, 72*, 823-830.

Marjoribanks, K. (2002). *Family and school capital: Towards a context theory of students' school outcomes*. Dordrecht: Kluwer.

Marjoribanks, K. (2004). Families, schools, individual characteristics, and young adults' outcomes: Social and cultural group differences. *International Journal of Educational Research, 41*, 10-23.

Marjoribanks, K. (2005). Family background, adolescents' educational aspirations, and Australian young adults' educational attainment. *International Education Journal, 6*, 104-112.

Marjoribanks, K., & Kwok, Y. (1998). Family capital and Kong Kong adolescents' academic achievement. *Psychological Reports, 83*, 99-105.

Martin, M. O. (Ed.) (2004). *TIMSS 2003 user guide for the international database.* Boston, MD: TIMSS & PIRLS International Study Center.

Martin, M. O., Gregory, K. D., & Stemler, S. E. (2000). *TIMSS 1999 technical Report*. Chestnut Hill, MA: Boston College.

Martin, M. O., Mullis, I. V. S., Gonzalez, E. J., & Chrostowski, S. J. (2004). *TIMSS assessment international science report*. Chestnut Hill, MA: Boston College.

Meighan, R. (1993). *A sociology of educating*. London: Cassell Education.

Melvin, V. B., & Roy, M. H. (2003). An examination of the effect of elementary school. *International Review of Education, 49*(5), 463-474.

Miller, A. D., & Murdock, T. B. (2007). Modeling latent true scores to determine the utility of aggregate student perceptions as classroom indicators in HLM: The case of classroom goal structures. *Contemporary Educational Psychology, 32*, 83-104.

Miller, T. E., Bender, B. E., & Schub, J. H. (2005). *Promoting reasonable expectations*: *Aligning student and institutional views of the college experience*. San Francisco, CA: Jossey-Bass.

Modin, B., & Ostberg, V. (2009). School climate and psychosomatic health: A multilevel analysis. *School Effectiveness and School Improvement, 20*(4), 433-455.

Mullis, I. V. S., Martin, M. O., & Foy, P. (2008). *TIMSS 2007 international mathematics report findings from IEA's Trends in International Mathematics and Science Study at the fourth and eight grades.* Chestnut Hill, MA: TIMSS & PIRLS International Study Center, Lynch School of Education, Boston College.

Mullis, I. V. S., Martin, M. O., Gonzalez, E. J., & Chrostowski, S. J. (2004). *TIMSS 2003 international mathematics report: Findings from IEA's Trends in International Mathematics and Science Study at the fourth and eighth grades*. Chestnut Hill, MA: TIMSS & PIRLS International Study Center, Lynch School of Education, Boston College.

Mullis, I. V. S., Martin, M. O., Ruddock, G. J., O'Sullivan, C. Y., Arora, A., & Erberber, E. (2005). *TIMSS 2007 assessment frameworks*. Chestnut Hill, MA: TIMSS & PIRLS International Study Center, Lynch School of Education, Boston College.

Mullis, I. V. S., Martin, M. O., Smith, T. A., Garden, R. O., & Gregory, K. O. (2003). *TIMSS assessment frameworks and specifications 2003.* Chestnut Hill, MA: Boston College.

Murphy, J., Hallinger, P., & Mesa, R. R. (1985). School effectiveness: Checking progress and assumptions and developing a role for state and federal government. *Teachers College Record, 86*(4), 616-641.

National Center for Education Statistics [NCES] (2004a). *Highlights from the trends in international mathematics and science study (TIMSS) 2003.* Washington DC: The USA Department and Education.

National Center for Education Statistics [NCES] (2004b). *TIMSS 2003 user guide for the international database.* Washington DC: The USA Department and Education.

Nolen, S. B., & Haladyna, T. M. (1990). Personal and environmental influences on students' beliefs and effective study strategies. *Contemporary Educational Psychol-*

ogy, 15, 116-130.

O'Dwyer, L. M. (2005). Examining the variability of mathematics performance and its correlates using data from TIMSS'95 and TIMSS'99. *Educational Research and Evaluation, 11*(2), 155-177.

Olson, J. F., Martin, M. O., & Mullis, I. V. S. (2008). *TIMSS 2007 technical report.* Chestnut Hill, MA: TIMSS & PIRLS International Study Center, Lynch School of Education, Boston College.

Orr, A. J. (2003). Black-white differences in Achievement: The importance of wealth. *Sociology of Education, 76*, 281-304.

Papanastasiou, E. C., & Ferdig, R. E. (2006). Computer us and mathematical literacy: An analysis of existing and potential relationships. *Journal of Computers in Mathematics and Science Teaching, 25*(4), 361-371.

Papanastasiou, E. C., Zembylas, M., & Vrasidas, C. (2003). Can computer use hurt science achievement? The USA result from PISA. *Journal of Science Education and Technology, 12*(3), 325-332.

Park, H. (2008). Home literacy environments and children's reading performance: A comparative study of 25 countries. *Educational Research and Evaluation, 14*(6), 489-505.

Pascarella, E. T., & Terenzini, P. T. (2005). *How college affects students.* San Francisco, CA: Jossey-Bass.

Paul, A. (2000). How school size affects academic achievements. *School Planning & Management, 39*(5), 86.

Pedhazur, E. J. (1997). *Multiple regression in behavioral research: Explanation and prediction* (3rd ed.). New York: Holt, Rinehart and Winston.

Pezdek, K., Berry, T., & Renno, P. A. (2002). Children's mathematics achievement: The role of parents' perceptions and their involvement in homework. *Journal of Educational Psychology, 94*(4), 771-777.

Pintrich, P. R., & Schunk, D. H. (2002). *Motivation in education: Theory, research, and applications* (2nd ed.). Columbus, OH: Merrill-Prentice Hall.

Pritchard, G. W. (1987). *Academic achievement and perceptions of school effectiveness and their relationship to school size.* Unpublished doctoral dissertation, South Carolina State University, Orangeburg, SC.

Raudenbush, S. W., & Bryk, A. S. (1986). A hierarchical model for studying school effects. *Sociology of Education, 59,* 1-17.

Raudenbush, S. W., & Bryk, A. S. (2002). *Hierarchical Linear Models: Applications and data analysis methods* (2nd ed.). Thousand Oaks, CA: Sage.

Raudenbush, S. W., & Sampson, R. (1999). Assessing direct and indirect effects in multilevel designs with latent variables. *Sociological Methods and Research, 28*(2), 123-153.

Raudenbush, S. W., & Willms, J. D. (Eds.) (1991). *Schools, classrooms, and pupils: International studies of schooling form a multilevel perspective.* San Diego, CA: Academic Press.

Raudenbush, S. W., Rowan, B., & Kang, S. J. (1991). A multilevel, multivariate model for studying school climate in secondary schools with estimation via the EM algorithm. *Journal of Educational Statistics, 16,* 295-330.

Rawls, J. (1971). *A theory of justice.* Cambridge, MA: Harvard University Press.

Reay, D. (2004). Education and cultural capital: The implications of changing trends in education. *Cultural Trends, 13*(2), 73-86.

Roscigno, V. J., & Ainsworth-Darnell, J. W. (1999). Race, cultural capital, and educational resources: Persistent inequalities and achievement returns. *Sociology of Education, 72*(3), 158-178.

Rossi, R., & Montgomery, A. (Eds.) (1994). *Educational reforms and students at risk: A review of the current state of the art.* Washington, DC: U.S. Department of Education.

Rottinghaus, P. J., Lindley, L. D., Green, M. A., & Borgen, F. H. (2002). Educational aspirations: *The contribution of personality, self-efficacy, and interests. Journal of Vocational Behavior, 61*(1), 1-19.

Sewell, W. H., Haller, A. O., & Portes, A. (1969). The educational and early occupational attainment process. *American Sociological Review, 34*, 82-92.

Shann, M. H. (1999). Academics and a culture of caring: The relationship between school achievement and prosocial and antisocial behaviors in four urban middle schools. *School Effectiveness and School Improvement, 10*(4), 390-413.

Shavit, Y, & Blossfield, H. P. (Eds.) (1993). *Persistent inequality: Changing educational stratification in thirteen countries.* Boulder, CO: Westview.

Singh, K., & Ozturk, M. (2000). Effect of part-time work on high school mathematics and science course taking. *The Journal of Educational Research, 94*(2), 67-74.

Sirin, S. R. (2005). Socioeconomic status and academic achievement: A meta-analysis review of research. *Review of Educational Research, 75*(3), 417-453.

Sobel, M. E. (1982). Asymptotic confidence intervals for indirect effects in structural equation models. In S. Leinhardt (Ed.), *Sociological methodology* (pp. 290-312). Washington, DC: American Sociological Association.

Stigler, J. W., Lee, S., & Stevenson, H. W. (1987). Mathematics classrooms in Japan, Taiwan, and the United States. *Child Development, 58*, 1272-1285.

Teachman, J. D. (1987). Family background, educational resources, and educational attainment. *American Sociological Review, 52*, 548-557.

Teske, P., & Schneider, M. (2001). What research can tell policymakers about school choice. *Journal of Policy Analysis and Management, 20*, 609-631.

Theule, L. S. (2007). *What we can do about achievement disparities. Educational Leadership, 65*(3), 54-59.

Tinto, V. (1993). *Leaving college: Rethinking the causes and cures of student attrition* (2nd ed.). Chicago, IL: University of Chicago Press.

Tocci, C. M., & Engelhard, G. (1991). Achievement, parental support, and gender difference in attitudes towards mathematics. *Journal of Educational Research, 84*, 280-286.

Tramonte, L. J., & Douglas, W. (2010). Cultural capital and its effects on education outcomes. *Economics of Education Review, 29*, 200-213.

Trautwein, U., Koller, O., Schmitz, B., & Baumert, J. (2002). Do homework assignments enhance achievement? A multilevel analysis in 7-th grade mathematics. *Contemporary Educational Psychology, 27*, 26-50.

Trusty, J. (2000). High education expectations and low achievement: Stability of education goals across adolescence. *The Journal of Educational Research, 93*(6), 356-365.

Turmo, A. (2004). Scientific literacy and socio-economic background among 15 year olds: A Nordic perspective. *Scandinavian Journal of Educational Research, 48*(3), 287-306.

Unrau, N., & Schlackman, J. (2006). Motivation and its relationship with reading achievement in an urban middle school. *The Journal of Educational Research, 100*(2), 81-101.

van de Werfhorst, H. G., & Kraaykamp, G. (2001). Four field-related educational resources and their impact on labor, consumption, and sociopolitical orientation. *Sociology of Education, 74*, 296-317.

Wentzel, K. R., & Wigfield, A. (1998). Academic and social motivation influences on student's academic performance. *Education Psychology Review, 10*, 155-174.

Whang, P. A., & Hancock, G. R. (1994). Motivation and mathematics achievement: Comparisons between Asian-American and Non-Asian students. *Contemporary Educational Psychology, 19*, 302-332.

Wilkins, J. L. M. (2004). Mathematics and science self-concept: An international investigation. *The Journal of Experimental Education, 72*(4), 331-346.

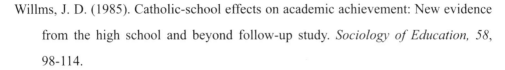

Willms, J. D. (1985). Catholic-school effects on academic achievement: New evidence from the high school and beyond follow-up study. *Sociology of Education, 58*, 98-114.

Xin, T., Xu, Z., & Tatsuoka, K. (2004). Linkage between teacher quality, student achievement, and cognitive skills: A rule-space model. *Studies in Educational Evaluation, 30*(3), 205-223.

Yayan, B., & Berberoglu, G. (2004). A re-analysis of the TIMSS 1999 mathematics assessment data of the Turkish students. *Studies in Educational Evaluation, 30*, 87-104.

Zigarelli, M. A. (1996). An empirical test of conclusions from effective schools research. *The Journal of Education Research, 90*(2), 103-110.

筆記欄

筆記欄

筆記欄

國家圖書館出版品預行編目（CIP）資料

多層次模型在學習成就之研究 / 張芳全著.
-- 初版. -- 臺北市：心理, 2010.10
面； 公分. --（社會科學研究系列；81216）
ISBN 978-986-191-393-3（平裝）

1.教育研究法 2.學習評量

520.31   99019007

社會科學研究系列 81216

多層次模型在學習成就之研究

作　　　者：張芳全
責任編輯：郭佳玲
總　編　輯：林敬堯
發　行　人：洪有義
出　版　者：心理出版社股份有限公司
地　　　址：台北市大安區和平東路一段 180 號 7 樓
電　　　話：(02) 23671490
傳　　　真：(02) 23671457
郵撥帳號：19293172 心理出版社股份有限公司
網　　　址：http://www.psy.com.tw
電子信箱：psychoco@ms15.hinet.net
駐美代表：Lisa Wu（Tel: 973 546-5845）
排　版　者：辰皓國際出版製作有限公司
印　刷　者：東緕彩色印刷有限公司
初版一刷：2010 年 10 月
Ｉ　Ｓ　Ｂ　Ｎ：978-986-191-393-3
定　　　價：新台幣 300 元